KB102087

세계사에서 경제를 배우다

세계사에서 경제를 배우다

역사를 움직인 경제사 50장면

최연수
지음

살림

인디언들은 말을 타고 달리다 어느 순간 멈추어 서서 뒤를 돌아다본다고 합니다. 너무 빨리 달려서 미처 따라오지 못한 영혼을 기다리는 거죠. 급속도로 변화하고 있는 지금 이 시대야말로 이런 '멈춰 섬'이 필요한 때라는 생각이 듭니다. 변화무쌍한 세상을 고군분투하며 살아가는 우리의 노력은 자못 치열하기까지 합니다. 어쩌면 현재의 급속한 변화를 주도하고 있는 인터넷이나 SNS도 역사의 한 페이지로 사라지는 날이 올지도 모릅니다. 그때가 되면 인류는 또 다른 무언가를 개발해내 지금 우리는 상상할 수도 없는 또 다른 세상을 만들어낼지도 모릅니다. 지난 5천 년 역사의 발자취가 말해주듯 말이죠.

이 책은 현재와 미래를 위해 과거를 되돌아보는 겸손한 시도입니다. 역사의 큰 흐름 속에서 경제를 새롭게 조명해보는 이 책이 현대인의 복잡하고 분주해진 삶에 나침반 역할을 하길 소망합니다. 일상적 사소함이나 역사적 사건, 전쟁, 인물들이 세계경제의 흐름에 어떠한 영향을 미쳤는지 전체적으로 조망하면서 더 나은 우리의 청사진을 그려보고자 합니다. 오늘 아침 신문에서 읽은 한 줄짜리 경제 기사도 경제사의 한 부분이 될 수 있다는 사실은 우리의 삶이 경제사와 무관하지 않음을 말해줍니다. 이 시대를 살아가는 우리가 어쩌면 역사의 흐름을 바꿔갈 주인공인지도 모릅니다.

항상 사랑과 기도로 격려해주시는 어머니와 가족들에게 고마움을 전합니다. 경제사 강의 속에서 흥미로운 질문과 열띤 토론 등으로 많은 아이디어의 원천이 되어준 한양대학교 경제금융학부 학부생들과 대학원생들에게 감사를 전하고 싶습니다. 오랫동안 USB 속 파일로 잠자고 있던 글이 세상 밖으로 나올 수 있게 도움을 주신 살림출판사에 감사를 드립니다. 끝으로 우리 인류가 살아온 삶과 앞으로 살아갈 이야기를 함께 읽어갈 독자에게도 감사를 표합니다.

2015년 4월 행당동 연구실에서

최연수

차 례

제1부 경제는 문명과 함께 태어났다

제2부 세계, 경제에 눈을 뜨다

제3부 과거로 미래의 경제를 내다보다

제1부

경제는 문명과
함께 태어났다

비옥한 초승달 지역에서
인류문명이 싹트다

이집트 카이로에서 테베로 가는 상공에서 바라본 나일 강 양쪽의 녹색지대는 완연히 주변 사막과 경계를 이루고 있다. 이집트 농업의 젖줄인 나일 강이 이집트문명을 낳았다는 말이 실감 난다. 수렵 생활에서 농경사회로 이행하며 인류문명을 낳은 4대 문명 발상지는 모두 강을 끼고 있다. 문명의 발상지를 중심으로 전개된 인간의 초기 경제활동에 대한 궁금증을 풀어보자.

약 1만 년 전 마지막 빙하기가 끝난 후, 인류는 커다란 변화를 겪었다. 소아시아 쿠르디스탄의 언덕에서 야생으로 자라던 밀과 보리를 재배하고 야생동물을 길들여 가축으로 활용하게 된 것이다. 약 1만 년 전 농경사회에 아주 유용한 가축으로 길들여진 서남아시아의 들소가 그 대표적인 예다. 기원전 7000년경 찾아온 이런 변화는 생산도구의 등장과 더불어 근동의 비옥한 초승달 지역[1]에서 시작되었다. 먼저 5,000~6,000년 전 유프라테스 강과 티그리스 강을 끼고 수메르인이 꽃피운 메소포타미아문명을 들여다보자.

유프라테스 강의 지류에 세워진 도시 우르는 이 문명권의

1 비옥한 초승달 지역은 나일 강에서 유프라테스 강과 티그리스 강 일대를 아우르는 충적 평야지대를 일컫는다.

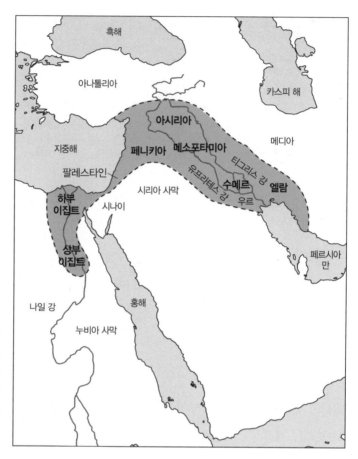

흑해

아나톨리아

카스피 해

아시리아

지중해

메디아

페니키아 **메소포타미아**

티그리스 강

팔레스타인

유프라테스 강 **수메르**

엘람

시리아 사막

우르

하부
이집트

시나이

상부
이집트

페르시아
만

나일 강

홍해

누비아 사막

● **비옥한 초승달 지역**
을 나타낸 지도
붉은색으로 표시된 지역
이 비옥할 수밖에 없었
던 것은 문명의 기초를
이룬 세 개의 강이 그
일대에 흐르고 있었기
때문이다.
ⓒwikimedia

중심지다. 인공위성에서도 확연하게 보이는 성탑(聖塔), 지구라
트(ziggurat) 유적은 우르가 수메르의 신전도시로서 주변 도시
를 압도했음을 보여준다. 오늘날 발굴된 점토판 지도와 쐐기
문자에는 메소포타미아에서 쟁기와 강물을 끌어올린 관개수
로 체계를 활용하여 매우 생산적으로 농사를 짓고 금, 은, 구
리, 흑요석 등의 광석과 문물을 다른 지역과 교류한 기록이 있

다. 최근 연구에 의하면 이곳의 땅은 사원이 아니라 개인이 소유하고 직접 관리했다고 한다.

수메르에 이어 차례로 이 지역을 차지한 아샤르와 바빌로니아, 아시리아, 신바빌로니아는 현재의 이라크 남부에 해당하는 메소포타미아에서 각기 독자적인 고대 문명을 꽃피웠다. 이들은 다른 문명권과도 밀접한 교역관계를 유지하며 상호 간에 영향을 주고받았을 가능성이 높다. 정교한 무역망을 갖춘 원격지 교역은 지중해 연안에서 페르시아 만까지 확대되었다고 한다. '눈에는 눈, 이에는 이'라는 보복법적 성격의 함무라비 법전은 '곡물을 거래할 때 작은 저울로 주고 큰 저울로 받으면 상인은 자기가 받은 것을 잃는다'라는 당시의 상거래관습은 물론 곡물이나 은을 빌려주고 받는 이자율까지도 명시하고 있다.

철제무기를 가지고 역사상 최초로 세계제국을 건설한 아시리아는 중개무역의 덕을 많이 봤다. 아시리아의 상인들은 곡식과 직물을 이란 고원에서 생산한 주석과 거래한 후 이를 다시 아나톨리아 고원 히타이트제국으로 가져가 그곳에서 생산되는 금, 은, 구리와 교환했기 때문이다. 당시 청동을 만드는 데 꼭 필요한 주석이 히타이트에서는 생산되지 않았기 때문에 이들 역시 아시리아 상인에 의존했다고 볼 수 있다.

『성경』에 자주 등장하는 신바빌로니아의 네부카드네자르(Nebuchadnezzar: 『성경』에는 느부가넷살이라고 표기된다) 왕 때 만들어진, 신성한 동물로 치장된 코발트 색 벽돌의 이슈타르 문

은 오늘날 베를린의 페르가몬 박물관에서 당시 찬란했던 메소포타미아문명의 여운을 전하고 있다. 이 문명은 페르시아 제국의 다리우스 1세가 효율적인 통치를 위해 건설한 왕의 길(Kingsway)을 따라 그리스문명과 로마문명으로 이어졌다.

이제 파라오와 피라미드의 나라, 나일 강을 선물로 받은 이집트로 가보자. 주기적인 강의 범람으로 다른 지역보다 비옥한 이 지역에서 일찍부터 관개수사업에 필요한 노동력을 관리, 감독할 중앙집권체제가 발달하면서 생산적 농업에 기반을 둔 이집트문명이 시작되었다. 나일 강의 범람으로 천문학과 도량 기술, 기하학이 발전했고, 이 시기에 일손이 한가해진 농민들을 활용한 피라미드 건설은 오늘날 공공사업의 성격을 가졌다고 한다. 약 4,500년 전 이집트 4왕조 때 230만 개, 약 2.5톤에 달하는 거대한 돌로 20여 년에 걸쳐 완성시켰다는 거대한 쿠푸 왕의 피라미드는 물론 일정한 수치로 돌덩이를 자르고 운반하여 쌓아올린 당시의 기술과 힘은 더욱더 불가사의하다. 이집트 곳곳에 있는 거대한 유적들을 보며 여기서 파생되었을 경제적 역동성을 상상해본다.

나일 강을 벗어나 지중해까지 진출을 가능케 한 항해술도 해상 교역을 활발하게 했다. 파피루스와 같은 공예품의 생산과 교역을 독점하여 왕실은 막대한 부와 권력을 얻었다. 관리들이 무역을 엄격하게 통제했지만 외국 상인들도 지중해를 넘나들며 이집트와 거래했다. 전설적인 레바논의 삼나무를 가져와 이집트의 공예품과 바꾸어 간 페니키아 상인들이 특히 유명하다. 이집트 역시 아시리아에서 은을, 크레타 섬에서는 올리브를 들여오는 등 타 문명권과 문물을 교류했다.

하트셰프수트(Hatshepsut) 여왕의 장제전 앞에 고사한 향나무가 말해주듯 이집트는 오늘날 소말리아 지방으로 추정되는 전설의 땅 푼트와도 교역했다. 유향과 황금, 몰약(Myrrh)은 특히 이집트가 탐냈던 물품이다. 이는 동방박사들이 예수 탄생을 경배하기 위해 가져온 예물이다.

　비옥한 문명지인 만큼 강대국의 세력 확장에서 자유로울 수 없었던 이집트는 아시리아, 페르시아제국에 이어 마케도니아 알렉산드로스 대왕의 지배를 받았다. 알렉산드로스 대왕이 그리스인을 정착시키기 위해 세운 알렉산드리아는 당시 지중해 교역의 최대 중심지로 이집트의 밀과 파피루스, 아프리카의 코끼리와 상아, 인도의 면화, 중국의 비단 등 세계 각지의 특산물이 모여들어 국제시장의 면모를 과시했다. 그 결과 동서문명이 융합된 헬레니즘의 산실이 된 것이다. 로마에 굴복하여 자살한 클레오파트라를 끝으로 비옥한 초승달 지역에서 탄생한 고대 문명은 지중해라는 더 큰 무대를 배경 삼아 그리스·로마문명으로 옮겨 갔다.

　고대 문명의 발상지였던 비옥한 초승달 지역에는 현대사회에서 없어서는 안 될 석유라는 자원이 특히 많이 매장되어 있다. 그 때문에 과거와 마찬가지로 세계 열강들의 이해관계가 얽혀 분쟁이 끊이지 않는 곳이기도 하다. 특히 미국과 불편한 관계에 있던 세계 2위의 석유 매장국 이라크는 9.11 테러 사태 이후 치러진 이라크전쟁으로 메소포타미아의 귀중한 문화유산이 파괴되는 아픔을 겪었다.

　18세기 이후 프랑스와 영국의 지배에서 자유로울 수 없었던 이집트는 찬란했던 문명을 관광자원으로 활용하여 오늘날 세계인을 열광시키고 있다.

인류문명을 태동시킨 보리와 밀의 재배는 오히려 수메르문명을 붕괴시키는 역할을 했다. 이는 당시 보리의 수확량이 현저히 줄어들었다는 점토판 기록을 통해 추정할 수 있으며, 보리농사에 이용되던 관개농법으로 인해 염분이 증가한 결과라고 한다. 오늘날 곳곳에 진행 중인 사막화와 염분 증가가 얼마나 위협적인지를 단적으로 말해주는 사실이다.

● **이때 우리는**

바빌로니아를 통일하고 아샤르 왕조가 들어설 즈음인 기원전 2333년, 한반도에서는 단군왕검이 고조선을 건국했다. 철기문화를 꽃피운 히타이트보다 1,000년 뒤인 기원전 400년에 한반도에도 철기문화가 도입되었다.

02

지중해 최후의
승자는 누구인가

인류의 운명을 바꾸어놓은 그 많은 사과 중에서 파리스 왕자와 관련된 황금사과만큼 파괴적인 영향력을 발휘한 것도 없으리라. 아프로디테의 손을 들어줌으로써 가장 아름다운 여인, 헬레나를 얻게 된 트로이의 왕자, 파리스와 더불어 트로이의 운명은 목마를 앞세운 오디세우스 앞에 속수무책이 된다. 지중해를 넘나든 해양 민족들의 영웅담에 귀 기울여보자.

최초의 전업 상인으로, 알파벳의 모태가 되는 페니키아문자를 개발한 페니키아인은 티레(Tyre: 『성경』에는 두로라고 표기된다)와 시돈(Sidon)과 같은 도시국가를 이루어 지중해를 사이에 두고 고대 문명을 넘나들며 해상 교역을 담당했다. 이들은 이집트와 메소포타미아, 레반트(Levant: 이집트, 시리아, 그리스를 포함하는 동부 지중해 연안 지역)의 중간에 위치한 지정학적 입지를 활용하여 상업 대리인의 역할을 수행했고 기원전 1200년에서 기원전 700년 사이 최전성기를 맞았다. 특히 파라오의 계약 상인으로서 이집트 상업을 독점했다.

바다 뿔고둥에서 자주색 염료 추출하는 데 성공해 '자주색 염료의 땅'이라는 뜻의 이름을 갖게 된 페니키아인은 붉은 염료와 직물, 왕궁의 건축자재를 생산하여 최상품을 자랑하던 레바논의 삼나무, 금은 세공품, 스페인의 구리 및 주석과 주로 거래했다. 페니키아의 대표적 항구, 비블로스에서는 이집트의 파피루스가 독점적으로 거래되었다. 나중에는 노예와 도자기, 포도주, 올리브기름 등도 취급했다.

키프로스, 시칠리아는 물론 페니키아에서 아주 먼 세비야, 리스본에 이르기까지 페니키아는 광대한 고대의 상업적 네트워크를 구축했다. 카디스나 세비야, 사르데냐와 같이 지중해 연안 여러 도시의 이름이 다름 아닌 페니키아어로 된 지명이라는 사실이 이를 증명해준다.

그중에서 기원전 800년(혹은 814)에 세워진 '새로운 도시'라는 뜻의 카르타고는 페니키아의 상업 거점지로 페니키아[2]보다 더 오랫동안 존속하며 지중해를 무대로 교역에 힘썼다. 기원전 4세기경 카르타고는 이미 금화를 사용할 정도로 상업과 해상 무역이 활성화되었다.

페니키아의 식민지 카르타고는 로마와 치른 세 번의 포에니 전쟁(B.C. 264~164)에서 패하여 역사 저편으로 사라지는 기원 전 146년까지 서지중해의 무역을 독점하며 진취적인 해양 민족의 정체성을 이어갔다. 제2차 포에니전쟁을 승리로 이끈 한니발(Hannibal) 장군의 전설적인 무용담은 오늘날까지 카르타고를 기억하게 한다. 코끼리를 동원하여 알프스를 넘으리라고

2 페니키아는 기원전 330년에 알렉산드로스 대왕에 의해 멸망했다.

● 카르타고의 금화
카르타고를 창설한 여왕
디도와 도시의 모습이
새겨져 있다.
©wikimedia

그 누가 상상할 수 있었을까?

이제 강을 끼고 번성한 이집트문명이나 메소포타미아문명과는 달리 기원전 3000년경 에게 해를 중심으로 시작된 그리스문명을 보자. 기원전 8세기에 쓰인 호메로스의 『일리아드』를 통해 떠돌던 트로이의 전설을 현실로 끌어낸 아마추어 고고학자 하인리히 슐리만(Heinrich Schliemann) 덕에 고대 그리스 역사는 더욱 풍성해졌다.

기원전 1550년경 발흥하여 고대 그리스의 제해권(Control to the Sea)을 장악한 대담무쌍한 해양 민족, 미케네인은 지중해 전역을 항해하며 수많은 교역 거점지와 식민지를 건설했다. 페니키아와 마찬가지로 프랑스의 마르세유와 스페인 동부 카탈루냐 지방, 시칠리아, 이집트, 흑해 연안 등에 이르는 이들의 상업 거점지는 광범위하기만 하다. 지중해의 서쪽 끝에 있는 거대한 바위산을 '헤라클레스의 기둥'이라고 부르며 '땅의 끝'이라 한 걸 보면 당시 사람들이 얼마나 지중해에 한정된 삶을 살았는지 알 수 있다. 이집트에서 그리스 상인들은 삼각주 서쪽에 정착하여 나일 강 삼각주의 동쪽에 근거지를 둔 페니키아 상인들과 더불어 일종의 치외법권적 특권을 누렸다.

평지가 적고 구릉이 많은 에게 해 지역은 지중해성 기후로 수확량이 좋은 올리브와 포도를 수출하고 급증하는 인구를 부양하기 위해 부족한 곡물을 곡창지대인 소아시아에서 수입했다. 조선술의 발달로 다양한 크기의 배를 만들어 해상무역을 담당한 이들은 미케네문명을 꽃피우기도 했다.

알 수 없는 이유에서 사라져간 미케네문명을 계승하여 기원전 8세기경 도시국가 폴리스가 형성되었다. 지혜의 여신 아테나를 수호신으로 하는 아테네는 그리스의 대표적인 폴리스다. 활기찬 무역도시 아테네는 올리브 재배와 도자기 생산으로 상업과 수공업을 발전시켰고, 이를 증명하듯 기원전 5세기부터 인류 역사에 발자취를 남긴 파르테논 신전과 같은 건축물과 조각, 도자기 등 위대한 그리스 문화유산이 탄생했다.

아테네의 정치·경제적 힘은 라우리온 은광에서 왔다고 해도 과언이 아니다. 유독 은을 좋아한 아테네인은 아테나 여신의 초상과 아테네의 상징인 부엉이가 새겨진 4드라크마 은화를 주조하여 지불수단으로 활용했다.

상업을 매우 천하게 여긴 그리스의 전통은 아리스토텔레스(Aristoteles)의 『정치학』에 잘 나타나 있다. 행복한 삶이 아닌 돈벌이를 위해 부당하게 이윤을 획득하는 영리적 상업에 대한 그의 불신은 도둑의 신인 헤르메스를 기술과 상업을 지배하는 신으로 만든 그리스 신화의 세계관과 일맥상통한다. 그래서 천한 상업은 자유인이 아닌 노예가 전담했다. 뿐만 아니라 라우리온 은광이나 건축 공사, 수공업 작업장, 농가 등에서도 노예노동은 필수적이었다. 대략 1명의 자유인이 30명에서 35명에 해당하는 노예를 부린 스파르타와는 달리 민주정 이전까지만해도 아테네의 노예 의존도는 그리 높지 않았다.

● **그리스의 화폐 드라크마**
기원전 500년경 아테네에서 사용되었던 4드라크마 은화다.

상업이 발달하고 개방적인 아테네에서는 해상 교역에 치중하며 민주정을 통한 정치적 평등을 추구한 반면, 농업 위주의 폐쇄적 경제정책을 편 스파르타는 토지의 재분배 등으로 경제적 평등을 실현했다. 이렇듯 서로 다른 이념과 체제를 가졌던 아테네와 스파르타, 두 폴리스의 대립은 결국 델로스동맹에도 불구하고 그리스문명을 위태롭게 했다. 더구나 페니키아와 그리스에 의해 양분되었던 지중해를 둘러싸고 커다란 세력의 변화가 연이어 나타났다. 불과 20세의 나이에 파죽지세로 그리스의 폴리스와 페니키아, 이집트를 정복하고 기원전 330년 페르시아제국을 멸망시킨 마케도니아의 알렉산드로스 대왕이 그 변화의 중심에 있었다.

또 다른 변화는 100년에 걸친 포에니전쟁으로 페니키아의 거점 도시 카르타고를 정복한 후, 차례로 마케도니아와 이집트를 굴복시켜 명실공히 지중해의 새로운 강자로 등장한 로마가 몰고 왔다. 이러한 로마의 등장은 지중해를 둘러싼 팍스 로마나(Pax Romana)의 시작을 예고했다.

전쟁사학자들이 꼽은 세상을 바꾼 수많은 전쟁 중 단연 1위는 기원전 490년 그리스와 페르시아 사이에 치러진 마라톤전투라고 한다. 이 전투로 아테네의 정치·경제적 변화와 함께 그리스의 민주주의가 지켜졌기 때문이다. 아테네에서 국정 참여의 권리가 차등적이나마 토지를 소유한 모든 시민에게 주어졌음을 감안하면, 마라톤전투에서 지켜낸 민주주의는 값질 수밖

에 없다. 하지만 대가 없이 해야만 했던 민주정에서의 시정 참
여는 시민에게 생업에 대한 부담감을 늘렸다. 결국 노예를 대
체 노동력으로 사용하게 함으로써 오히려 노예제를 강화시키
는 요인이 되고 말았다. 5세기 후반, 에게 해와 흑해 중심의 해
양 세력으로 급부상한 아테네에서 전 인구의 1/3이 노예였다는
사실은 기본적 인권 존중이 없는 반쪽짜리 민주주의였음을 말
해준다.

　아테네의 수호신인 지혜의 여신 아테나도 어쩔 수 없나 보
다. 위대한 문화유산과 아름다운 자연경관으로 세계인의 부러
움을 사던 그리스가 2008년 글로벌 금융 위기를 맞아 세계경
제의 뇌관으로 떠올랐다. 지나친 사회복지정책으로 누적된 재
정적자를 해결하지 못해 국가부도 위기에 몰리고 말았다. 무
리해서 유로존에 가입한 것도 화를 키웠다. 앞으로 그리스가
어떻게 이 위기를 헤쳐나갈지 관심이 집중되고 있다.

● 이때 우리는

아테네가 도시국가들 사이에서 맹주로 떠오른 기원전 454년경, 한반도에는 고조선이 여전히 위력을
과시하고 있었다.

03

지중해시대를 연
팍스 로마나

'로마는 하루아침에 만들어진 것이 아니다' '모든 길은 로마로 통한다' 등 로마에 관련된 수많은 말은 로마의 위대함을 전하고 있다. 늑대의 젖을 먹고 자란 쌍둥이가 기원전 8세기경 세운 나라라는 데서 벌써 범상치 않은 기운이 느껴진다. 지중해를 평정하고 오랜 평화기를 건설한 로마로 가보자.

로마의 시작을 언급할 때 꼭 등장하는 민족이 있다. 오늘날까지도 역사의 수수께끼로 남아 있는 해양 민족 에트루리아인이다. 로마인이 이들에게서 건축과 도로 건설, 천문학 등을 전수받은 후 이들을 쫓아내고 공화정을 실시하며 로마문명을 발전시켰기 때문이다. 로마야말로 기존의 문물과 제도를 실용화하는 뛰어난 감각을 살려 늦게 등장한 자의 이점을 톡톡히 누린 셈이다. 이렇게 그리스 신화 속 제우스는 로마에서 유피테르(Jupiter)로 숭배되었다.

당시 지중해 무역을 독점하고 있던 카르타고를 제압하고 지중해를 '우리의 바다'라는 뜻의 '마레 노스트룸(Mare Nostrum)'

이라고 부르며 로마는 승승장구했다. 나아가 유럽 전역에 걸쳐 절대 강자로 군림하며 아우구스투스(B.C. 27~A.D. 14) 이후 최전성기인 마르쿠스 아우렐리우스(161~180)에 이르는 약 200여 년간 팍스 로마나를 구가했다. 지중해 연안을 중심으로 장기간에 걸쳐 평화와 질서를 가져다준 팍스 로마나는 상업이 발달할 최상의 여건을 제공했다. 물론 평화의 인사, 친목의 입맞춤이라는 팍스(Pax)의 라틴어원과는 달리 경제·정치적 최강국 로마의 지배하에 유지된 무력적 평화기였다. 즉 다른 도전 세력을 용납하지 않는, 대화가 아닌 힘에 의한 입맞춤이었다.

팍스 로마나의 영역이 얼마나 광활했는지, 영토를 가장 많이 확장했다는 트라야누스 황제 치적기인 서기 117년 당시로 가보자. 대서양 연안 브리타니아(영국), 히스파니아(스페인), 갈리아(프랑스)와 지중해 전역, 인도양에 이르는 메소포타미아와 페르시아, 아르메니아까지 그 범위는 실로 대단하다. '로마인은 법과 도로를 남겼다'고 할 정도로 넓은 로마제국의 영토를 관할하기 위해 8만 5,000km의 도로망과 수많은 도시를 건설했다. 세계의 모든 민족으로 구성된 거대한 로마제국은 법과 관용으로 통치되었다.

최고의 도시답게 로마는 육로와 해로를 통해 세계 각처의 문물을 받아들였다. 기원전 100년 로마 상인들은 남서 계절풍을 이용하여 홍해에서 인도까지 직접 항해하며 활동 범위를 넓혔다. 당시 로마 상인들이라면 로마제국 이전부터 동방에서

● **서기 117년경의 로마제국 영토**

지중해 연안을 중심으로 장기간에 걸친 평화의 시기로
붉은색이 바로 그 영역이다.

©wikimedia

메소포타미아
아시리아
오스로에네

아르메니아

흑해

유대

스트리아아

아라비아

카파도키아
실리키아
콤마게나
비티니아
갈라티아
폰토스
왕국
보스포란

미시아
아시아
리키아
크레타

파플라고니아
리디아
프리기아
카리아

퀴레네

모이시아
마케도니아
에페이로스
아카이아

판노니아
라이티아 노리쿰

달마티아

크레타

트라키아이아

프로콘술라리스
아프리카

누미디아
게투리아

마우레타니아
갈리아

아퀴타니아

히스파니아

타라코넨시스
베티카

루시타니아

누
마우레타니아

대서양

북해

무역하던 사람들의 후손으로, 지중해 교역권과 연계된 사람들인 유대인과 이집트인, 레반트인을 일컫는다. 인도 서쪽의 주요 항구도시뿐만 아니라 육상 교역로에도 로마 상인 공동체가 형성되었다고 하니 당시 국제 교역이 얼마나 활발했는지 짐작케 한다.

실크로드란 말이 생겨날 정도로 많은 생사(生絲)와 비단, 향료, 도자기 등의 중국 문물이 이 길을 통해 로마에 소개되었다. 인구 100만 명(B.C. 1세기경)을 자랑하는 도시, 로마의 상류층이 이것을 특히 선호했다. 실크로드 구간에서 발굴된 수많은 로마 동전은 활발했던 과거의 상거래를 입증해준다.

로마사회 역시 그리스에서처럼 상업을 경시하여 상업 활동은 하층민이나 노예 혹은 해방된 노예가 하는 하찮은 일로 생각했다. 전쟁이 최우선시되는 가운데 자유인에게는 농업과 전쟁만이 허용되었다. 정복전쟁으로 노예가 많아지면서 공화정 후기에 전적으로 노예노동에 의존하는 대토지 소유제, 라티푼디움이 형성되었다.

로마에서는 히스파니아와 갈리아, 도나우 등에서 곡물이 조달되었기 때문에 수익성이 없어진 곡물을 대신하여 올리브와 포도, 가금류 등의 생산에 주력했다. 곡물 생산은 땅을 임차한 자유 소작농 콜로누스가 전담했다. 이로써 노예에 의한 자급자족적 가내경제가 활발했던 국제 교역을 대체하기에 이르렀다. 하지만 정복전쟁의 감소와 기독교의 공인(313)으로 노예가 점차 줄어들자 '말하는 재산'으로 여기던 노예에게 결혼이 허용되면서 부자유한 농노로 신분이 상승되었다. 이와는 달리 콜로누스는 군역과 무거운 조세 부담 속에 332년 법률에 의거하여 자본제적 차지농(借地農: 농노)으로 전락했다. 이런 생산영역에서 진행되던 동시적인 신분 변화는 로마사회의 변화를 예고했다.

옛 로마 도시에서 발굴되는 원형경기장과 대중목욕탕의 잔재는 로마제국의 도를 넘는 사치와 낭비, 흥청거리던 유흥문화를 말해준다. 이제 에드워드 기번(Edward Gibbon)이 『로마제국 쇠망사』에서 "단순한 요인에 의하여 진행된 불가피한 것"으로 보았던 로마제국의 쇠망에 대하여 알아보자.

화폐가 없어 물물교환을 할 정도로 야만적이었던 유목민 고트족의 침입(250)은 제국의 혼란과 멸망의 단초를 제공했다고 볼 수 있다. 그리고 흉노족의 후예인 훈족을 피해 서고트족이 도나우 강을 넘어온, 역사에서 '게르만족의 대이동'이라고 일컬어지는 사건이 시작된 375년 이후 제국의 붕괴는 가속화되었다. 하지만 그 이전에 이미 통제가 힘들 정도로 커진 제국은 균열의 조짐을 보였다. 게다가 엄청난 군대 유지 비용이 제국 경제를 압박하는 가운데 경제적 부담을 줄이기 위해 로마병사 대신 용병을 고용함으로써 결과적으로 공격하는 자도, 수비하는 자도 게르만족인 기막힌 상황이 연출됐다. 이것 또한 제국의 멸망을 가속화시켰다.

　제국의 붕괴를 논할 때 흔히 거론되는 인플레이션은 아우구 스투스의 이집트 정복기까지 거슬러 올라간다. 옮겨 온 이집 트 왕실의 보물로 금과 은이 흔해져 로마의 물가가 두 배로 올 랐기 때문이다. 또한 엄청난 제국 유지 비용을 충당키 위해 주 조한 은 함량 미달의 불량주화로 3세기경 점진적으로 은화 가 치가 하락했다. 그 결과 물납 조세로 전환된 가운데 교역이 위 축되어 제국 경제를 위협했다.

　210년 50%에 달하는 데나리온의 정상적인 은 함유량이 270년에 5% 정도로 줄어들면서 걷잡을 수 없이 물가가 올랐 다. 10데나리온 하던 1부셸의 밀이 270년에는 200데나리온, 344년에는 200만 데나리온이 되었다. 군인황제답게 디오클레 티아누스는 301년 "가격이 그 자리에서 정지하도록!"이라는 군대식 명령을 내렸지만, 사형에 처한다는 엄벌에도 가격의 고공행진은 멈출 줄 몰랐다고 한다.

더구나 콘스탄티누스 황제는 330년 로마의 영화를 재현하지 않고 유럽과 아시아의 경계 지역이며 천연요새와 교역항구로 적합한 콘스탄티노플(후에 동로마의 수도)로 천도했다. 이로써 로마의 모든 것, 특히 금과 은이 그곳으로 이동하면서 로마에서는 금의 고갈로 화폐경제가 파괴되기에 이르렀다. 막스 베버(Max Weber)는 "화폐경제(정치적 상부구조)가 커져만 가는 물물교환경제(경제적 하부구조)에 적응하지 못한 결과로 제국이 붕괴되었다"고 해석했다. 물론 로마가 하루아침에 세워지지 않았듯 멸망하는 데도 오랜 시간이 걸렸다.

제국의 몰락을 재촉한 동서로마의 분할(395)로 지중해는 다시 동서로 분열되어 그리스문명과 라틴문명으로, 후에는 이슬람권과 기독교권으로 나뉘어져 힘겨루기의 각축장이 되었다.

동양을 말할 때 흔히 사용하는 오리엔트라는 말의 유래가 된 동로마제국은 476년 게르만족에 의해 멸망한 서로마제국과 달리 1453년 오스만튀르크에 의해 콘스탄티노플이 함락되기 전까지 로마제국의 명분을 이어갔다.

• 이때 우리는

서구문명의 한 축을 이루는 기독교가 로마에서 국교로 인정되는 392년보다 한 해 앞선 391년, 고구려(고국양왕 8년)에서는 고국양왕이 불교를 믿도록 명령했다. 고국양왕은 광개토대왕의 아버지다.

동서를 잇는 교역로,
실크로드는 살아 있다

별, 사막, 낙타, 카라반. 실크로드 하면 누구나 연상하는 말인 듯싶다. 진나라와 당나라의 수도였던 장안에서 둔황을 거쳐 사마르칸트, 콘스탄티노플, 로마에 이르는 대장정, 장구한 세월 속에 동서를 잇는 교역로, 아날로그시대와 디지털시대를 연결하는 절묘한 만남이 있는 실크로드를 달려보자.

로마인들이 좋아하는 비단이 거래되던 통상로라는 의미에서 독일의 지리학자 페르디난트 폰 리히트호펜(Ferdinand von Richthofen)이 명명한 실크로드는 비단과 향신료, 귀금속 등의 교역품과 함께 중국의 3대 발명품인 종이, 화약, 나침반같이 새로운 변혁을 가져다줄 문물이 오고 갔다. 또한 이 길은 불교와 마니교, 조로아스터교, 이슬람교 같은 종교의 교류가 이루어지고 문명 간의 장벽을 허문 동서 교역로였다.

유교 숭배주의와 반상업주의적 가치관으로 외부와의 단절을 꾀한 명나라 대에 폐허가 되어 있던 실크로드는 19세기에 영국과 러시아의 탐사대가 카슈가르의 유적을 발굴하면서 세

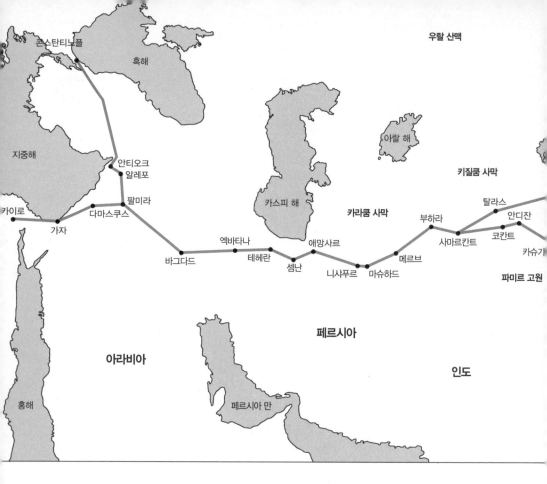

우랄 산맥

콘스탄티노플

흑해

지중해

안티오크
알레포

팔미라

카이로

가자

다마스쿠스

바그다드

엑바타나

테헤란

셈난

애망사르

니샤푸르

마슈하드

메르브

카스피 해

아랄 해

키질쿰 사막

탈라스

안디잔

코칸트

카슈가

부하라

사마르칸트

카라쿰 사막

파미르 고원

페르시아

아라비아

인도

홍해

페르시아 만

● **실크로드**
빨간색 경로로 수많은 상
인이 거쳐가면서 시장이
형성되고 비단을 비롯한
동서의 문물이 오고 갔다.
ⓒwikimedia

상에 다시 모습을 드러냈다. 그 역사적 발자취를 더듬어보자.

흉노를 제압하기 위해 기원전 139년 장건(張騫)을 월지(月支)
에 파견하기 훨씬 이전부터 한무제(漢武帝)는 서역의 옥과 중
국의 비단이 교류되던 실크로드 톈산북로의 투루판을 점령하
여 실크로드를 관리했다. 알렉산드리아와 로마에서 일어난 실
크 붐이 중국과의 실크 교역을 활성화시켰기 때문이다. 한나
라에 이어 타림 분지까지 영토를 넓힌 당나라 역시 안서도호
부를 두어 돌궐을 제압하고 실크로드를 지배했다. 장건이 개

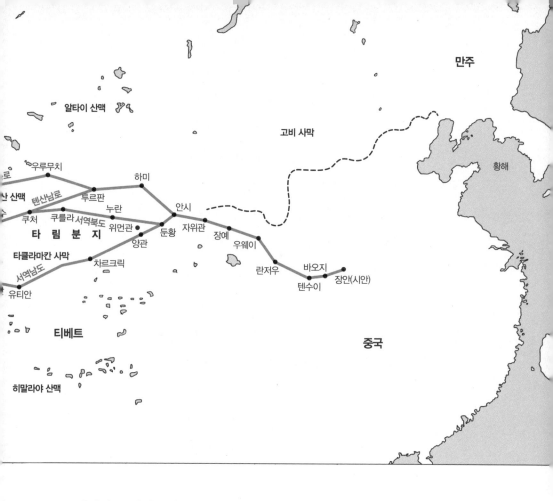

척했다는 허시후이랑(河西回廊: 장안-둔황까지 이어지는 오아시스지대) 곳곳에 남아 있는 장성(長城: 흙담)[3]이 당시 유목민과 농경세계의 경계를 보여준다. 실크로드를 둘러싼 중국과 유목민의 경제적 이해관계가 궁금해지는 흔적이다.

수많은 사신과 진귀한 물자가 조공으로 장안(명나라 때 시안西安으로 개명)에 들어와 황제의 권위를 높인다고 본 중국에서는 경제적 이점보다 군사·이념적 이점이 더 강하게 작용했다. 반면 유목민에게는 물자가 풍부한 중국에 조공을 바치고 교역 허

3 전국시대 각 제후국들은 자위를 위하여 변경 지역에 흙, 바위, 나무 등으로 성을 축조했는데 이를 장성이라 부른다. 기원전 221년 진나라가 중국을 통일한 후, 전국시대의 제후국들이 축조한 장성을 하나로 잇고 보수하여 약 3,000km에 이르는 만리장성이 되었다.

가를 얻어 실크로드를 교역로로 활용하는 경제적 유인이 더 중요했다. 이들이 가축과 맞바꾼 비단은 중앙아시아 소그드 상인들의 손을 거치며 지중해 저편에 도달했다. 이로써 기원전 200년, 아니 훨씬 이전부터 중국에서 중앙아시아를 지나 지중해 동쪽까지 무려 1만 2,000km를 연결하는 정기적인 동서 교역로가 활성화되었다.

서에서 동으로 이어진 실크로드는 부하라, 사마르칸트에서 톈산 산맥을 기점으로 톈산북로와 톈산남로로 나뉘고 톈산남로는 다시 카슈가르에서 타클라마칸 사막을 끼고 서역북도와 서역남도로 나뉜다. 이 세 길은 둔황에서 합류하여 시안에서 끝났는데, 시안은 보는 관점에 따라 실크로드의 시작점인 동시에 종착점이 되는 셈이다.

이 교역로가 지나는 곳의 수많은 상인과 시장뿐 아니라 5~6년에 걸쳐 낙타로 이동한 서역 사람들과 아랍 상인들이 실크로드를 빛낸 주역들이다. 동서 문명로라는 말에 걸맞게 불경을 구하기 위해서 인도에 갔던 중국 당나라의 고승, 현장법사도 실크로드 곳곳에 흔적을 남겼다.

실크로드의 정취와 번영을 가장 잘 간직하고 있는 실크로드의 중심지인 중앙아시아의 소그드 지방, 2,500년의 전통을 자랑하는 오아시스 도시 사마르칸트로 가보자.

이 도시는 하늘도 코발트 색, 아라베스크 문양으로 치장한 건물의 돔들도 온통 코발트 색이다. 그러나 처음부터 이런 모습은 아니었다. 이 도시 사마르칸트는 실크로드를 통해 평화적으로 교역하고 싶어 칭기즈칸이 보냈던 사절단을 살해한 대가로 1220년 칭기즈칸에게 철저히 파괴되었다. 그 후 제2의 칭기즈칸을 꿈꿨던 티무르가 1369년 재위에 오르며 지금의 모습으로 도시를 재건했다. 그 채색 비법을 알 수 없다는 아라베스크 문양의 코발트 색 건축물은 실크로드를 오가며 부와 번영을 일구어낸 소그드 상인의 상업적 수완을 말해주고 있다. 한때는 골드로드였다가 비단에 밀려 실크로드로, 지금은 하얀 목화솜이 끝없이 만발한 코튼로드로 변해버린 사마르칸트로 가는 길목에서 시간의 흐름을 감지해본다.

중앙아시아의 사막지대에 사마르칸트 등의 오아시스 도시와 이 도시들을 따라 실크로드라는 동서 교역로가 형성될 수 있던 것은 톈산 산맥의 만년설이 있었기에 가능했다고 해도 과언이 아니다. 톈산북로에 위치한 알마티는 1911년 지진으로 폐허가 되어 지금은 건물 터만 남아 있는 대상 숙소 카라반세라이(Caravanserai)가 실크로드의 과거를 전해준다. 대상 숙소는 낙타의 하룻길을 감안하여 20~30km마다 하나씩 있었다고 한다. 사막에서 대상들에게 빛을 발하여 등대 구실을 한 이슬람 사원의 첨탑 미너렛(Minaret) 역시 실크로드에서 빼놓을 수 없다.

위먼관과 양관이 만나는 둔황을 지나 드디어 도착한 실크로드의 종착지 시안은 당나라 때 인구 100만 명에 달하는 제국의 수도로 인구 20명당 1명이 페르시아인, 튀르크인, 소그드인 등

● **사마르칸트의 건축물**
그 채색 비법을 알 수
없다는 아라베스크 문양
의 코발트 색 건축물은
실크로드를 오가며 부와
번영을 일구어낸 소그드
상인의 상업적 수완을
말해주고 있다.

외지에서 온 상인과 승려, 유학생들로 붐비는 국제도시였다.

정치·군사적 역학관계에 따라 실크로드의 지배자는 바뀌
었지만 실크로드는 변함없이 동서 교역로의 역할에 충실했다.
몽골에 의해 호라즘(Khorazm: 1077~1231년까지 존속했으며, 셀주
크 왕조에서 독립하여 세워졌다)이 멸망하고 사마르칸트는 파괴
되었지만 오히려 안전해진 실크로드가 최전성기를 구가하며
'13세기적 세계화'를 불러왔던 것이 그것을 방증한다. 실크로
드를 따라 동서양을 아우르는 대제국을 건설한 몽골은 거대한
교역망을 구축하여 유럽, 특히 이탈리아 상인과 교역을 확대
함에 따라 중세 도시의 성장을 도왔다. 베네치아는 특히 동양

의 이국적인 상품인 비단과 도자기, 염료, 향신료, 귀금속 등을 아랍 상인의 중계하에 유럽에 소개하며 번영을 누렸다.

장구한 세월 동안 동서문명을 이어주던 실크로드는 1368년 원나라의 패망과 더불어 쇠퇴하다가 오스만튀르크가 콘스탄티노플을 점령하는 15세기 중반 두절되어 역사의 저편으로 사라져갔다. 이로써 유럽 세계는 이슬람의 방해 없이 동양의 문물을 손에 넣을 신항로 개척이 시급해졌다.

과거에 실크로드였던 중앙아시아는 동서 교역로라는 말이 무색하게 오랫동안 서방 세계와는 격리되어 있었다. 1991년 소련이 소멸하면서 탄생한 독립국가연합(CIS)의 일원으로서 근면한 상업 민족의 후예답게 새롭게 도약하는 우즈베키스탄은 러시아와 가스 송유관을 둘러싸고 종종 가스분쟁을 일으켜 유럽을 긴장시킨다. 이곳에는 스탈린의 강제이주정책에 의해 연해주에서 중앙아시아로 이주해온 고려인 20만 명의 애환이 서려 있다. 지금은 집단농장 콜호스(Kolkhoz)[4]가 아닌 협동농장으로 변모한 '김병화 농장[5]'에서 1,500여 명의 노인과 아이들만 남아 밀과 목화 농사를 짓고 있다.

실크로드를 이야기할 때 중국의 4대 미녀 중 하나였다는 왕소군의 일화를 빼놓을 수 없다. 한무제는 제일 못생긴 초상화의 궁녀를 골라 흉노의 왕에게 시집보냄으로써 실크로드를 침략하지 않겠다는 약조를 받아냈다. 이 궁녀가 바로 날아가는 기러기도 떨어뜨린다는 낙안(落雁) 미녀 왕소군이다. 뒤늦

4 소련의 농업집단화에서 생겨난 여러 집단농장을 총칭하는 말이다.

5 이곳은 1937년 중앙아시아 강제이주 당시 고려인의 최초 정착 지역 중 하나로 당시 갈대밭이던 곳을 개간했다. 김병화는 1940~1974년까지 35년간 농장 대표자를 역임하면서, 우즈베키스탄 고려인 중 유일하게 두 차례나 '노동영웅훈장'을 수훈했다. 농장의 크기가 여의도 면적의 여덟 배에 달한다고 한다.

게 왕소군의 실물을 본 한무제는 통탄했다고 한다. 이렇게 왕
소군은 실크로드의 주도권을 놓고 벌인 오랜 다툼에 종지부를
찍었다.

● 이때 우리는

동서 문물이 오고 간 실크로드를 지키기 위해 서역도호부가 설치되었던 기원전 59년, 한반도에서는
해모수가 북부여를 건국했다.

바이킹, 동방 문물의 전달자

05

유럽의 중세가 봉건제, 장원경제로 자급자족을 하며 '신' 중심의 사회가 된 데에는 북쪽에 사는 바이킹의 잦은 남침과 지중해 지역을 침략하는 이슬람 교도들이 결정적으로 작용했다. 통로가 봉쇄된 유럽은 고대의 활발했던 대외경제에서 벗어나 스스로 모든 것을 해결해야만 했다. 또한 불안한 외침에 신의 가호가 그 누구보다 필요하지 않았을까. 800년부터 1100년까지 바이킹시대를 열어간 스칸디나비아의 바이킹을 만나보자.

　이상하고 매혹적인 외국의 보물을 유독 좋아한 스칸디나비아의 노르만족은 인구가 늘어나면서 토지가 협소해지자 곡식이 나지 않는 척박한 땅을 벗어나 먼 바다로 나아가기 시작했다. 바다로 나간 그들은 약탈을 하거나 문물을 교역하고, 신천지를 개척하는 난폭함과 진취성을 동시에 보여주었다. 양쪽에 뿔이 달린 전투모와 용골이 툭 튀어나온 바이킹선, 붉은 수염은 모험을 즐기는 호전적인 해양 민족, 바이킹의 상징이라 할 수 있다.

　이승에서 저승으로 가기 위해서는 망자의 강을 건너야 한다고 한다. 그래서인지 쿠푸 왕의 피라미드에는 49m나 되는

배가 함께 부장되었는데, 바이킹은 해양 민족답게 왕족인 경
우 직접 배에다 상청(喪廳)을 꾸미는 선장묘의 풍속이 있었다.
1904년 오세베르그에서 원형에 가까운 바이킹선을 발굴하여
당시(834년경)의 바이킹 역사를 재현시켰다. 이 배에서 함께 발
굴된 다양한 부장품들 역시 당시의 생활상과 교역관계를 유추
해볼 귀중한 사료들이다.

　바다의 일부가 육지 속에 깊숙이 들어간, 만(vik)에 사는 사
람들이라는 말에서 유래했다고 하는 노르만족 바이킹은 매우
뛰어난 조선술과 항해술을 가지고 있었다. 그래서 이들은 날
렵하고 빠른 바이킹선을 타고 잉글랜드 해안은 물론 지중해

지역까지 유럽 전역을 종횡무진 넘나들며 해적 활동을 하거나 상거래를 위한 통상로를 개척하며 경제사에 괄목할 만한 족적을 남겼다.

잉글랜드의 여러 지역을 정복한 덴마크의 바이킹은 프랑스 센 강을 따라 올라가 885년 파리를 포위했다. 센 강 하류에 8km까지 늘어선 700척의 바이킹선으로 강물이 보이지 않을 정도였다니 파리 시민의 공포가 가히 짐작된다. 결국 이들이 원한 것은 금은과 같은 전리품과 비옥한 땅이었기 때문에 은 700파운드를 받고 물러났다. 또한 이들 중 일부는 해안에 정착하여 더 많은 약탈을 일삼다 프랑스 풍습과 기독교 신앙을 받아들여 노르만이 아닌 노르망디 사람으로 거듭났다. 교회나 수도원을 파괴하고 황금 십자가나 보석이 박힌 복음서를 탐내던 이들이 기독교를 받아들일 줄 그 누가 상상했을까.

이렇듯 바이킹의 정복과 약탈에 속수무책이던 서유럽 국가들은 9세기경 침략자에게 엄청난 공물을 바치기 위해 많은 은화를 주조했다. 이 때문에 통화의 팽창과 약화를 경험하게 되었고, 데인겔드라는 국방세를 징수하기에 이르렀다. 다량의 은을 보유한 카롤링거 왕조가 그래도 은의 함량을 25% 정도로 줄여야 했던 영국보다는 잘 버틴 편이라고 한다. 전반적으로 바이킹은 서유럽 국가들의 농업과 도시의 번영에 상당한 타격을 주었으나 의도치 않게 화폐경제를 촉진시키는 계기를 마련해주었다. 바이킹은 이렇게 마련한 돈을 그들의 무역로 개척과 정착 마을을 건설하는 데 사용했다. 이런 정착 마을의 흔적은 오늘날에도 여전히 남아 있다. '거주함'이나 '개척지'를 뜻하는 비(-by)라는 말이 뒤에 붙은 커비, 더비, 셸비 등의 영국 지명이 바로 그것이다.

노르웨이 바이킹은 북서쪽으로 항해를 하여 아일랜드와 아이슬란드, 그린란드, 북아메리카 등의 신천지를 개척한 것으로 더 유명하다. 984년에 그린란드를 발견한 '붉은 머리 에리크(Erik the Red)'와 1000년경 아메리카 신대륙에 도달한 그의 둘째 아들 에릭손(Leiv Eriksson)은 몇백 년 앞서 명나라의 정화(鄭和)나 크리스토퍼 콜럼버스(Christopher Columbus)의 길을 예비한 위대한 해양인으로 손색이 없다. 범법자로 추방당한 '붉은 머리 에리크'는 얼음과 눈으로 덮인 설원을 녹색의 땅, 그린란드로 명명하여 매력적인 신천지로 부각시킨 뒤 이주자를 모았다. 범법자, 거짓말쟁이에서 지도자로 거듭난 그의 리더십과 척박한 땅을 개척하려 한 야망을 엿볼 수 있다.

북서쪽으로 뻗어나가 약탈지와 식민지를 개척한 노르웨이 바이킹과는 달리 스웨덴 바이킹은 발트 해를 지나 동부 내륙을 거점으로 삼았다. 흑해를 지나 콘스탄티노플까지 진출하여 약탈을 일삼고 상업적 교역을 행하던 이들은 비잔티움제국은 물론 이슬람권과도 활발하게 교류하며 동방 문물을 유럽에 전파하는 동방문명의 전달자 역할을 했다. 그리스정교를 전해준 이도 역시 스웨덴 바이킹이었다. 907년경에는 수만 명이 콘스탄티노플을 침략하여 비잔티움 황제에게서 조공과 무역 영업권을 얻어내는가 하면, 역으로 비잔티움 황제의 용병이 되어 비잔티움의 권위에 도전하는 세력을 떨게도 했다.

이들은 슬라브 국가 키예프공국의 대표 도시 노브고로드에 무역 거점지를 세우고 모피와 꿀, 호박, 노예 등을 거래했다. 러시아라는 이름의 유래인 '루스'는 슬라브인이 스웨덴 바이킹을 부르던 말이라고 한다. 이들이 이 지역에서 슬라브(Slav)라는 러시아 출신 노예를 얼마나 많이 거래했으면 이 말이 노예(slave)란 단어로 정착됐을까!

그리고 보면 스칸디나비아의 바이킹도 나름대로는 지정학적 여건이나 의도에 따라 서로 다른 지역을 정복, 약탈, 교역하여 특화된 면모를 보였음을 알 수 있다.

이제 이들의 호전성에 힘입어 부유해진 바이킹의 도시를 둘러보자. 덴마크의 헤데비와 스웨덴의 비르카, 키예프의 노브고로드를 중심으로 형성된 북해상권은 이후 한자상권(Hansa: 한자란 유럽 여러 나라에서 활동하는 상인들의 조합을 말한다)으로 이어지며 그 전성기를 구가했다. 결과적으로는 한자상권도 바이킹의 덕을 본 셈이다. 색깔 있는 유리 염주나 칼자루, 보석을 입힌 금속 장신구 등을 만들어내는 솜씨 좋은 장인과 이것을 거래하는 상인, 고객으로 넘쳐났던 이 국제 무역도시에는 외국 상인을 보호하기 위한 법적 조치도 있었다고 한다.

이들이야말로 바이킹의 약탈에 움츠러들어 자급자족 경제

를 하던 유럽 대륙보다 한 걸음 앞서 용감하면서도 합리적인 기질을 활용하여 성공적으로 원격지 교역을 수행했다. 바이킹이 특별히 좋아한 비단과 반짝거리는 금, 은 등의 보석을 찾아서 말이다.

부족과 결핍에 근거하여 '좋은 전리품을 약탈할 수 있는 해안이라면 어디라도 간다'는 이들의 무모한 정복욕이 서서히 사라져간 11세기, 바이킹의 시대도 저물기 시작했다. 기독교가 스칸디나비아에 들어오거나 그들이 정복한 지역에 정착하면서 바이킹들은 호전적이고 진취적인 해양 민족으로서의 정체성을 상실했기 때문이다.

덴마크와 노르웨이 바이킹의 격전장이었던 영국 왕실의 계보에서 우리는 바이킹의 종말을 읽을 수 있다. 1016년에서 1035년까지 영국을 통치하던 덴마크 왕 크누트 1세(knud I)의 사망 이후 수차례에 걸쳐 벌어진 영국 왕위 쟁탈전에서 노르웨이의 왕 하랄 3세(Harald III)가 바이킹의 피가 절반 섞인 잉글랜드 왕 해럴드 고드윈슨(Harold Godwinson)에게 패하여 전사함으로써 1066년 바이킹의 시대는 끝이 났다고 볼 수 있다. 물론 영국의 왕위를 이은 정복왕 윌리엄(Willian I)은 프랑스에 정착한 바이킹의 후예지만 더 이상 노르만이 아닌 노르망디, 프랑스인이었다.

13세기까지 바이킹 문화를 이어오던 그린란드는 악화된 기상 조건으로 경제가 마비되자 무역 영업권을 얻는 조건으로 노르웨이에 귀속되었다.

늘어난 인구와 열악한 자연환경에서 벗어나기 위해 해외로 눈을 돌릴 수밖에 없었던 스칸디나비아 바이킹, 그리고 이들의 야만성과 호전성에 신음하던 유럽은 바이킹의 정착과 기독교로의 귀화를 통해 안도의 숨을 쉬었다. 이로써 바이킹의 시대를 끝내고 중세의 '신' 중심의 사회에서 벗어날 준비를 하게 된다.

바이킹의 호전성을 물려받은 바이킹의 후예들이 자못 궁금해진다. 한때 북유럽을 지배했던 덴마크는 19세기에 문화와 역사의 동질성에 힘입어 스칸디나비아 3국의 정치·문화적 통합을 꾀했으나 1864년 프로이센과 오스트리아군에 패하여 전 국토의 1/3에 해당하는 슐레스비히–홀슈타인 지역을 상실했다. "밖에서 잃은 것을 안에서 찾자"는 니콜라이 그룬트비 (Nikolai Grundtvig) 목사와 엔리코 달가스(Enriko Dalgas)의 농촌 부흥운동에 힘입어 선진 낙농국가로 거듭난 덴마크는 복지국가를 실현시켜 오늘날 행복지수가 가장 높은 나라로, 수도 코펜하겐은 2008년 세계 최고의 도시로 꼽혔다.

덴마크(1536~1814)와 스웨덴(1814~1905)의 지배를 받던 노르웨이 역시 영국과 공동으로 개발한 북해유전에 힘입어 1970년대에 무료교육과 의료혜택, 실업수당, 노후연금 등의 사회보장제도를 실현시켰다. 세계 5위의 석유 수출국(2014년 기준)으로 석유펀드를 마련하여 '자원의 저주'[6]에서 벗어남은 물론 균형 잡힌 경제 발전을 꾀하고 있다. 이것은 미래에 석유

6 자원이 풍족한 나라에서 자원에 의존하여 급성장을 이룬 후, 산업 경쟁력, 재고를 등한시함으로써 경쟁력을 상실하며 경제위기에 처하는 현상을 말한다. 일명 네덜란드병이라고 한다.

가 고갈되고 인구 고령화로 복지 지출이 증가할 때를 대비한 조처라고 한다. 한때 4대 한자 상관이 있던 베르겐의 브리겐 지역에는 1300년대 한자 상인들이 창고와 주거 지역으로 사용하던 목조건물(1700년대 화재로 재건축)을 지금도 상가로 이용하고 있어 옛 영화를 엿볼 수 있다. 북구의 중요한 항구였던 만큼 밧줄 만드는 공장이 지금도 남아 있다. 공장의 길이가 밧줄 길이와 같을 정도라고 하니 한번 상상해보라.

스웨덴은 사회민주주의의 전형을 보여주며 1946년 이후부터 복지국가 건설에 주력했다. 북구의 케인스라는 군나르 뮈르달(Gunnar Myrdal)은 시장에만 맡겨두면 반복되고 누적된 성

● **브리겐 거리의 전경**
브리겐 거리엔 한자동맹 시절처럼 항구를 향해 벽을 쌓은 듯한 목조건물이 늘어서 있다.
ⓒNina Aldin Thune

장과 쇠퇴로 인하여 불평등이 심화되기 때문에 국가가 개입하여 복지국가를 만들어야 한다고 했다. 언덕을 구르는 눈덩이는 점점 커져서 멈출 수 없기 때문에 경제적 불균형이 더 커지기 전에 국가가 나서서 바로잡아야 한다는 것이다. 하지만 1980년대 이후 급증한 사회보장제도의 부작용과 1990년대 맞이한 금융 위기로 인해 누적된 재정 적자, 마이너스 성장은 과도한 복지에서 벗어나 지속 가능한 복지모델로의 개혁을 촉구했다. 복지 지출 및 세액을 줄여 장기적으로 운영 가능한 복지제도를 구축한 스웨덴은 복지시스템에 대한 신뢰도를 높여 국가경쟁력 2위, OECD 국가 중 행복지수 3위인 복지국가로 올라섰다.

노획물을 함께 나누는 것이 주요 수입원이었던 바이킹의 전통이 오늘날 뷔페나 높은 세율의 세금을 걷어 다 같이 나누는 스칸디나비아의 사회복지제도로 정착하여 많은 이의 부러움을 사고 있다. 유럽연합(EU)에는 가입했지만 유로화를 사용하지 않는 영국과 스웨덴, 덴마크을 보면 바이킹의 후예라는 공통점이 다시금 떠오른다.

- 이때 우리는

스칸디나비아 반도에서 3계(系)의 바이킹이 힘을 겨루며 성장해가던 918년, 한반도에서는 후삼국이 겨루다 이를 평정한 왕건이 고려를 세웠다.

06

유럽의 도시,
경제성장의 동력이 되다

도시가 먼저인지, 시장이 먼저 생겨났는지에 대한 케케묵은 논쟁이 우리에게 말해주는 것은 도시와 경제의 밀접함이다. 8세기 후반부터 본격화된 중세 유럽의 봉건제는 장원 경제의 기초가 되는 농촌과 자유라는 상품으로 무장한 도시의 이중주였다. 자유가 없었던 장원의 농노가 '1년 하고 하루'를 도시에 숨어 살면 자유로운 도시인이 될 수 있었기 때문이다. 상업과 금융, 문화의 발생지인 중세의 유럽 도시 순례를 떠나보자.

10세기 경제 부활의 신호탄으로 여기저기에서 도시가 생겨났다. 해안과 강변 등 상업 활동에 유리한 입지조건을 갖춘 곳을 중심으로 자연스럽게 생성된 도시도 있었고 옛 로마인이 건설한 도시의 후신, 키비타스나 9세기경 축조된 요새지, 부르구스에 자리를 잡은 곳도 있었다. 물론 시장세와 통행세 등의 경제적 이점을 확보하기 위해 왕이나 제후들이 인위적으로 건설한 도시들도 있었다. 경제와 밀접한 만큼 상업이 전파되는 천연 교역로를 따라 교통의 요지나 안전한 곳이 도시의 입지로 선호되곤 했다.

그래서 적이나 이방인에게서 안전하게 지켜줄 견고한 성벽이 도시의 상징이 되었다. 하지만 성벽이 외부로부터의 안전함을 보장해줄 수는 있어도 흑사병이나 화재와 같은 재난에서 도시를 자유롭게 할 수는 없었다. 도시와 촌락을 구분하는 성벽 안에 거주했던 도시민은 성 밖의 사람을 야만인이라고 깔보는 등 시민으로서의 자부심이 대단했다. 성안에 사는 시민은 상인, 수공업자들과 같은 유산자이며 교양 있는 중산층이었기 때문에 성안에 사는 사람을 뜻하는 부르주아지는 오늘날 유산자와 동의어가 되었다. 그러나 이들의 자부심과는 달리 소비자 역할에 머문 대부분의 도시는 자급자족적 생산기능을 갖춘 농촌에 전적으로 의지하는 실정이었다.

성벽으로 요새화된 도시는 외지인, 특히 경쟁이 되는 도시에서 온 상인들에게 매우 배타적이어서 40일로 체류 기간을 제한시켰음에도 상업의 활성화와 더불어 일자리를 찾아 모여든 사람들로 공간이 부족해졌다. 그때마다 수시로 성벽을 새로 쌓아 도시를 확장시켰지만 화포의 등장과 더불어 그 화력을 이겨낼 정도로 두꺼운 성곽을 짓는 건 쉽지 않았다. 결국 부족한 공간을 효율적으로 활용하기 위해 수직적인 건축양식이 발달하게 되었고 높은 곳까지 집들이 빼곡하게 들어섰다. 1층보다 더 넓은 공간을 쓰기 위해 2층과 3층으로 갈수록 튀어나오게 지은 집들이 성벽으로 경계를 짓던 중세 도시의 산물이다. 지금은 이 도시를 찾는 사람들에게 옛 정취를 느끼게 해준다.

십자군원정과 더불어 원격지 교역이 강화되면서 생겨난 중세 도시의 또 다른 특징은 자치권이다. 교역에서 부와 힘을 얻은 도시 상인들이 인신적 자유는 물론이고 특별법정과 봉건적 공조 폐지를 요구하며 기존 질서에 대항했다. 그 결과 십자군 원정 경비를 마련하기 위해 목돈이 필요했던 도시의 통수권자들은 도시 상인들에게 자치권을 넘겨주고 납세권으로 만족해야 했다. 이런 전통이 영국의 왕이라 해도 자의적으로 자유민 어느 누구의 생명과 자유, 재산을 빼앗을 수 없다는 마그나카르타 대헌장(1215)으로 만개되었으리라.

그렇다고 자치권 획득이 쉽지만은 않았다. 세속적 통수권자들이 지배하는 도시와 달리 주교도시는 교황과 황제의 힘겨루기로 인해 자치권 획득이 어려웠다. 게다가 상업을 불신하던 교회 역시 상인의 요구를 무시하며 상호 적대감을 키웠다. 중산층 시민의 자치조직으로 거상들이 대거 참여한 시참의회는 신분상의 차이를 발생시키며 중세사회에 큰 영향을 주었다.

이제 중세 도시의 산물이며 자치권 행사의 또 다른 주체인 상인길드와 수공업자 동업조합에 대하여 알아보자. 유럽 시민 사회의 근간을 이룬 동업조합에는 조합원의 생활권 보장과 공동이익을 위한 자발적인 움직임 그리고 품질관리와 가격규제 등으로 소비자를 보호하고자 했던 시당국의 의도가 들어 있다. 중세 도시는 소비자인 동시에 생산자인 도시민의 보호 차원에서 판매자와 구매자 사이의 중간 상인을 배제하고 매점매석을 금지하여 적정 가격을 유지했다. 교회의 원칙에 의거하여 수익성을 배제시킨 중세의 경제사상이 반영된 결과다.

특히 수공업자 동업조합은 수공업의 독점권과 더불어 생산방식과 도구를 규정하고 판매 영역을 제한하는 등 진보된 경영방식과 창의성을 배척했다. 결과적으로 이는 새로운 변화의 흐름을 저지하며 산업혁명의 걸림돌이 되었다. 동업조합이 가장 먼저 해체된 영국이 가장 먼저 산업혁명으로 이행했음이 이를 증명한다. 이런 단점에도 가장 오랫동안 동업조합이 남아 있던 독일에서 엄격한 도제교육을 받은 숙련 수공업자들은 후일 독일 산업혁명의 역군이 되어 활약하기도 했다.

중세 도시의 성장은 더 나아가 봉건사회의 경제체제가 변질되는 요인으로 작용했다. 도시 상인들이 필수품을 공급하며 자급자족적인 장원의 기능을 대행했기 때문이다. 더 나아가 상업의 발달은 현물지대가 화폐지대로 이행하는 데 기여하며 장원의 붕괴를 촉진시켰다. 도시 상인들에게 잉여농산물을 공급하여 잉여소득을 얻은 농노들이 봉건지대를 노역이나 현물 대신 화폐로 지불했기 때문이다.

그렇다면 중세의 도시는 어떤 화폐를 사용했을까? 고대와 달리 경제규모가 작았던 8세기 중반에는 페니 은화가 널리 통용되었다. 그러다가 11세기 이후부터 지중해 교역으로 이미 아랍과 비잔틴의 금화를 사용하던 이탈리아의 도시들이 번영의 상징으로 13세기 중반 금화를 주조하여 사용하기 시작했다. 피렌체의 플로린(1252) 금화와 베네치아의 두카트(1284)

금화는 국제 교역에서 지배적인 입지를 얻기 위해 서로 경쟁
했다. 물론 이에 앞서 가장 번성한 상업도시답게 베네치아가
12세기 말 솔리두스 금화에 준하는 새로운 동전, 그로셴을 사
용하여 화폐제도의 변혁을 주도했다. 토스카나와 롬바르디아
역시 안정된 국제 교역망에 힘입어 환어음과 신용거래를 활성
화시키며 금융업의 새로운 장을 열었다.

농촌의 사회·경제적 변화와 함께 동방 교역으로 부와 자치
권을 얻은 이탈리아 도시를 선두로 문예부흥, 르네상스 시대
가 열렸다. '신' 중심 사회에서 벗어나 그리스·로마의 고전에
서 인간의 본모습을 찾는 인문주의 부흥운동은, 특히 예술과
학문의 후원자였던 메디치 가문(Medici Family)을 중심으로 피
렌체에서 그 절정을 맞이했다.

이렇듯 정보의 교환은 물론 정치·경제의 중심인 도시가 이
슬람 세계와의 활발한 교류를 통해 새로운 학문과 기술을 접하
면서 르네상스는 꽃피기 시작했다. 또한 자연과학의 발달과 종
교개혁을 준비하며 중세를 종식하고 근대로 나아가는 힘을 제
공했다.

도시는 정치의 중심이었던 고대 도시에서 상업이 주를 이
룬 중세를 거쳐 제조업 중심의 근대 도시와 서비스 산업 중심
의 현대 도시로 끊임없이 변모해간다. 하지만 시대가 변해도
도시를 중심으로 경제력과 노동력, 인프라가 편중되는 현상은
여전하다. 특히 현대 도시는 이질적인 요소를 융합하며 새로

운 소비자 취향에 신속히 대응하고 있다. 기술과 문화, 과거와 현재, 클래식적인 요소와 모던한 색채가 한 공간에서 빛을 발하며 경세성장의 동력으로 도시 경쟁력을 높이고 있다. 도시의 경쟁력이 해외투자 유치의 중요한 기준이 되는 세상이 되었기 때문이다. 이야기가 있고 기능과 편리함을 갖춘 도시야말로 지속 가능한 미래형 도시다. 나아가 더 나은 생활의 편리함을 추구하는 사람들이 모이는 라이프스타일 허브가 새로운 경제허브로 등장하여 도시로 인재와 자본, 자원을 끌어들이고 있는 추세다. 인터넷으로 업무가 가능해진 결과다.

유형·무형의 부가가치가 날로 중요해지는 21세기를 맞아 디자인도시와 환경도시, IT도시 등이 경쟁력을 지닌 현대 도시가 무엇인지를 말해주고 있다. 이는 쇠락해가는 도시에 문화를 접목시키는 것, 예컨대 뉴욕의 구겐하임 미술관 분원을 유치하여 '스페인의 맨해튼'을 일궈낸 빌바오와 같은 도시가 많아지는 이유기도 하다.

• **이때 우리는**

금화를 주조하며 유럽의 금융도시로 이탈리아가 부상한 13세기 중반, 고려(고종)에서는 거듭되는 몽골의 침입으로 힘겨운 시절을 겪고 있었다.

07

신의 이름으로 시작된 십자군원정

유럽 기독교문명권은 610년 이후 대단한 경쟁자를 만났다. 중동 사막지대에서 발흥하여 점차적으로 힘을 얻은 이슬람교가 지중해 연안은 물론 711년 이후 이베리아 반도까지 세력을 확장하며 기독교문명권을 위협했기 때문이다. 성서의 종교로서 유일신을 섬기는 두 종교, 기독교와 이슬람교에 기반을 둔 두 문명권이 성지 예루살렘과 지중해 지역을 두고 벌이는 대립의 역사를 추적해보자.

지중해 연안에서 이슬람교도를 몰아내고 지중해를 '기독교의 바다'로 되찾아온 10세기 이래 반목과 화해를 거듭하던 기독교와 이슬람 두 문명권은 11세기 초 소아시아에서 힘을 얻은 셀주크튀르크와 동로마제국이 마찰을 빚으며 다시 대립했다. 이때 위기에 처한 비잔티움 황제가 로마의 교황청에 원군을 요청하면서 십자군원정이 시작되었다.

그렇다면 이런 대규모의 군사적 행동을 가능케 한 요인은 무엇일까? 세기말을 맞아 성지를 찾은 기독교 순례자들이 이슬람교도와 맞서 싸운 무용담이 전해지며 유럽에서도 성지 탈환을 기독교도의 소임으로 생각하던 종교적 열정이 되살아났다. 때마침 상업의 부활과 농업의 발달에 힘입어 인구가 늘어나고 전쟁 경비를 감당할 경제적 여력이 갖추어졌던 당시의 상황도 중요하다. 하지만 이와는 달리 경제적 어려움을 타개하고자 하는 의도 속에 행해졌다는 상반된 주장도 있다. 또한 로마교황이 교회의 수장으로서 입지를 강화하는 동시에 베네치아를 비롯한 이탈리아 도시국가들에 동부 지중해 연안의 국가들과 교역할 수 있는 길을 열어주려고 했다는 주장도 거론된다. 어떤 의도에서든지 성지 회복을 위해 1096년 십자군이 출범한 이후 무려 200여 년 동안 여덟 차례에 걸쳐 진행된 십자군원정은 두 세계에 엄청난 변화를 불러왔다.

프랑스와 교황 우르바누스 2세(Urbanus II)가 주도하고 유럽 각지에서 모인 왕과 제후들의 폭발적인 호응을 얻었던 제1차 원정은 시리아를 거쳐 1099년 예루살렘을 정복하며 성지 탈환의 목표를 달성했다. 기독교의 성지 예루살렘은 638년 이후 이슬람의 수중에 놓여 있었다. 하지만 제1차 원정은 성지를 회복하는 데는 성공했으나 예루살렘을 비롯하여 안티오크 등 점령한 도시들을 약탈하고 수많은 유대인과 이슬람교도를 학살하는 야만적인 모습을 보였다.

종교적 열정에서 시작하여 종교의 이름으로 만행을 자행한 십자군의 변질된 모습은 제4차 원정 때 극에 달했다. 십자군의 목적지가 바뀌었음은 물론 경제·정치적 이해관계를 얻기 위해 기독교 국가를 상대로 무력을 행사했기 때문이다. 교회를

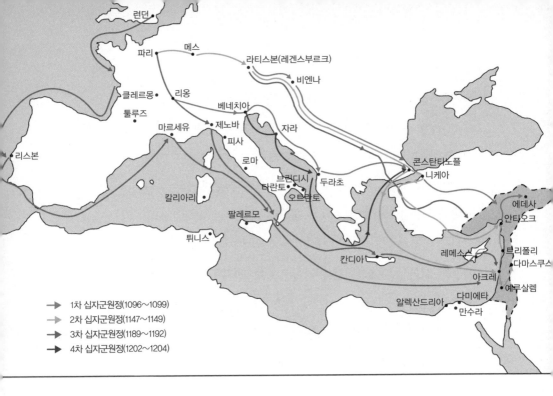

런던
파리
메스
라티스본(레겐스부르크)
비엔나
클레르몽
리옹
베네치아
자라
툴루즈
마르세유
제노바
피사
로마
리스본
칼리아리
브린디시
두라초
콘스탄티노플
니케아
타란토
오트란토
팔레르모
에데사
안티오크
튀니스
칸디아
레메소스
트리폴리
다마스쿠스
아크레
알렉산드리아
다미에타
예루살렘
만수라

➡ 1차 십자군원정(1096~1099)
➡ 2차 십자군원정(1147~1149)
➡ 3차 십자군원정(1189~1192)
➡ 4차 십자군원정(1202~1204)

● **십자군원정로**
성지 회복이라는 종교적 열정에서 시작한 십자군 원정은 점차 변질되어 절반의 성공으로 평가되지만, 진행되던 유럽의 정치·경제적 변화에 기폭제 역할을 했다.
ⓒwikimedia

통합하려는 교황의 의도와는 무관하게 베네치아공화국은 경제적 이점을 저울질하며 해상으로 이동하는 제4차 십자군에 배편과 식량을 제공했다. 엄청난 항해 비용을 조달할 수 없던 십자군은 그 대가로 1202년 베네치아의 제안을 받아들여 기독교 국가 헝가리에 점령당한 자라를 공격하여 베네치아공화국령이 되도록 해주었다.

진군을 계속한 십자군은 비잔티움제국의 황제 자리를 둘러싼 권력 다툼에 가담하기 위해 목적지인 이집트가 아니라, 결국 같은 기독교문명권인 '지구 상에서 그보다 더 부유하고 강력한 곳은 없을 것'이며 아무리 용감한 병사라도 '전율하지 않을 수 없는' 콘스탄티노플을 점령하여 무자비하게 약탈하고 파괴했다. 콘스탄티노플의 교회를 로마교회의 수중에 놓고자 했던 교황의 '성스러운' 욕심이 합세한 결과였다.

이슬람 지역에 들어가지도 않은 채 방향을 돌려 콘스탄티노 플을 점령한 십자군과 베네치아는 비잔티움제국을 이해관계에 따라 분할해 1204년 라틴제국을 세웠다. 이권 다툼으로 얼룩진 제4차 십자군원정의 최대 수혜자는 베네치아였다. 경제적으로 대립관계에 있던 비잔티움제국의 멸망이 베네치아에는 호재로 작용했기 때문이다. 이미 콘스탄티노플에서 면세특권을 누리며 후추 등의 이국적 상품을 거래하던 베네치아는 다시금 명실상부하게 지중해 지배권은 물론 흑해 주변의 교역 식민지와 항구 등을 얻어 제노바를 제압했다. 하지만 소아시아 교역에서 우위를 확보했던 라틴제국은 결국 제노바의 도움을 얻은 그리스계 니케아제국에 의해 1261년 멸망했다.

경제적 이권을 챙긴 베네치아공화국과는 달리 십자군에 유린당한 비잔티움제국은 예전의 영토와 위상을 회복하지 못한 채 동방에서 기독교 세계의 교두보 역할을 수행하지 못했다. 정치·경제적 이해관계 때문에 종교적 열정이 퇴색되어버린 제4차 십자군원정의 상흔으로 분열된 비잔티움제국은 셀주크튀르크를 계승한 오스만튀르크의 확장을 막아내지 못하고 1453년 콘스탄티노플 함락과 더불어 역사에서 사라졌다.

성지 회복에는 실패했지만 절반의 성공으로 평가되는 십자군원정은 부활하던 유럽의 경제에 엄청난 영향을 미쳤다. 지중해 연안 이탈리아와 남프랑스 도시에서 물품 조달을 통해 경기가 활성화되었고 십자군원정과 더불어 외부 시장이 열렸기 때문이다. 비잔티움제국과 그리스, 이슬람 세계의 엄청난 부와 격조 높은 문화에 눈뜬 유럽 세계에서 이국적인 문물에 대한 수요가 급증하여 원격지 교역이 활성화되었다.

지중해가 다시 기독교도의 수중에 들어오면서 제4차 십자군원정 이후 힘을 얻은 베네치아를 중심으로 지중해상권이 중세 유럽의 상업을 지탱하는 축으로 자리 잡았다. 이교도와의 교역을 금지함에 따라 이슬람권과 교류하지 않던 제노바 역시 흑해 연안에 무역 식민지를 건설하고, 적극적으로 소아시아 교역에 동참하여 베네치아와 경쟁관계를 이어갔다. 더 나아가 이런 상권의 변화는 사회적 변화를 불러왔다. 부를 획득하여 힘이 커진 상인과 수공업자들은 자치권을 요구하기에 이르렀다. 결국 십자군에 참여한 국왕과 제후들이 원정 경비를 마련하기 위해 목돈을 얻는 대가로 이들에게 자치권을 허용하여 중세 도시 사회에 큰 영향을 주었다. 콘스탄티노플의 화려함을 모방한 영주의 사치와 낭비도 화폐지대로의 이행을 촉구하여 장원의 붕괴를 가져왔다.

십자군원정은 종교와는 무관한 제3의 세력 몽골과도 관련이 있다. 십자군원정으로 힘을 소진한 유럽 세계가 1241년 빠른 기동력을 앞세워 헝가리와 폴란드를 공격한 몽골 앞에서 위기를 맞았기 때문이다. 하지만 뜻하지 않은 오고타이칸의

죽음으로 이들이 회군하여 위기에서 벗어날 수 있었다. 십자
군원정에 주력한 교황은 헝가리의 구원 요청도 쿠빌라이칸이
요구한 100명의 선교사 파송 요청에도 응하지 않았다.

끝으로 베네치아의 영광을 통해 제해권의 중요성을 터득한
나라들이 해상로 개척과 조선업, 항해술 발전에 힘을 쏟아 신
대륙 발견의 가능성을 열었다. 이런 일련의 사회적 변화는 봉
건적인 중세 사회·경제체제의 변질 요인으로 작용하여 교황
의 권위 하락과 함께 중세의 종식을 앞당겼다. 무리하게 원정
에 참여한 제후와 기사들이 몰락하는 가운데 왕권은 강화되어
근대국가가 성립되기에 이르렀다.

2000년 3월 12일 로마교황청은 제1차 십자군원정 시 예루살
렘에서 유대인과 무슬림을 학살하고 콘스탄티노플과 베이루트
에서 저지른 교회의 부끄러운 과거를 인정하고 용서를 구하는
참회의 미사를 드렸다. 종교적 반목이 없는 사회가 되기를 바라
지만 유감스럽게도 미국이 9.11테러 이후 테러와의 전쟁을 선
포하면서 21세기 십자군전쟁(The Crusades in the 21st Century)이
라는 단어를 심심치 않게 외신에서 접한다.

• 이때 우리는

1099년 제1차 십자군이 예루살렘을 정복하여 예루살렘왕국을 세웠다. 그로부터 2년 후인 1101년,
고려(숙종 6년)에서는 은 한 근으로 우리나라 지형을 본떠 만든 화폐, 은병을 사용했다.

08

유럽을 부흥하게 한
샹파뉴 정기시

샹파뉴? 샴페인? 이 둘의 차이점은? 왠지 샴페인 하면 혀끝을 톡 쏘며 넘어가는 축배에 어울리는 와인이 연상되고, 샹파뉴 하면 각지에서 모여든 상인들로 붐비는 장터, 샹파뉴 정기시가 떠오른다. 샹파뉴(Champagne)라는 프랑스어 단어가 한국에서는 영어 발음인 샴페인과 프랑스식 샹파뉴로 서로 다른 별개의 말처럼 번역되어 정착했기 때문이다. 13세기를 전후한 중세에 샴페인의 고장, 샹파뉴에서는 어떤 일이 있었을까?

10세기 이후 부활한 중세의 상권은 지중해상권과 북해상권으로 불리는 두 개의 큰 축에 의해 움직였다. 이탈리아 상인들이 중심이 된 지중해상권은 중앙아시아를 거쳐 중국에 이르는 실크로드를 따라 비단과 도자기를, 다른 한편에서는 스파이스로드를 따라 인도와 남아시아의 후추와 향신료를 육로를 이용해 유럽에 소개했다. 특히 베네치아 상인들은 마르코 폴로(Marco Polo)의 중국여행에 고무되어 원격지 교역에 앞장섰다. 동양의 이국적인 상품을 취급하는 이탈리아 상인들은 그들의 주된 고객들이 있는 북유럽으로 가기 위해 험준한 알프스를 넘어 프랑스의 대평원 샹파뉴 정기시(定期市: 영어로는 Fair, 사람들이

모여서 농산물을 포함한 여러 상품을 전시하고 매매했던 곳이다)로 모
여들었다.

● 길리스 모스타르트,
「정기시(Village Fair)」,
1590, 베를린 미술관
소장

또 하나의 축을 이루는 북해상권은 독일 한자 상인들이 그
중심을 이룬다. 키예프공국의 노브고르드까지 상권을 확장한
이들은 목재와 청어, 밀, 포도주, 모직물 등 생필품을 주로 거
래했다. 이들 역시 자신들의 상품을 이국적 상품과 거래하기
위해 샹파뉴 정기시를 찾았다. 이렇듯 샹파뉴 정기시는 두 상
권을 연결하는 만남의 장이었다. 동시에 상품과 화폐를 활발
하게 거래하며 중세 상권의 최대 수혜자가 되었다.

12세기에 들어서면서 유럽 각지에서 모여든 대상들은 샹파

뉴 백작령에 속한 라니, 프로뱅, 트루아, 바르 쉬르 오브 4개 도시에서 정기적으로 열리는 시장을 순차적으로 방문했다. 한 도시에서 정기시가 끝나면 짐을 꾸려 다음 장이 서는 또 다른 도시로 이동하는 식이었다. 6주씩 정기적으로 여섯 번의 시장이 섰으므로, 샹파뉴 지역에서 1년 내내 정기시가 열렸으며 거의 모든 상품이 거래됐다는 것을 알 수 있다.

라니 정기시를 시작으로 열리는 바르 정기시, 프로뱅 5월 정기시, 트루아 여름 정기시, 프로뱅 정기시, 트루아 겨울 정기시는 1260년대에 절정을 이루며 국제적인 지불체제의 중심지로 부상했다. 정기시의 개최로 얻어지는 시장세나 거래세 등의 경제적 이권이 제법 컸기 때문에 샹파뉴 백작은 정기시를 찾는 상인들의 신변보호뿐만 아니라 채무관계를 엄격히 규정하며 정기시의 번영을 꾀했다.

하지만 13세기 중반에 접어들면서 샹파뉴 정기시도 변화의 흐름에서 벗어날 수 없는 듯 점차적으로 붕괴의 조짐을 보였다. 그럼에도 14세기 초까지 전성기를 이어가다 결국 14세기 중반에 역사의 뒤안길로 사라져갔다. 한때 동서양의 문물이 모이던 경제 요충지를 퇴색시킨 몇 가지 요인을 들여다보자.

우선 1291년 지브롤터 해협을 발견함으로써 육로보다 해상 교역로의 활용이 커진 점을 꼽을 수 있다. 해상 교역로를 통해 두 상권이 가까워짐에 따라 육로의 중간 지점인 샹파뉴 대평원이 제공하던 정기시의 지정학적 매력이 사라졌다. 이제는 위험을 감수하며 험난한 알프스를 넘어다니지 않아도 되었다. 또한 아비뇽 유수[7](1309~1377)로 인해 로마교황청으로 송금할 때 이용하던 샹파뉴 정기시의 어음 활용성이 사라진 것과 도시가 발달함에 따라 떠돌이 상인들이 점차적으로 정착하게 된 것도 샹파뉴 정기시의 입지를 약화시켰다.

샹파뉴 백작의 상속녀가 결혼 지참금으로 샹파뉴 정기시를 가지고 단려왕 필리프 4세(Philippe Ⅳ)와 결혼한 사건(1284)으로 인해, 정기시가 백작령에서 프랑스 왕의 영지로 바뀌면서 몰고 온 변화도 빼놓을 수 없다. 야심 많은 프랑스 왕이 더 많은 경제적 이점을 얻기 위해 실시한 샹파뉴 정기시의 개혁안이 오히려 정기시의 발목을 옥죄는 역효과도 가져왔기 때문이다. 늘어난 세금과 부담금은 물론 적대관계에 있던 플랑드르 상인이 정기시로 진입하는 것도 금지했다. 그 결과 모직물을 거래하던 플랑드르 상인들이 이곳을 외면하면서 국제적인 정기시로의 면모가 지역시장 규모로 축소되었다. 이 지역을 강타한 백년전쟁 역시 정기시 쇠퇴의 한 요인으로 지목된다.

또한 상승일로에 있던 해상 교역로로 인해 정기시의 붕괴가 촉진될 것을 염려한 프랑스 왕은 프랑스로 들어오는 모든 문물의 창구를 에그모르트에 있는 항구로 제한했다. 이를 어길 시 물품의 압수와 추방을 불사하는 강경책으로 통행의 자유와 안전성도 보장해주지 않았다. 게다가 빚진 상인에게 정기시의 출입을 금지하던 규정 대신 1326년에는 신용불량자들에게도

7 교황권이 쇠퇴하고 황제권이 강화되었음을 말해주는 사건으로 교황청은 로마를 떠나 남프랑스의 아비뇽으로 옮겨 와 프랑스왕의 지배를 받았다.

활동의 자유를 보장해주었다. 그 결과 이탈리아 상인들은 발길을 돌리고, 그 자리에 자신을 치장하기 위해 신용거래로 사치품을 구입하는 프랑스 귀족들로 넘쳐났다.

이로써 빚을 얻어 쓴 귀족들과 그 빚을 대신 갚아줘야 하는 유대인이나 도시민, 빚을 받기 위해 법적 소송을 벌이는 이탈리아 상인들, 이를 못마땅하게 여기는 프랑스 왕의 이해관계가 얽히게 되었다. 고리대로 빚을 진 귀족들의 전의 상실을 엉뚱하게 외지 상인들의 탓으로 돌린 필리프 6세(Philippe VI)는 정기시에서 얻은 빚과 연체이자를 탕감해주는 대가로 이들이 기사를 대동하고 그의 전쟁에 일정 기간 종군하도록 했다. 더나아가 칼자루를 쥔 필리프 6세에 의해 1347년 이탈리아 상인들이 재산을 몰수당한 채 추방되어 샹파뉴 정기시의 신용업무도 종식되었다.

이렇게 샹파뉴 정기시가 붕괴되면서 중세 경제의 근본적인 변화가 나타났다. 추방당한 이탈리아 상인들이 독일 동쪽 지역으로 이주하면서 상품 및 신용거래가 한자 상인들을 중심으로 독일 지역에서 활성화되었다. 화폐경제가 점차 해안에서 내륙 깊숙한 곳으로 이동하는 동진화가 진행된 것이다.

모직물의 거래 역시 양모와 직물의 산지에 가장 인접한 해안 도시 브뤼헤로 넘어가며, 당시 가장 중요한 교역 품목답게 경제의 중심지마저 샹파뉴에서 브뤼헤로 옮겨놓았다. 이것을 두고 역사가들은 프랑스가 손에 쥐고 있던 보물을 놓쳐버린

형국으로 비유했다.

  이렇듯 왕의 과도한 정기시 규제로 인해 내리막길을 걸은
상파뉴 정기시의 사례는 정부가 시장에 개입할 때 그 적정선
을 찾는 것이 무엇보다 중요함을 말해주고 있다.

• 이때 우리는

상파뉴 정기시가 활성화되던 1234년, 고려(고종 21년)에서는 세계 최초의 금속활자로 『상정고금예
문』 50권을 간행했다.

09

13세기 세계화를 이룩한
칭기즈칸

과거의 인물로 아직도 빛을 잃지 않고 「타임」지의 표지를 장식하곤 하는 칭기즈칸은 21세기 디지털 노마드적 라이프스타일 속에 가장 이상적인 인물로 부상했다. 초원을 달리던 유목민의 나라 몽골을 세계 변방에서 세계 중심으로, 가장 큰 제국으로 건설한 칭기즈칸과 그 후예들이 세계경제사에 미친 영향을 알아보자.

모든 나라의 경제는 야만에서 유목단계를 거쳐 농경으로 발전해간다고 프리드리히 리스트(Friedrich List)는 그의 발전단계론에서 밝히고 있다. 하지만 200만 명 정도의 유목민이 1~2억의 농경사회 문명인을 지배한 놀라운 사건이 13세기 중앙아시아 초원에서 발생했다. 그 중심에 서 있던 초원의 제왕, 칭기즈칸에 대해 알아보자.

1162년 핏덩이를 손에 쥐고 태어났다는 테무친이 자신의 운명을 지배하며 '대양들 사이에 놓여 있는 모든 것들의 지배자, 빛의 신'이라는 칭기즈칸(1206)에 오르기까지의 인생 역정은 한 편의 드라마를 방불케 한다. 태평양에서 카스피 해까지 이르는 대제국을 건설하여 동서문명을 이어준 칭기즈칸이 세계경제사에 미친 영향은 실로 대단하다.

그럼에도 그의 이름 뒤에는 항상 문명의 파괴자, 약탈, 무자비함이라는 부정적인 이미지가 따라다닌다. '신이 타락한 인간에게 내린 징벌'을 감수하듯 수많은 민족과 왕국이 몽골의 정복전쟁으로 인하여 역사적 부침을 경험하게 되었기 때문이다. 금나라와 남송, 호라즘, 바그다드의 아바스 왕조가 역사에서 사라지고 고려와 중동의 이란, 러시아, 폴란드, 헝가리가 몽골의 말발굽 아래 숨을 죽여야 했다. 하지만 초원에 익숙한 유목민의 한계인 듯 때맞춰 불어준 태풍, '가미카제(신의 바람)'에 대처하지 못한 몽골군은 두 차례나 원정을 갔음에도 일본을 정복하지 못했다.

그 당시 남송과 북송으로 분열된 중국과 십자군원정으로 힘을 소진한 유럽 사회의 정치적인 분열이 몽골군의 발 빠른 정복을 도왔다. 그렇다고 몽골군이 자랑하는 기동력과 엄격한 군율, 다양한 전술과 무기, 효과적인 병참 관리 등을 간과할 수는 없다. 특히 군율을 어길 시 엄격하게 처벌하여 최소한의 규정으로도 최대한의 효과를 거둘 수 있도록 한 대자사크(36개 조항의 몽골 최고 성문법전)는 몽골제국을 이끌어가는 통치의 힘을 제공했다.

열악한 환경을 극복하고 치열한 부족 간의 전쟁을 통해 전술을 개발한 몽골군은 후방 보급로 없이 계속 전진하는 병참 기술과 한 시간에 10km를 달리는 몽골 준마의 기동력, 그리고 순발력 등으로 8,000km에 달하는 동서 지역을 정벌하여 유라시아를 아우르는 대제국을 건설했다.

그 결과 팍스 몽골리카(Pax Mongolica)라고 불리는 몽골에 의한 평화기가 13세기 중반 이후 100년간 동서양을 이어주는 교역로를 활성화시켜 경제·문화적 교류가 활발했다. 이로써 칭기즈칸의 손자 몽케칸과 1271년 국호를 원으로 바꾼 쿠빌라이칸 치하에서 세계경제가 하나로 통합되는 '13세기적 세계화'를 경험하게 되었다.

지중해에서 동아시아에 이르는 초원길과 실크로드 등의 육로, 그리고 해로를 통해 동방의 이국적 상품과 사상이 오고 갔다. 이슬람 상인의 중개에 힘입어 베네치아 상인과 제노바 상인이 지중해상권을 발달시키며 부를 축적했다. '황금판자를 머리에 이고 다녀도 아무 염려가 없다'고 할 정도로 안전한 경제 네트워크가 구축되어 교황의 사신을 비롯한 수많은 학자, 선교사, 상인들의 왕래가 활발해졌다. 이 시기에 중국의 3대 발명품 중 나침반과 화약이 이슬람 세계를 거쳐 유럽에 전래되었다. 특히 베네치아의 상인 폴로의 『동방견문록』은 당시 몽골제국의 화려함을 보여주며 서양인의 상상을 자극하기에 충분했다.

넘쳐나는 비단과 뽕잎으로 만든 화폐 외에도 폴로는 몽골식 호텔, '잠'에 감탄했다. 일정한 거리를 두고 제국의 수도 카라코룸까지 사막과 초원을 이어주는 역참제도 잠은 제국의 동쪽 끝에서 서쪽 끝까지 말로 아무리 빨리 달려도 최소한 200일이 걸린다는 광활한 제국을 잇는 신속한 교통망이었다.

그래서인지 역참제도는 몽골이 물러간 후에도 중국이나 러시아 운송제도에 상당한 영향을 미쳤다. 사신이나 공무로 여행 중인 전령이나 관리에게 잘 곳과 말, 식량 등을 제공하는 잠은 비록 누구에게나 개방된 제도는 아니었지만 운송과 통신을 효율적으로 활용한 몽골인의 독창성이 엿보인다. 이 점이 바로 21세기 인터넷과 스마트폰에 의지하여 전 세계를 누비고 다니는 디지털 노마드적 라이프스타일을 가능하게 한 초광역 네트워크의 전신이라 할 수 있다.

동방의 이국적 상품을 얻기 위해 떠난 폴로 일가의 기나긴 여정을 통해 당시 동서 교역로와 그 변화를 알 수 있다. 이들은 1271년 베네치아를 떠나 중국을 오가던 옛 대상들처럼 중앙아시아와 페르시아의 육로를 통해 3년 반 만에 베이징에 도착했다. 하지만 20년 후 돌아올 때는 주로 바닷길을 이용하여 수마트라, 인도, 페르시아를 거쳐 흑해 동쪽 트레비존드에서 배를 타고 1295년에 귀향했다.

폴로의 여정에서 13세기 말 아시아에서는 대상이 이용하는 육로보다 아랍의 해로가 교역로로 부상하고 있음을 알 수 있다. 남송의 나침반과 조선술, 항해술을 받아들인 원나라가 해상무역을 강조하고 해상 교역로 확보에 높은 관심을 보이며 시대적 흐름을 주도한 결과다. 우연하게도 이런 변화는 지브롤터 해협의 발견으로 유럽에서 육로가 해상로로 대체된 시점과도 맞물린다.

기마군단의 민첩함만큼 파죽지세로 부상하며 통합된 세계 경제망을 구축했던 제국은 이에 못지않게 빠르게 쇠락했다. 유라시아를 잇는 동서 교역로를 타고 전 세계로 퍼졌다 되돌아온 흑사병이 몽골군의 전력을 약화시켜 유럽을 몽골의 공포에서 벗어나게 했지만, 몽골에는 150여 년간 유지한 제국과 종말을 고하게 하는 계기가 되었다. 또한 쿠빌라이칸의 사망 이후 지속된 정치적 분열로 구심점을 잃은 제국은 그들이 전해준 화약과 총포의 발명 앞에 속수무책으로 무너져갔다.

이렇게 중국 대륙에서는 1368년 홍건적의 난으로 원나라를 물리친 한족의 명 왕조가 시작되었다. 한때 찬란했던 제국의 수도, 초원의 카라코룸은 쿠빌라이칸이 원나라를 세우며 칸발리크(오늘날의 베이징)로 수도를 옮긴 이후 쇠락하다 원나라의 붕괴와 함께 사라져 권력의 무상함을 말해주고 있다.

몽골의 역사보다 더한 아이러니가 또 있을까? 오랜 세월 중국의 지배하에 있던 오늘의 몽골은 1911년 독립했지만 자립하지 못해 결국 러시아의 혁명 세력의 도움을 받아야 했다. 그리고 1924년 몽골인민공화국을 건설하여 세계에서 두 번째로 사회주의 국가가 되었다. 중국과 러시아는 한때 몽골이 정복하여 지배하던 나라가 아니던가! 이제 몽골은 시장경제로 전

환하고 몽골군이 자랑하던 기민성을 앞세워 세계화에 빠르게
적응하고 있다.

13세기 초, 칭기즈칸은 전 세계를 거대한 초원지대로 만들
기 위해서 모든 도시를 파괴해야 한다고 했지만, 21세기의 몽
골은 많은 도시를 황사에서 구하기 위해 사막화를 방지하는
녹지사업을 벌이고 있다. 격세지감이 아닐 수 없다. "유목을 포
기하고 농사짓는 날 몽골이 멸망한다"라는 칭기즈칸의 말이
생각난다.

● **이때 우리는**

몽골이 세 번째로 고려를 침략한 1236년, 고려(고종 23년)에서는 불심으로 몽골의 침략을 막아내기
위해 대장도감을 설치하고 팔만대장경 조판에 들어갔다.

10

흑사병으로 뒤바뀐
중세의 문화

의학의 발전에도 에이즈나 에볼라와 같은 질병은 현대인의 생명을 위협하고 있다. 가난
으로 주거환경과 위생상태가 열악한 아프리카는 이런 질병에 전 인구가 노출되어 있다
고 해도 과언이 아니다. 14세기 중반 유럽 인구의 1/3을 감소시키며 중세의 경제·사회·
문화적 변화를 몰고 왔던 흑사병을 재조명해보자.

　　노동력과 구매력을 제공하는 인구는 매우 중요한 경제지표
로 산업혁명 이전의 사회에서는 토지의 자동조절 메커니즘에
의해 인구가 조절되었다. 지속적인 인구 증가는 임금의 하락과
지대 및 곡가의 상승을 불러와 하층민들의 삶을 어렵게도 하지
만, 때론 이것이 새로운 반전을 준비하게 하는 원동력이 되기
도 한다. 또 기근을 동반한 흉작이나 전쟁, 그리고 질병은 인구
의 수에 막대한 영향을 끼치는 요인들로 특히 질병은 과거 경
제사에 다양한 모습으로 나타났다.

　　가장 먼저 떠오르는 질병은 중세의 흑사병이 아닐까. 검은
자주빛의 커다란 반점이 생기면서 죽기 때문에 흑사병이라는

이름이 붙은 이 질병은 라투스라투스(Rattus rattus)라는 검은 쥐에 기생하는 벼룩이 옮기는 만큼 하수구나 공중위생 등 주거 환경이 개선되는 18세기 무렵까지 끊임없이 인간을 위협한 두려움의 대상이었다. 당시에는 대역병으로만 알고 있던 이 병에 무지한 사람들이 불길한 동물, 악마의 전령으로 여기던 고양이가 이 병을 전염시킨다고 여겨 고양이를 죽이기도 했다. 그래서 오히려 쥐가 기승을 부려 흑사병이 빠르게 확산되었다는 일설도 있다.

엄청난 사회·경제적 파장을 불러온 1348년 흑사병이 어디에서 유래한 것인지는 여전히 논쟁거리다. 하지만 중앙아시아에서 실크로드를 오가는 대상들의 낙타에 기생한 흑사병이 육로를 통해 1347년 크림 반도의 카파(Kaffa: 오늘날 페오도시야)까지 왔고 다시 제노바 배에 옮겨져 해상 교역로를 통해 지중해를 거쳐 유럽 전역에 전파되었다는 아시아의 복수설에 힘이 실리고 있다. 이렇게 흑사병은 스칸디나비아의 베르겐까지 빠르게 번져, 11세기 이후 농경 기술의 발달과 더불어 꾸준히 늘어난 7,500만 유럽 인구의 1/3가량을 희생시키고 중세 문화에 큰 영향을 끼쳤다.

어떻게 질병 하나가 몇백 년을 이어온 중세적 삶을 바꿀 수 있었을까? 흑사병에 걸린 사람과 이야기하거나 옷소매만 스쳐도 전염될 수 있다는 소문에, 질병에 무지했던 당시 사람들은 성당에 모여 함께 미사를 드리며 신의 도움을 간구했다.

한편 단체 생활을 하던 수도사들의 피해도 컸다. 라틴어를 할 줄 아는 많은 성직자가 희생되면서 세속어로 미사를 드릴 수밖에 없게 되었는데, 이것 또한 르네상스를 앞당기는 요인이 되었다. 병을 낫게 하지 못한 교회와 사제의 무력함에 교회의 권위가 실추되어 종교개혁의 빌미를 제공한 것이다. 또한 사망률이 매우 높아 병마가 지나간 일대의 장원에서는 한 명의 농노도 남지 않은 경우가 허다했다. 이것은 곧 장원경제 근간의 붕괴를 의미했으며 결국 봉건제의 해체를 불러왔다.

흑사병은 중세를 지탱하는 두 개의 큰 기둥인 교회와 장원의 모습을 바꾸어놓았다. 물론 이와는 달리 상대적으로 외부와의 접촉이 적었던 동유럽에서는 흑사병의 피해가 적어 봉건제가 19세기까지 이어졌다. 도시와 상업의 발달 정도가 낮고 땅이 비옥한 엘베 강 동쪽의 봉건영주들은 농작물의 시장생산을 위해 농노들을 심하게 예속함으로써 그나마 남아 있는 노동력을 지켰기 때문이다.

인구의 현격한 감소는 농촌에만 영향을 준 것이 아니라 한자상권의 운명도 결정했다. 생필품을 주로 교역하던 이들은 줄어든 인구로 인해 상권이 축소되는 위기를 맞이했다. 이와는 달리 베네치아의 향료 교역은 규모가 더 커졌다. 흑사병이 공기를 통해 전파된다고 여겨 많은 사람이 향신료를 태워서 공기를 정화시키고자 했기 때문이다. 수 세기 동안 흑사병이 돌 때마다 이 치료법이 지속되었다고 하니 베네치아상권은 악

재 속에서도 호재를 누린 셈이다.

몽골제국이 구축한 동서 교역로를 거쳐 전 세계로 전파된
흑사병은 1348년을 전후한 짧은 시기에 6,000~7,000만 명의
희생자를 냈다. 제1·2차 세계대전으로 죽어간 사람들보다 훨
씬 많은 이 수치는 흑사병의 위력이 얼마나 대단했는지를 말
해준다. 부메랑으로 되돌아온 흑사병이 중국 인구의 1/3을 죽
음으로 몰고 가 원나라(몽골)의 붕괴에도 일조했다는 사실은
다시금 흑사병의 경제·정치적 영향력을 돌아보게 한다.

조반니 보카치오(Giovanni Boccaccio)의 『데카메론』에는 흑사병을 피해 피렌체 교외의 별장에 모인 10명의 신사 숙녀가 등장한다. 이들처럼 격리된 공간에서 질병을 피하거나 가난한 여인을 사서 흑사병이 지나간 집이 안전한지를 타진할 수 있었던 부자들에게는 질병이 그나마 덜 혹독했을 것이다. 반면 소빙하기에 거듭되는 흉작으로 굶주림과 함께 찾아온 흑사병 앞에 면역력이 약해진 가난한 사람들은 속수무책이었다. 이처럼 질병을 통해서도 사회적 계급성을 엿볼 수 있다.

백년전쟁과 더불어 유럽은 1348년 이후 주기적으로 창궐한 흑사병으로 엄청난 인구를 상실하여 14세기 중반부터 100년간 인구 감소기를 겪었다. 그 이후 콘스탄티노플의 함락(1453)과 더불어 경제적 활력을 상실한 유럽에서 임금은 올라가고 농산물 가격은 내려가 살아남은 자의 삶은 조금 나아졌다. 강한 자가 살아남는 것이 아니라 살아남은 자가 강하다는 말에 수긍하게 되는 대목이다.

죽음 앞에 자유로운 사람이 있을까마는 유대인만큼 흑사병 창궐 당시 억울한 죽음을 맞은 인종도 없을 것이다. 신벌설(神罰設)과 함께 유대인이 우물에 독을 풀어서 흑사병이 돌았다는 독물설이 광신적으로 유대인 학살을 부추겼기 때문이다.

이 밖에도 지구를 둘러싼 나쁜 기운이 흑사병을 일으켰다는, 당시에는 매우 설득력 있었던 대기오염설은 환경오염이 심각해진 현시점에 시사하는 바가 크다.

2011년 10월 12일 BBC는 흑사병 게놈 지도를 해독한 결과 1348년 당시의 흑사병균이 현대 전염병균의 조상임을 밝혀냈다고 전했다. 지구촌으로 하나가 된 지금 흑사병이 여전히 위력을 보인다는 사실이 두렵기만 하다.

2002년 11월부터 다음 해 7월까지 사스(SARS: 중증급성호흡기 증후군)라는 호흡기를 통해 전염되는 병이 유행했던 적이 있다. 흑사병에 무지했던 중세 때와는 달리 마스크를 쓰고 미사를 접견하는 외신을 보며 '진보'라는 단어를 떠올렸다.

21세기에도 죽음의 공포인 흑사병에서 자유로울 수 없는 걸까? 2008년 이후 확산되고 있는 유럽의 부채 위기를 660여 년 전의 흑사병에 비유하여 21세기 흑사병이라고 전하는 뉴스를 접할 때마다 나쁜 기운을 차단하기 위해 긴 새부리 마스크를 썼던 중세의 닥터 쉬나벨(Doktor Schnabel)이 떠오른다.

- 이때 우리는

서양이 흑사병에 시달리고 있을 1348년 즈음, 고려(충목왕 4년)에서는 개경에도 큰 기근과 전염병이 발생하여 어려운 시절을 겪었다.

베네치아의
영화

베네치아의 상징인 산 마르코 광장에는 한때 세계경제의 중심으로 중세 상권을 지배했던 영화로운 시대의 기품이 물씬 배어 있다. 『동방견문록』을 통해 중국의 문물을 서양에 알린 폴로를 비롯하여 셰익스피어를 통해서 문학으로도 진가를 발휘한 베네치아의 상인을 만나러 떠나보자.

중세 베네치아 상인들은 아말피와 피사, 제노바 등의 이탈리아 해양 도시국가와 더불어 지중해상권의 핵으로 부상했다. 이들은 플랑드르와 독일 북부의 한자 상인들을 또 한 축으로 하는 북해상권과 샹파뉴 정기시에서 정기적으로 만나며 중세 상권에 활력을 불어넣었다. 농토가 없는 물 위의 도시 베네치아는 지정학적 입지를 살려 소금과 소금에 절인 생선의 거래로 부를 축적한 후, 갤리선을 만들고 항해술을 발달시켜 원격지 교역에 힘을 쏟았다.

그 결과 10세기 중반 베네치아는 이교도인 아프리카의 사라센(이슬람교도)에게 노예와 목재를 팔고 받은 금은을 콘스탄티노플에서 다시 후추나 비단과 같은 소아시아 교역 품목으로 바꾸어 유럽에 판매하는 삼각무역을 했는데, 이것이 신성로마제국의 황제와 로마교황의 심기를 불편하게 했다. 노예와 목재 교역으로 이슬람권이 군사적 우위를 얻을 것을 염려하여 내린 금지령을 베네치아가 지속적으로 어겼기 때문이다.

1322년에는 이슬람과의 통상을 금지하는 교회법(1291~1344)을 어긴 베네치아 상인 수십 명이 파문되기도 했다. 죽어서도 교회 묘지에 묻힐 수 없을 뿐만 아니라 자식들의 세례는 물론이고 결혼까지도 힘들어지자 결국 베네치아는 교황에게 굴복했다. 그러나 이후에도 베네치아는 독자적인 노선을 걸으며 교황의 권위에 도전이라도 하듯 이교도와의 교역을 감행했다. 이로써 종교와 정치, 경제를 분리한 실리 추구의 합리적 사고를 통해 중세라는 닫힌 세상을 극복해갔다.

소금 교역과 함께 베네치아 부의 원천이 된 소아시아 향료 교역은 10세기경 경제적 이점을 누리며 콘스탄티노플에서 자유롭게 활동하던 베네치아 상인의 중개를 통해 가능했다. 정치적으로 신성로마제국이 아닌 비잔티움제국에 속했던 베네치아는 1082년에 노르만족의 공격으로부터 콘스탄티노플을 지켜준 대가로 상업의 근거지와 면세특권을 얻었다. 당시 베네치아의 전체 인구가 10만 명 정도였는데 1171년경 콘스탄티노플에 1만 명 정도가 머물렀다고 하니 소아시아 교역이 어느 정도였는지 가늠할 수 있다.

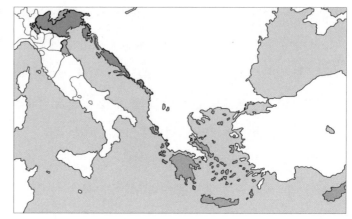

● **10세기경의 베네치아
공화국**
붉은색은 베네치아공화
국 도제(원수)의 지배 지
역이고 주황색은 베네치
아공화국의 경제적 종주
권 행사 지역이다.

소아시아 교역을 장악하고 흑해 연안과 직접 교역을 하고자
했던 베네치아의 오랜 숙원은 제4차 십자군원정으로 달성되
었다. 운송을 담당한 베네치아가 십자군원정의 본래 의도와는
달리 같은 기독교권이며 소아시아 교역의 교두보인 콘스탄티
노플을 점령하고 1204년 그곳에 라틴제국을 세웠기 때문이다.
콘스탄티노플은 궁극적으로 1453년 오스만제국에 함락되기
까지 베네치아에 자양분을 제공하는 젖줄과 마찬가지였다. 콘
스탄티노플의 함락과 더불어 인도로 가는 길이 봉쇄되면서 소
아시아 교역에 사활을 걸었던 베네치아상권이 서서히 쇠퇴의
길에 접어들었다.

하지만 베네치아의 사양길에 대하여 언급하긴 아직 이르다.
도시의 풍요와 번영을 상징하는 베네치아 금화 두카트가 제
노바나 피렌체보다 늦은 1284년 주조되었지만 국제통화로 널
리 통용되었다. 특히 두카트는 아랍 상인의 중개에 힘입어 카

라반이 비단과 면화, 상아, 도자기, 염료, 향신료, 보석 등 동방의 이국적 상품을 싣고 오고 간 실크로드와 동지중해 지역에서 지배적인 역할을 했다고 한다. 15세기 초반 약 4,000여 척의 베네치아 상선이 지중해와 북해를 누볐다는 사실이 이를 입증하고 있다. 바스쿠 다 가마(Vasco da Gama)가 1498년 인도의 캘리컷에 처음 도착했을 때, 베네치아의 금화 두카트가 이집트의 금화와 함께 통용화폐로 사용되는 것을 목격했다는 것은 놀라운 일이 아니다.

동지중해 항로에 이어 베네치아는 1314년 향신료와 설탕, 그리스산 포도주, 고급 직물을 싣고 가서 양모와 모직물을 가져오는 플랑드르 항로를 열며 활동 범위를 넓혀갔다. 지브롤터 해협을 우회하는 가장 위험한 항로가 바로 플랑드르 항로였다. 그 결과 항해 기술의 혁신과 때를 같이하여 복식부기나 계좌이체, 환어음 등의 상업 기술이 비약적으로 발전한 14세기에 이르러 베네치아는 키오자전쟁(1376~1381)에서 경쟁자 제노바를 제압하며 절정기를 맞았다.

유대인에게 키오자전쟁은 구세주나 다름없었다. 이 전쟁으로 국가재정이 악화되자 베네치아는 1382년 대부업을 하는 유대인을 받아들였기 때문이다. 이교도에 관대했던 베네치아조차 14세기 말까지 유대인을 경쟁자를 여겨 그들의 정착을 공식적으로 허용하지 않았다. 1395년 다시 추방했지만 베네치아 경제에 차지하는 유대인의 높아진 비중으로 인해 베네치아는 결국 추방령을 거두고 1516년 세계 최초의 유대인 거주지 '게토'를 만들었다. 유대인들은 나폴레옹(Bonaparte Napoléon)이 입성하는 1797년까지 대부업과 전당업을 하는 아슈케나짐(Ashkenazim)과 해상 교역에 참여하는 레반트 출신의 부유한 상인 세파르딤(Sephardim)으로 나뉘어 각기 서로 다른 세 개의 게토에서 고립된 삶을 살아야 했다.

이제 베네치아의 탄탄한 경제적 입지를 흔들어놓은 대서양 항로에 대하여 살펴보자. 오스만제국에 의해 콘스탄티노플이 함락되면서 이슬람권을 거치지 않고 인도에 이르는 신항로의 개척이 유럽에 새로운 도전 과제로 주어졌다. 신항로 개척에 적극적이었던 포르투갈과는 달리 베네치아는 왜 소극적으로 대처했을까? 실용성이 증명될 때만 행동에 옮기는 베네치아인의 기질로 인해 후추를 얻을 수 없는 대서양 항로에 관심을 표명하지 않았다고 말하는 사람도 있지만, 생물의 유기체적 변화처럼 이미 노년기를 향해 가는 베네치아가 모험보다는 안주를 택한 것이 아니었을까.

부의 원천이던 지중해에 안주하여 시대적 흐름에 적극적으로 대응하지 못한 베네치아는 결국 근대 자본주의의 시작을 예고하며 강력한 국가체제가 지원하는 대서양시대에 도시국가의 한계를 경험하며 내리막길을 걸었다. 신대륙 은에 밀린 독일 은의 가치 하락도 베네치아를 쇠락시키는 요인이 되었다. 조지 고든 바이런(George G. Byron)이 읊조리듯 "최고의 지참금을 지닌 여왕이던 시절을 그리워"했지만 호시절의 영광은 다시 오지 않았다.

물론 다 가마가 인도에서 후추를 싣고 귀향했을 때 베네치아는 '젖을 빼앗긴 젖먹이 신세'로 전락하지 않을까 전전긍긍했지만, 곧 홍해를 봉쇄하지 못한 포르투갈의 약세와 육로로 운송된 양질의 후추 덕분에 향료 교역을 재개할 수 있었다. 16세기에 이르자 베네치아는 유리와 고급 비단, 모직물 등의 수공업에 더욱 주력했다. 비록 예전의 입지를 되찾지는 못했지만 축적된 엄청난 부에 힘입어 베네치아는 예술적으로 아름다운, 바다 위의 도시로 풍요로움을 누렸다.

영국 왕 앞에 무릎을 꿇어야 한다는 이유로 영국 왕의 대관식 초대를 거절했다는 베네치아공화국의 어느 귀족처럼 자기 자신을 공화국의 일부로 여기는 사람들과 함께 천 년을 이어온 베네치아공화국은 1797년 나폴레옹에 의해 막을 내렸다. 하지만 여전히 운하 사이를 누비는 곤돌라 사공의 노랫가락에서 한때 지중해를 호령하던 베네치아인의 기상을 감지해본다.

• 이때 우리는

베네치아의 상인이 비단과 면화, 도자기와 같은 동방의 이국적 상품을 거래하던 1364년, 고려(공민왕 13년)에서는 문익점이 원나라에서 목화씨를 들여와 의복생활을 개선했다.

12

기독교의 심장,
콘스탄티노플을 함락시키다

십자군원정의 불씨가 된 셀주크튀르크를 계승한 오스만튀르크는 비잔티움제국의 영
토를 차례차례 점령하며 마침내 1453년 제국의 수도, 콘스탄티노플을 함락했다. 이로
써 기독교권 유럽이 동양에 가지고 있던 무역 전진기지가 파괴되었다. 동로마제국의 문
화·경제적 유산을 지닌 콘스탄티노플이 이스탄불로 변해가는 과정을 돌아보자.

천 년 동안 로마제국의 옛 영화와 동서 교역로의 부를 간직
하고 있던 콘스탄티노플은 기독교권과 이슬람권 모두가 눈독
을 들이는 고도(古都)였다. 인구 100만의 대도시로 성장한 콘
스탄티노플은 실크로드의 거점 도시답게 금각만(Golden Horn)
안에 베네치아 상인과 제노바 상인들의 특별 거주 지역을 지
정하여 동지중해상권과 흑해상권을 통제했다.

하지만 해군을 등한시한 비잔티움제국은 11세기경 바다의
통제권을 상실하여 베네치아에 교역의 중개권을 위임해야 했
다. 이탈리아 상업국가들이 경제적 이윤을 챙기는 동안, 비잔
티움제국의 국고는 줄어들어 콘스탄티노플에는 '먼지와 공기

이외에는 아무것도 없다'는 말이 나돌 정도였다. 콘스탄티노플은 오스만튀르크의 공격으로 함락되기 전 이미 경제적 공황을 맞고 있었다고 해도 과언이 아니다.

로마의 정통성을 이은 거대한 동로마제국은 중앙아시아의 유목민 셀주크튀르크의 침입을 막기 위해 요청한 십자군 때문에 서서히 붕괴의 길을 걸었다. 제4차 십자군원정 시 십자군과 베네치아의 경제적 이해관계에 의해 1204년 라틴제국이 건설되면서 제국이 분열되었기 때문이다. 그 후 비잔티움제국은 제노바 상인과 결탁한 그리스계 니케아제국에 의해 다시 부활

● **하기아소피아 대성당 내부**

정복자 메메트 2세는 대성당의 아름다움에 넋을 잃고 7일 만에 모자이크 성화를 파괴하거나 회칠을 한 후, 회교사원으로 바꾸어 예언자 무함마드에게 예배를 드렸다고 한다.

했지만 옛 영화를 회복하지 못한 채 점차 기울어갔다.

결국 끝까지 남아 있던 콘스탄티노플마저 1453년 오스만튀르크에 함락되면서 동방에서 로마의 흔적은 모두 지워졌으며, 유럽의 지중해상권은 소아시아 교역의 교두보를 잃었다. 그 결과 비잔틴 그리스정교회의 정통성은 러시아의 차르에게로 옮겨 가, 모스크바가 제3의 로마로 부상하게 되었다.

콘스탄티노플이라는 수도의 이름마저 술탄 메메트 2세(Mehmet II)에 의해 '이슬람 사람들이 사는 곳'이라는 뜻의 '이스탄불'로 바뀌었다. 기독교 성당인 하기아소피아(Hagia Sophia)가 술탄의 뜻에 따라 단 7일 만에 이슬람 사원으로 탈바꿈했듯 베네치아와 제노바 출신의 기독교권 상인들은 설 자리를 잃었다.

이쯤에서 13세기 말 몽골의 지배를 피해 소아시아로 이주한 오스만튀르크가 이집트와 서아시아 등지로 세력을 확장하며 이슬람권의 새로운 강자로 군림하게 된 행보를 주목해보자.

이들은 지중해와 소아시아에 걸쳐 영토를 확장하며 종교와 정치, 경제, 특히 해상 및 육상 무역에 커다란 변화를 몰고 왔다. 아랍 상인들의 중개무역에 의존하던 대륙횡단의 후추 교역을 이슬람권이 단절시키는 바람에 기독교권은 새로운 후추 교역로를 찾아야 했다. 그 결과 포르투갈은 인도양 개척에, 스페인은 신대륙 발견에 박차를 가하며 새로운 대항해시대를 열어갔다.

카이로, 바그다드와 함께 실크로드를 잇는 무슬림의 중심도시로 변모한 이스탄불에는 추방당한 기독교 상인 대신에 관용적 이주정책에 의해 이주해온 유대 상인이 활동했다. 향신료와 은 세공품, 양탄자, 직물 등의 재화를 4,000여 개의 점포에서 판매하는 이스탄불의 바자르는 주변의 모스크와 창고, 대상들의 숙소와 함께 제국에 경제적 활기를 불어넣었다고 한다. 소비자의 보호를 위해 상인들은 엄격한 국가의 통제를 받았고, 수공업자들의 동업조합 역시 품질관리를 철저히 했다.

이집트를 위시해 북아프리카와 헝가리를 정복하며 제국의 최전성기를 가져온 술레이만 대제(Süleyman the Magnificent)는 1529년 신성로마제국의 수도 빈을 공격하며 유럽을 위협했다. 몽골 이후 다시금 이교도의 침입으로 풍전등화가 된 유럽에 지속적으로 발칸 진출을 꾀하는 오스만제국은 커다란 두려움의 대상이었다. 이와는 달리 두 차례에 걸친 빈의 공격으로 전파된 커피, 신의 선물이라는 튤립과 같은 이슬람 문화는 유럽의 음료 문화와 정원을 바꾸어놓았다. 커져가는 커피 수요에 이교도의 음료라고 금지를 요구하자 교황이 커피에 세례를 주어 기독교화했다는 믿기지 않은 이야기에서 당시 사람들의 종교적 열정과 배타성을 엿볼 수 있다.

아프리카와 아시아, 유럽을 아우르는 제국으로 확장한 오스만제국은 또다시 역사에서 기독교문명과 이슬람문명의 충돌이라고 언급되는 레판토해전(1571)을 벌였다. 신항로 발견 이후 지중해상권의 중요성이 줄어드는 상황에도 키프로스 영유권과 지중해 제해권을 놓고 베네치아와 한판 승부를 건 오스만제국은 예상과는 달리 신구교의 갈등을 접고 단결한 유럽의 기독교 연합함대에 대패했다. 이로써 지중해 제해권을 넘겨주었을 뿐더러 오스만제국의 가공할 만한 힘을 잃는 계기가 되었다. 엎친 데 덮친 격으로 이슬람 상인들이 주력하던 대상 교역과 17세기 말 이후 그 우월성을 상실한 후추 교역의 부진도 제국의 경제적 여력을 약화시키는 데 일조했다.

그렇다면 엄청난 영향력을 지닌 거대한 제국이 18세기 이후 몰락 과정을 겪은 이유는 무엇일까? 잇단 정복전쟁 속에 피폐해진 농촌경제와 재산권 확립과 같은 제도적 변화 없이 서구화를 지향한 개혁의 실패, 방만한 재정 등을 꼽을 수 있다. 유럽원정 후 금각만과 보스포루스 해협이 바라다 보이는 곳에 유럽의 성을 모방하여 세운 화려한 톱가피 궁과 1856년 프랑스에 빚을 얻어 유럽 쪽 보스포루스 만을 역청으로 '채워서 만든 정원', 돌마바흐체 궁은 술탄의 사치스러운 삶이 어땠는지 지금도 전해준다.

결국 쇠락한 오스만제국은 비잔티움의 후계자를 자처하며 지중해 연안으로의 진출을 위해 이스탄불을 탐내던 러시아와 1730년 이후 크림전쟁(1853)에 이르기까지 여러 차례의 전쟁을 치렀다. 이 과정에서 프랑스 등지의 유럽에서 빌린 채무를 갚지 못해 빈사 상태에 이른 '유럽의 환자'로 전락했다.

발칸전쟁(1912~1913)으로 유럽의 화약고가 된 발칸 지역에서 제국 영토의 절반 정도를 상실한 오스만제국은 영국의 3C 정책[8]에 맞서 베를린-비잔티움-바그다드를 잇는 3B정책으로 뒤늦게 중동에 진출한 독일과 손잡고 재기를 노렸다. 제국의 일부인 이집트에서 수에즈 운하를 둘러싼 영국의 내정간섭에 반기를 든 오스만제국은 제1차 세계대전 시 독일과 함께 3국동맹에 가담했다가 패하면서 600여 년 역사의 제국이 해체되는 운명을 맞았다.

그 결과 술탄제를 폐지하고 아나톨리아 지방과 이스탄불로 줄어든 영토 위에 세워진 터키공화국은 무스타파 케말(Mustafa Kemal)을 초대 대통령으로 삼아 근대적 국가로 거듭났다. 하지만 사우디아라비아와 쿠웨이트 같은 이슬람 국가들이 유전을 개발하여 경제적 번영을 누리는 1980년대 이후, 터키는 만성적인 재정적자와 높은 인플레이션으로 경제위기를 겪었다. 2005년 실시한 화폐개혁을 시작으로 악순환의 고리를 끊고 경제적 기반을 강화하려는 노력에도 터키의 경제적 안정은 요원한 일처럼 보인다.

동양과 서양을 연결하는 길목에 놓인 입지적 정체성과 이슬람교라는 특수성, 다른 국가들에 비해 많은 인구 때문에 EU 내 영향력이 높아질 것과 일자리를 가져갈 것이라는 경제·종교적 우려 속에 새로운 가능성으로 제시된 EU의 가입 여부 역시 여전히 불투명하다.

크림전쟁으로 재정이 바닥난 러시아는 1에이커당(약 4,046

8 케이프타운-카이로-켈커타(현 콜카타)를 연결하는 영국의 제국주의 정책으로 케이프타운과 카이로를 연결하는 아프리카 종단정책은 프랑스의 횡단정책과 충돌했고, 카이로와 켈커타를 연결하는 정책은 러시아의 남하정책 및 독일의 3B정책과 대립했다.

m^2) 2센트씩 쳐서 총 720만 달러라는 헐값에 알래스카를 미국에 팔았고, 오스만제국은 죽음 직전까지 다다르게 한 중병에 걸렸다. 이렇듯 치명적인 전쟁을 피할 길은 과연 없었을까?

• 이때 우리는

콘스탄티노플이 함락되어 동로마제국이 멸망한 1453년, 조선(단종 1년)에서는 계유정난이 일어나 수양대군이 정권을 잡았다.

신항로 개척과 1492년 콜럼버스의 신대륙 발견

노르웨이 바이킹이나 콜럼버스보다 훨씬 앞선 1421년에 중국이 신대륙에 도착했다는 새로운 학설이 주장되고 있지만 그래도 변함없는 사실은 1492년 콜럼버스의 항해가 유럽에 엄청난 변화를 몰고 왔다는 것이다. 지난 천 년을 움직인 10인 중의 하나로 꼽히는 콜럼버스가 1492년 팔로스 항을 떠나 인도를 찾아 나선 모험담에 귀 기울여보자.

제노바 직물공의 아들로 태어난 콜럼버스는 스페인 이사벨 1세(Isabel I)의 지원에 힘입어 신항로 개척에 나섰다. 그리고 새로운 항로를 통해 당시의 상식을 뛰어넘는 발상으로 후추의 나라 인도에 가려고 했다. 당시 항해술과 조선술에 앞서 있던 포르투갈이 희망봉을 돌아 동쪽에서 인도로 가던 주류적 흐름과는 정반대로 콜럼버스는 서쪽으로 뱃머리를 돌렸다. 지구가 둥글다는 최신의 이론에 대한 확신이 있었기에 가능한 모험이었다.

이들은 왜 먼 대양을 가로지르는 위험에 뛰어들었을까? 결정적인 계기는 팽창일로에 있던 이슬람권의 오스만제국이

1453년 동로마제국의 수도 콘스탄티노플을 함락한 사건이었다. 소아시아의 중간 거점을 상실하여 인도에 이르는 새로운 항로 개척이 시급했기 때문이다. 하지만 지중해 교역을 독점하고 있던 베네치아가 아니라 이베리아 반도의 포르투갈이 앞장섰다는 점이 우리의 관심을 끈다. 이것은 이슬람 상인을 통해 받아들인 중국의 나침반과 르네상스 이후 발달한 자연과학의 영향으로 엔히크 왕자(Henrique O Navegador)가 사그레스에 해양학교를 세웠기에 가능한 일이었다. 해양학교에서는 천체관측 및 항해술, 선박 건조 기술, 지도 제작 기법 등을 발전시켰다.

대항해시대를 예견한 해양왕 엔히크의 선견지명과 이교도를 기독교화하려는 프란체스코 교단의 선교적 열정, 인구 증가 등이 신항로 개척에 중요한 원인이었다. 또한 아프리카 어디쯤엔가 기독교왕국을 세웠다는 프레스터 요한(성직자 요한)을 찾아 함께 이슬람을 공격하고 싶어 했던 엔히크 왕자의 바람에서 원정대의 성격도 엿볼 수 있다. 이 모든 열망을 담아 1487년 바르톨로메우 디아스(Bartolomeu Diaz)는 희망봉을 돌아 인도양에 진출했고, 뒤이어 1498년 바스쿠 다 가마가 인도에 도착하며 포르투갈이 향료 교역을 독점하게 되었다. 결국 대서양으로 눈을 돌린 포르투갈과 이웃 나라 스페인은 지중해에 국한되었던 지중해시대를 종식시키고 유럽의 시각을 대양 너머까지 확장시키며 자본주의의 새로운 전환을 가져왔다.

스페인은 1492년을 기점으로 많은 것이 달라졌다. 그 변화는 711년 이래 이베리아 반도를 지배하던 최후의 이슬람 국가 그라나다를 정복하면서 시작되었다. 오랜 숙원사업인 레콩키스타(국토회복운동)가 이루어진 것을 기념하여 포르투갈에서도 받아들여지지 않던 콜럼버스의 '황당한' 항해계획을 스페인은 받아들였다. 인도로 가는 신항로 개척에 자금을 지원한 것이다. 오늘날의 표현을 빌리면 이것은 수익이 보장되지 않는, 위험천만한 사업에 투자한 벤처사업의 전형인 셈이다.

또한 이사벨라 여왕은 그라나다에서 무슬림을 몰아낸 이후 강력한 종교 단일국가를 만들기 위해 스페인의 경제적 근간이라고 할 수 있는 유대인 15만 명을 추방시켰다. 이때 유대인에게서 몰수한 재산 일부가 콜럼버스에게 벤처기금으로 주어졌고, 콜럼버스 선원 중의 일부가 도피처를 찾는 신기독교도(개종한 유대인)였다고 추측된다. 1492년에 일어난 일련의 사태, 즉 유대인의 7월 말 추방과 콜럼버스의 8월 3일 출항이 자본주의의 확산과 불가분의 관계에 있다는 것을 알 수 있는 대목이다. 실제로 경제 선진 지역인 스페인에서 유대인을 추방한 것은 민들레 포자처럼 북유럽에 자본주의를 확산시키는 계기가 되었다.

결과적으로 콜럼버스는 인도와 전혀 연관이 없는 아메리카 바하마 군도의 한 섬(산 살바도르로 명명함)에 도착하여 '검은 금' 후추가 아니라 누렇게 번쩍이는 '황금'을 들고 금의환향했다. 이로써 유럽과 아시아로 국한되어 있던 종래의 세계관에 새로

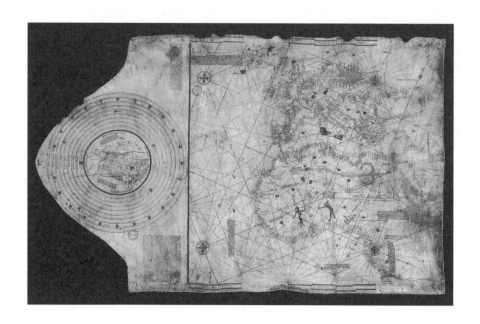

운 대륙, 아메리카를 추가시켰다.

신대륙에서 건너온 감자와 옥수수, 코코아, 커피 등은 구대륙의 입맛을 바꾸어놓았고 금은 등 귀금속의 유입은 1500년에서 1620년 사이에 가격혁명을 불러와 정치·사회·경제적 변모를 가져왔다. 또한 300~400%에 달하는 물가상승으로 토지 귀족이 몰락하고 신흥 자본가 계층이 부상하는 계기가 되었다. 그러고 보면 1492년은 스페인뿐만 아니라 세계사와 세계 경제사에 아주 중요한 변화를 불러온 해다.

누군가의 호재는 다른 이의 악재가 되기도 한다. 이제까지 지중해상권의 중심으로 유럽 경제를 지탱하던 베네치아에서는 신대륙 발견 소식에 채권 가격이 절반가량 하락했다고 한

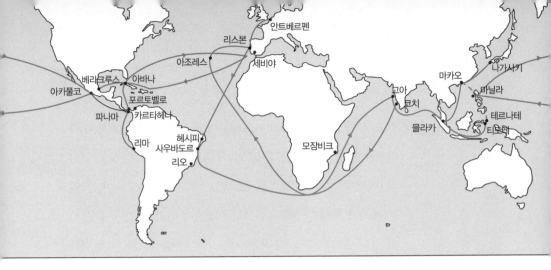

다. 그나마 중국으로 가는 길 찾기에 실패했다는 사실에 놀란
가슴을 쓸어내리며 안도했다고 하니 이 사건이 베네치아에 준
엄청난 충격은 가히 짐작이 가고도 남는다.

신대륙 교역은 스페인에 국한되지 않고 유럽, 아시아로까지
그 영향력이 파급되었다. 규모가 커짐에 따라 자체적인 생산
기반이 미약했던 스페인이 네덜란드와 영국, 독일에서 교역품
을 조달했기 때문이다. 신대륙에서 온 귀금속의 50%는 상품
구입 비용으로, 10%가 운송비와 보험으로 나가고 40%만이 스
페인 왕실의 몫이었다. 그것마저도 전쟁이나 종교재판과 같은
비생산적인 곳에 투입되어, 황금만능주의에 빠진 자국민의 노
동 경시 풍조와 맞물려 스페인 국민의 생산력 향상에는 별 영
향을 주지 못했다. 스페인은 결국 17세기 중반 이후부터 쇠퇴
하다 영국과 네덜란드와의 경쟁에서 뒤지게 되었다. 포토시에
서 채굴한 800만 톤의 은과 어마어마한 남미 대륙이라는 땅덩
어리가 있음에도 불구하고.

● **16세기 해적들이 노
리는 주요 선단 및 해상로**
스페인의 갈레온 보물
선단: 카리브 해-세비
야 항로-마닐라 항로
(1568년 이후)(파란색)
포르투갈의 인도함대:
인도 항로(1498년 이후)
(붉은색)

이제 스페인이 어떻게 아시아와 연결되었는지 궁금증을 풀어보자. 마젤란(Ferdinand Magellan)의 필리핀 발견(1521)으로 필리핀을 얻은 스페인은 1565년 이후 아시아까지 영역을 넓혔다. 매년 한 차례씩 정기적으로 마닐라와 아카풀코 사이를 잇는 배가 포토시의 은을 싣고 와서 향료나 비단, 도자기 등을 싣고 갔다. 300년 이상 유지된 이 교역은 동양의 상품과 신대륙의 귀금속을 단순히 중계한 수준에 머물렀다고 한다.

신항로 개척으로 해외시장이 넓어진 이 시기에 국부의 증대를 꾀하고자 수출권장과 수입억제를 주된 정책으로 삼은 중상주의가 확산되기 시작했다. 왕들은 귀족을 견제하기 위해 상인들과 연합하여 이들에게 경제활동과 대외무역에 대한 안정적인 지원을 약속하며 제해권을 키웠다. 따라서 제해권과 무역권을 두고 국가 간의 경쟁이 치열해졌다.

선두주자였던 스페인의 펠리페 2세(Felipe II)는 1571년 레판토해전을 승리로 이끌며 모직 생산지인 플랑드르 지역과 포르투갈을 통합하여 해가 지지 않는 제국을 건설하고자 했다. 하지만 무역권 확보보다는 영토 확장에 치중한 결과, 1588년 스페인의 무적함대가 영국에 대패함으로써 제해권마저 빼앗기고 17세기의 패권은 네덜란드로 넘어갔다.

이렇듯 1492년 콜럼버스의 신대륙 발견은 대서양시대를 여는 동시에 종교개혁과 함께 중세의 문을 닫은 세계사적인 사건이었다. 또한 이는 유럽 중심의 자본주의 경제관을 성립시키는 계기이기도 했다. 독일의 경제학자 베르너 좀바르트(Werner Sombart)가 언급했듯이 신대륙에서 들여온 귀금속의 본원적 축적으로 인해 유럽이 다른 경쟁 지역을 제치고 산업혁명을 꾀하며 경제의 중심부가 된 것이다.

대서양과 아시아까지의 거리를 절반 정도로 잘못 측정한 파올로 토스카넬리(Paolo dal Pozzo Toscanelli)의 지도는 콜럼버스의 '무모한' 호기심과 결합되어 신세계의 발견을 가능케 했다. 도전하는 자의 무모함이 역사의 전환을 가져다준 사례다.

영토 확장을 위해서 끊임없이 막대한 자금을 빌린 결과 여덟 차례에 걸쳐 국가파산(디폴트)을 선언했던 스페인 합스부르크 왕가나 정부부채가 급증하여 2012년 재정위기에 빠진 오늘날 스페인의 사례는 우리에게 반복되어서는 안 될 역사의 우연성을 보여준다.

● 이때 우리는

바스쿠 다 가마가 인도 항로를 발견하여 인도에 도착한 1498년, 조선(연산군 4년)에서는 전라도에 왜군이 자주 침범했다. 신항로 개척이라는 당시 시대정신의 아시아적 버전이 아닐까.

14

매독, 르네상스의 산물인가
신대륙의 복수인가

천연두, 홍역과 같은 구대륙의 질병에 면역력이 없던 신대륙 원주민들이 치명적 타격을 입어 수없이 죽어간 것에 대한 복수인 양 콜럼버스 원정대의 도착과 함께 매독이 맹위를 떨치며 유럽 전역을 죽음으로 몰아갔다. 500여 년 전 프랑스에서는 나폴리병으로, 이탈리아에서는 프랑스병이라고 부르며 서로 발뺌하기 바빴던 매독의 기원설을 알아보자.

코끝이 문드러지며 매독으로 죽어간 수없이 많은 사람 가운데는 교황, 왕, 귀족, 사제부터 상인, 시골 농부, 거지에 이르기까지 신분의 고하를 막론하고 다양한 계층의 사람들이 뒤섞여 있다. 중세의 흑사병만큼이나 많은 희생자를 낸 매독을 흔히 '르네상스의 산물'이라고 한다. 엄숙한 종교적 분위기를 떨쳐버리고 개인의 자유를 존중한 르네상스기를 맞아 격정적인 욕망에 사로잡힌 사람들이 문란한 성생활을 즐기며 매독의 발빠른 확산을 도왔기 때문이다. 오죽했으면 이 병에 걸리지 않은 귀족을 '비천한 시골뜨기' 같다고 했을까.

매독 역시 흑사병과 마찬가지로 병의 근원지에 대해 학설이 구구하다. 그런 만큼 매독이란 질병에 붙여진 이름도 다양하다. 신을 저주해서 나쁜 전염병에 걸렸다는 그리스 신화의 목동 시필루스에서 연유한 시필리스(Syphilis)라는 공식 명칭이 통용되기까지 프랑스병이냐 나폴리병이냐를 놓고 의견이 분분했다.

현재까지 가장 많은 지지를 받고 있는 신대륙 기원설[9]과 함께 이탈리아에서 프랑스병이라고 부르게 된 사연을 들어보자.

콜럼버스의 원정대가 귀환한 1493년 바르셀로나에서 발병한 매독은 1495년 2월, 나폴리왕국을 공격한 프랑스 샤를 8세 (Charles Ⅷ)의 군대에서 유행하여 엄청난 희생자를 냈다. 결국에는 정복전쟁이 중단되면서 유럽 각지에서 모여든 용병들이 뿔뿔이 흩어졌는데 바로 이때 매독이 유럽 전역으로 빠르게 확산됐다. 프랑스 군대에서 비롯되었기 때문에 프랑스병이라고 불렀지만, 프랑스 쪽에서는 나폴리 여성들과의 접촉으로 발병했다고 하여 나폴리병이라고 주장했다. 이 밖에도 영국과 독일, 이탈리아에서는 프랑스병으로, 네덜란드에서는 스페인병으로, 러시아에서는 폴란드병으로, 터키에서는 기독교병으로, 일본에서는 중국병으로 불렸다. 다양한 이름에서 매독과의 거리감을 두려는 의도와 함께 각 나라의 적대관계를 유추해볼 수 있다.

까마귀 날자 배 떨어진다고 콜럼버스의 귀환과 때를 같이하여 유럽 전역에 이제까지 알려진 바 없는 악성 전염병이 돌면

9 콜럼버스 원정대원과 신대륙 원주민 여성과의 성 접촉에서 시작되었다는 설이다.

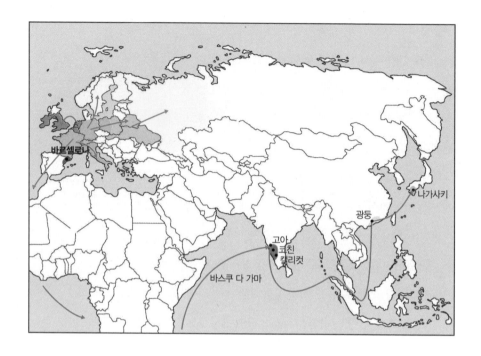

● **매독의 전염 경로**
(15세기 말~16세기 초)
■ 1493년: 바르셀로나
■ 1494년: 이탈리아 북부
■ 1495년: 나폴리공국, 독
   일프랑스스위스
■ 1496년: 영국과네덜란드
■ 1498년: 인도
■ 1499년: 폴란드, 헝가리
   1500년 러시아와 스칸
   디나비아
■ 1505년: 중국의 광둥
■ 1512년: 일본
— 교역로

매독은 해상 교역로를 따
라 짧은 시기에 세계 각지
로 퍼져나갔다.

서 콜럼버스 원정대에게 매독의 책임이 전가된 것인지도 모른다. 그렇지만 또 다른 아프리카 기원설이나 유럽 기원설이 맞다고 단정할 수 없는 것은 마찬가지다. 한때 프랑스에서 발견된 석기시대 사람의 유골에서 매독의 흔적이 나와서 유럽 기원설을 증명하는 듯했지만 결국은 다른 병변으로 밝혀져 원점으로 되돌아갔다.

신이 내린 천벌이든 성적 방종의 결과든 물컵을 통해 감염되는 매독에 걸린 사람들은 끔찍한 몰골과 고통에서 벗어나기 위해 훈증식 수은요법이나 유창목(癒瘡木) 처방을 따랐다. 이 때문에 신대륙에서 들여온 유창목을 달여 마시면 좋다는 소문이 돌면서 푸거가(Fugger家)와 같은 수입상들이 엄청나게 돈을 벌었다. 가짜 유창목이 나돌고 심지어 교회에서는 가난한 매독 환자를 위하여 유창목 조각을 매달아놓고 바라보며 기도할 수 있게 했을 정도라고 한다. '질병이 있는 곳에 약재를 주신다'는 신의 배려를 수입상들이 판매 전략으로 삼은 것인지는 모르겠지만 매독이 발병하고 난 후 25년이 지난 1518년, 처음으로 신대륙 기원설이 언급되며 지지를 얻었다는 사실에 주목할 필요가 있다.

콜럼버스의 원정대와 연관된 신대륙 기원설의 진위 여부를 떠나 희망봉을 돌아 인도로 가는 신항로를 개척한 다 가마의 원정대원이 1498년, 매독을 인도에 전했다는 데는 이견이 없다. 몇 세기만 지나면 동양에도 퍼질 것이라는 볼테르(Voltaire)의 생각과는 달리 매독은 대항해시대의 해상 교역로를 따라 유럽에서 발병한 지 불과 10년 만에 인도, 말레이 반도를 거쳐 중국의 광둥에 도착하여 광둥창이라는 이름을 얻었다. 같은 시기에 신대륙에서 왔던 옥수수와 감자가 유럽 및 아시아에 정착되는 데 매우 오랜 시간이 걸렸던 것과 비교하면 매독의 전염 속도는 엄청난 것이었음을 알 수 있다.

파리 인구의 1/3이 걸렸다고 할 정도로 기승을 부리던 매독은 수은요법도, 사라센 고약도, 유창목도 아닌 16세기 말에 찾아온 경제불황으로 그 행보를 멈췄다. 신대륙에서 유입된 엄청난 양의 귀금속으로 야기된 가격혁명을 겪으며 홍등가를 찾는 성적 방종에 제동이 걸렸기 때문이다.

　'그 시대의 거울'이라는 질병, 매독을 통해서 르네상스의 관능적 향락이 빚어낸 참상의 단면을 바라보았다. 러시아의 이반 뇌제(Ivan IV)처럼 기괴한 행동을 한 수많은 왕과 후손을 두지 못해 왕가가 끝나는 역사적 비운 뒤에는 매독이라는 병이 어김없이 도사리고 있었다. 이 끔찍한 질병을 완전히 잠재운 것은 20세기에 개발된 그 유명한 606호(살바르산: 세계 최초의 화학요법제로 매독 등에 특효약으로 쓰였으나 부작용이 커 지금은 사용되지 않는다)와 페니실린이었다.

● 이때 우리는

매독이 맹위를 떨치기 시작한 15세기 말, 조선(연산군)에서는 무오사화와 갑자사화로 사회가 혼란스러웠다.

후추와 석유를 둘러싼
평행이론

콘스탄티누스 대제가 기독교를 공인한 313년 이래 서부 유럽 일대로 교세를 확장한 기독교권은 610년경 무함마드가 이슬람교를 창시한 후 『코란』을 앞세운 정복으로 이베리아 반도 및 지중해 연안과 아프리카 북단까지 교세를 넓힌 이슬람권과 영원한 맞수였다. 유일신의 종교라는 공통점에도 불구하고 오랜 세월 동안 문화·정치·경제 분야에서 힘의 충돌을 빚으며 세계경제사의 흐름을 좌지우지한 현장으로 가보자.

물질과 과학에 치중하여 자본주의를 발달시킨 기독교권도 중세 초기에는 영리를 목적으로 하는 상업 활동을 제한하고 이자를 금지했다. 다른 사람을 희생시켜서 부당한 이익을 얻는 것이 영리적 상업이라고 본 아리스토텔레스의 사상에 근거한 교회의 경제원칙을 따랐기 때문이다. 더 나아가 당시의 교회법은 이교도와의 교역도 금했다. 하지만 지속적인 경제팽창과 십자군원정에 필요한 자금난을 해결하기 위해 교회는 이 원칙을 수정해야만 했다.

반면 종교에 우위를 둔 이슬람 사회에서는 창시자가 상인인 만큼 상인의 사회적 지위가 높았고 상업이 권장되었다. 부족에 따라 직업이 세분화되고 개인의 재산은 정당한 소득으로 자랑거리가 되었지만 도박이나 마약, 술 관련 산업의 투자는 금지되었다. 이자 또한 두 종교 모두 금지했지만 그 이유는 달랐다. 기독교권은 시간의 대가를 신의 것으로 생각해 인간이 수령할 수 없다고 여겨서 금지한 반면 이슬람권은 동정심을 파괴한다는 의미에서 정당한 이자조차 금했다.

이렇듯 상업에 우호적이던 이슬람권은 유럽이 인도로 가는 항로를 발견하기 훨씬 이전인 8세기경에 바그다드를 중심으로 인도양 교역에 나섰다. 이들은 삼각돛 범선으로 바닷길을 개척하여 중국의 비단과 도자기, 인도의 후추와 면포를 거래했다. 후추와 향신료의 산지로 유명한 믈라카 등지의 무역 거점지 상인들은 이슬람 상인들과 결탁하기 위해 이슬람으로 개종하기도 했다.

이슬람 상인들은 바닷길뿐만 아니라 실크로드를 개척하여 중개무역으로 사마르칸트 등 소그드 지역까지 이슬람 영역을 넓혀갔다. 이들은 금화와 은화를 함께 사용하여 교역상 발생하는 통화의 번거로움에서 자유로웠고 『코란』을 매개로 하는 아랍어를 공용어로 사용했기 때문에 단일 상업권을 형성할 수 있었다. 그렇다면 상업 이외의 부문에서 이슬람권의 입지는 어떠했을까?

11세기경에도 여전히 교역뿐만 아니라 수학, 천문학 등에서 앞서 있던 이슬람 학문은 중세 기독교와 르네상스를 주도하는 밑거름이었다. 그라나다로 공부하러 온 유럽 유학생들이 아랍어로 번역된 아리스토텔레스 등의 그리스 고전을 다시 라틴어로 번역하여 유럽에 소개했기 때문이다.

이런 이슬람권의 우위가 반전된 것은 종교개혁 이후 세속적 성공과 신의 은혜, 구원을 동일시하는 장 칼뱅(Jean Calvin)의 직업소명론[10]과 예정설에 입각한 신교의 윤리가 세속적 금욕주의로 자리 잡아 근대 자본주의 발전에 기여하면서부터다.

종교의 위상이 약화된 기독교권에서는 자연과학과 기술문명의 발전이 18세기 중엽 산업혁명으로 결실을 맺었다. 하지만 이슬람권에서는 여전히 종교의 절대성이 강조되어 종교적 위상이 손상되지 않는 범위에서만 산업과 과학, 기술이 허용됐고 결국 이것이 기독교권에 뒤지는 원인이 되었다.

이제 지중해를 중심으로 한 기독교권과 중동 세계를 아우르는 이슬람권의 끝없는 공존과 대립의 역사를 살펴보자. 11세기 십자군원정에서부터 콘스탄티노플 함락이나 레판토해전에 이르기까지 관용에 의한 공존보다는 동서양 문명의 충돌 양상이 빈번했다. 특히 키프로스의 영유권 다툼에서 시작된 1571년 레판토해전은 '세계를 움직이는 추가 다른 쪽으로 이동했다'고 말할 정도로 역사적으로 중요한 전쟁이었다. 지중해의 제해권 확보로 자신감을 회복한 기독교권과 세력 확장이 저지된 이슬람권의 뒤바뀐 행보가 시작되었기 때문이다.

후추를 둘러싼 이런 이권 경쟁 역시 이슬람권과 기독교권과의 대

10 직업(Berufen)을 하나님의 부르심(우리말로는 소명, 영어로는 Calling이라 한다)으로 본 마르틴 루터는 직업에 귀천이 없고, 맡겨진 일에 최선을 다해야 한다고 했다.

결 양상을 불러와 종교적 반목을 부추겼다. '천국의 알갱이'에 비유되는 후추는 동방의 이국적 상품으로 육식을 하는 기독교권 유럽인의 식탁에 빼놓을 수 없는 중요한 교역품이었다. 육로를 통해 이슬람권과 거래하며 후추 교역을 독점하던 베네치아가 인도 항로를 개척한 포르투갈과의 경쟁에 뒤지며 내리막길에 들어섰다. 그 뒤를 이어 네덜란드, 스페인, 포르투갈, 영국이 동아시아 이슬람권에서 후추 교역권을, 더 나아가서는 제해권과 무역권을 놓고 경쟁했다. 이 경쟁에서 인도로 가는 길목 호르무즈 해협을 이슬람인 페르시아와 연합하여 점령(1622)한 영국이 최후 승자가 되어 대영제국의 초석을 마련했다고 해도 과언이 아니다.

이러한 과거 종교적 반목의 모습을 지금은 어떤 것에서 볼 수 있을까? 17세기 말 이후 우월성이 사라진 후추 대신 오늘날 석유를 둘러싼 이권 다툼 속에서 종교 뒤에 감춰진 경제성을 엿보게 된다. 등화에서 자동차 내연기관, 취사 및 난방, 공업용 연료에 이르기까지 다양한 쓰임새를 자랑하는 석유를 얻기 위해 20세기 초 중동 지역이 다시금 자원 쟁탈장이 되었다. 제1차 세계대전 이후 미국과 영국이 주축이 된 7대 석유 메이저 기업 일명 '세븐 시스터즈'는 채굴 및 정유, 판매에 독점력을 행사하며 세계 석유 시장을 장악했다. 이에 맞서 석유수출기구(OPEC)가 결성되고 1970년대 제1·2차 오일쇼크를 겪으며 중동의 석유는 자원민족주의를 강화시켰다. 세계경제의 중요한 변수 중 하나가 된 석유는 여전히 산유국인 중동 이슬람 권과 소비국인 서방 기독교권 간의 갈등을 부추기고 있다.

역사의 순환을 증명이라도 하듯 21세기에도 9.11테러와 쿠웨이트전쟁, 이라크전쟁에서 기독교문명의 미국과 이슬람문명이 충돌하는 양상을 보이고 있다.

이것을 문명 간 힘의 균형이 파괴될 때 나타나는 문명 충돌로 볼 것인가에 대한 논의는 앞으로 계속되겠지만, 13~16억 명에 달하는 이슬람권과 22억 명의 기독교권, 더 정확하게는 3억 명의 미국과 2,500만 명의 이라크와의 전쟁을 균형 파괴에 의한 충돌로 보기에는 다소 무리가 있는 듯하다.

사실 이라크전쟁을 이라크의 석유를 확보하기 위한 석유전쟁으로 보기도 한다. 이라크 유전 개발권을 둘러싼 이해관계와 자본주의 패권에 복종하지 않고 독자노선을 걷고 있는 특정 이슬람권을 공격하기 위한 명분으로 보는 입장이 더 설득력 있기 때문이다. 다행스럽게도 2010년에 들어서면서 미국에서 시작된 셰일가스(Shale Gas) 혁명으로 석유 의존도와 이슬람권과의 경제적 갈등이 줄어들 조짐을 보이고 있다.

이런 종교 간의 갈등으로 비추어질 수 있는 움직임은 유럽이라고 예외는 아니다. 프랑스에서는 아프리카 식민지에서 이주해온 무슬림 2세의 실업률이 높아가는 현실 속에 크고 작은 경제적 소요가 종교적 대립으로 불거졌다. 때를 같이하여 2005년 9월 덴마크에서 시작된 만화전쟁[11]도 갈등을 부추겼

11 2005년 9월 덴마크 일간지 「율랜즈-포스텐(Jullands-Posten)」에 실렸던 이슬람 비판 만평을 2006년 「샤를리 에브도(Charlie Hebdo)」에서 다시 실으면서 이슬람과의 갈등은 심화되었다. 그러던 중 2015년 1월, 예언자 무함마드를 모독하는 풍자 만평을 실은 편집장이 이슬람 무장범에 의해 살해되었다. "나는 샤를리다"라며 표현 및 언론보도의 자유를 주장하는 입장과 "나는 샤를리가 아니다"라며 타종교에 대한 몰이해가 빚어낸 만평에는 동의할 수 없다는 입장이 맞서는 가운데 관용을 회복하자는 움직임이 일어났다.

다. 이슬람 예언자를 테러리스트로 표현한 것을 놓고 문화적 테러로 보는 이슬람의 입장과 표현의 자유를 주장하는 덴마크의 상반된 입장 속에서 상대를 존중하고 배려하는 관용의 부재가 아쉽기만 하다.

유럽의 기독교 사회에서 자행된 반유대주의가 채 잊히기도 전에 유럽에서는 이처럼 이슬람권에 대한 반감이 커지고 있다.

• 이때 우리는

1571년 기독교 연합함대가 레판토해전에서 승리하면서 이슬람 세력과의 갈등에 종지부를 찍게 될 즈음, 조선(선조 8년)에서는 1575년 동인과 서인으로 당파가 나뉘면서 국정의 파행과 당쟁을 예고했다.

제 2 부

세계, 경제에
눈을 뜨다

청어의 이동과
한자상권의 흥망

구제역, 조류독감에 대한 우려가 커지면서 육류 섭취에 비상이 걸린 현대인은 무엇을 먹을까 고민을 한다. 이런 우려 속에 불포화지방산 DHA를 많이 포함한 등 푸른 생선 청어가 오늘날 건강식품으로 떠올랐다. 과거에도 인기 있던 생선 청어를 거래했던 한자 상권의 운명과 이를 둘러싼 유럽 및 세계 권력의 향방을 추적해보자.

　　베를린의 학생 식당 멘자(Mensa)에서 청어 한 마리가 머리에 서 꼬리까지 통째로 튀겨져 내 앞에 놓였을 때 꽤 충격을 받았 던 것으로 기억한다. 서양에는 '접시에 놓인 청어를 뒤집는 것 은 배를 뒤집는 것과 같다'는 말이 있다. 이들의 음식문화에서 청어가 어느 정도인지 입지를 알 수 있는 말이다.

　　독일인의 청어 사랑은 남다르다. 11세기부터 발트 해에서 잡힌 청어를 염장 처리하면서 청어가 중세 상권의 한 핵인 북 해상권의 주요 교역품으로 자리 잡았기 때문이다. 런던과 브 뤼헤, 베르겐, 노브고로드의 해외 4대 상관을 중심으로 한자 상인들이 전 유럽에 청어를 판매하면서 막대한 수입을 올렸

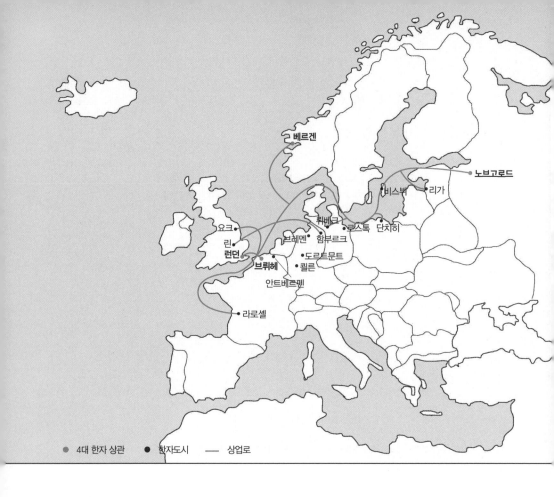

● **한자동맹을 맺은 도시와 교역로(14세기 말 ~15세기 중반)**
한자 상인들은 생필품 거래를 통해 중세 교역의 한 축을 담당했다.

다. 이 밖에도 소금이나 목재, 모직물 등의 생필품 거래를 하던 한자상권은 함부르크, 브레멘, 뤼베크 등 독일 북부 도시 상인들의 연합체였다. 전성기 때인 14세기에서 15세기에는 200여 개의 도시가 가담했다고 한다.

하지만 신대륙의 발견으로 대서양시대가 열리면서 중세의 두 축이던 지중해상권과 한자상권은 위축되기 시작했다. 이뿐만이 아니다. 당시의 결제수단인 은을 공급하던 독일 은광이 신대륙에서 온 은과의 경쟁에서 밀려난 것도 타격이 컸다.

인디오와 아프리카 흑인 노예의 강제노역으로 채굴된 포토시의 은이 비용상의 우위를 지닌 탓이었다.

이와 더불어 16세기 중반부터 시작된 소빙하기로 인해 발트 해가 얼어붙은 것도 한자상권에 큰 손실이었다. 가장 중요한 수출품이었던 청어가 노르웨이의 베르겐과 독일에서 네덜란드로 넘어가면서 중세 교역을 지배했던 독일 한자 상인도 네덜란드 상인에게 상권을 넘겨주어야 했기 때문이다. 이로써 한자의 중요한 해외 4대 상관 중에서 노브고로드 상관(1494)과 런던 상관(1598)이 문을 닫았다.

다른 어떤 나라보다 영국은 한자와 밀접했다. 영국 왕 헨리 3세(Henry Ⅲ)가 런던에서 활동하던 독일 상인과 플랑드르 상인에게 집단으로 무리를 지어 활동하는 것을 허락한 교서(1267)에서 한자라는 말이 유래했기 때문만은 아니다. 영국은 1290년 유대인을 추방하고 이들을 대신할 한자 상인에게 온갖 특권을 주며 지원했다. 스틸야드(Steelyard: 13세기 이후 발트 해 연안 한자동맹의 상인들이 런던에 설치한 거주지)를 중심으로 치외법권의 특혜를 누리며 영국의 양모를 수출하고 완제품인 모직물 수입을 대행하던 런던 상관은 헨리 7세(Henry Ⅶ)가 표방하는 중상주의 정책에 의거하여 축소되다 결국 1598년에 폐쇄되었다. 자체적인 상업 및 산업 능력을 권장하려는 영국 왕실의 의도는 주식회사 형태인 동인도회사의 출범(1600)을 예고했다.

청어의 행방은 잠시 접어두고 한자동맹의 운명에 대해 살펴보자. 해적으로부터 상선을 보호하거나 항구 사용에 따른 부담이나 규제 등을 공동으로 대처하기 위해 자발적으로 모인 한자동맹은 성문화된 규약이나 집행기관이 없었다. 따라서 비교적 느슨한 상인 연합체라는 한계에 봉착하여 국민국가 형성기에 국가적 조직체의 지원을 받은 네덜란드와 영국 상인에게 밀리게 되었다.

결국 30년전쟁을 고비로 내리막길을 걷던 한자동맹은 1669년 마지막 한자총회를 끝으로 역사 속으로 사라졌다. 오늘날 한자도시의 흔적은 HH(한자도시 함부르크)나 HB(한자도시 브레멘) 등으로 표기된 독일의 자동차 번호판에서나 찾을 수 있다.

그럼 이제 북유럽의 해상 운송 및 무역, 어업의 독점적 입장에 타격을 주면서 16세기 중반 한자상권의 모든 이권을 네덜란드에 넘겨주는 데 한몫한 청어가 네덜란드에서는 어떤 대접을 받았는지 보자.

네덜란드의 기본 노선인 무역과 산업의 자유도 청어 앞에서는 예외였다. 청어잡이는 수산업협회가 관장하여 5개 도시의 선박에게만 대출어권(Great Fishery)을 주었기 때문이다. 또한 청어를 보관하기 위한 소금과 나무통의 재질은 물론 그물코 등까지 청어법으로 규제하여 양과 품질관리를 엄격하고 철저하게 규제했다.

네덜란드 인구의 20~30%가 청어 산업에 종사했다고 하니 '암스테르담은 청어의 뼈 위에 건설되었다'는 말은 과장이 아닌 듯하다. 청어잡이의 수익금을 해운과 해상무역에 투자한 네덜란드는 16세기 후반부터 17세기에 걸쳐 제해권과 무역권을 얻어 세계 패권을 차지하는 계기를 마련했다.

청어를 둘러싼 경쟁은 여기서 그치지 않고 네덜란드와 영국의 경쟁으로 이어졌다. 엄격한 규제를 통해 청어잡이를 통제한 네덜란드와는 달리 영국은 네덜란드의 어업 기술을 받아들여 자유경쟁을 허용했다. 그 결과 영국에 밀리게 된 네덜란드의 청어잡이는 네덜란드 경제 전반에 걸쳐 침체를 불러왔다. 또 이전의 한자상권처럼 네덜란드 역시 모든 이권을 영국에 넘겨주게 되었다. 이처럼 지나친 자유경쟁도 그렇지만 지나친 규제 역시 문제를 가져온다.

366가지 요리법이 있어 일 년 내내 겹치지 않고 색다른 청어 요리를 즐길 수 있다는 베르겐에서 수십 가지의 청어샐러드를 맛보며 청어를 둘러싼 독일, 네덜란드, 영국으로 이어지는 역사 속의 경제·정치적 힘의 논리를 실감해본다.

• 이때 우리는

한자상권에서 네덜란드로 상권이 이동하는 16세기 중반, 조선(명종 15년)에서는 1559년 임꺽정의 난이 일어났다.

17

네덜란드의
황금시대

네덜란드의 상징인 오렌지는 야심가 펠리페 2세가 통치한 스페인으로부터 북부 7개 주의 독립을 이끌어낸 오라녜(Oranje) 가문에서 유래했다. 상인들이 중심이 되어 공화국을 건설한 만큼 왕정인 대부분의 유럽 국가들과 네덜란드는 여러 면에서 차별성을 보였다. 풍차와 튤립의 나라, 자유와 사회적 신분 상승의 기회가 열려 있었던 네덜란드의 황금시대로 시간을 돌려보자.

민족·종교·정치·경제적인 대립 요소가 혼재했던 네덜란드는 1556년 중요한 수출품인 모직물을 손에 넣기 위해 플랑드르 지역을 점령한 스페인 펠리페 2세가 신교를 금지하고 자치권을 박탈하자 강한 저항을 시작했다. 이를 계기로 스페인과 경쟁관계에 있던 영국의 지원을 받아 신교를 믿는 북부의 7개 주가 연합하여, 1581년 독립을 선언했다. 이후 1648년 베스트팔렌 조약에서 국제적으로 독립을 승인받기까지 80여 년에 걸친 독립전쟁을 치르며 네덜란드는 암스테르담을 중심으로 경제성장의 발판을 다졌다. 반면 가톨릭을 신봉하는 남부의 10개 주(오늘날 벨기에)는 종교가 같은 스페인의 점령지로 남아 독자적인 길을 선택했다.

암스테르담은 1585년 이후 스페인의 전성기에 안트베르펜이 얻은 특권과 통상의 편의를 계승하면서 상공업과 금융의 중심지로 국제 교역을 선도했다. 스페인에 점령당한 안트베르펜의 상인과 금융업자들이 안전한 암스테르담으로 이주한 덕분이었다. 이로써 낭트, 리버풀과 함께 암스테르담은 신대륙과의 노예(삼각)무역으로 직물과 설탕 등의 식민지 상품을 취급하며 부를 얻었다. 동인도와 신대륙에서 온 제품을 저장·보관하는 창고업의 독점과 중개무역으로 유럽 내 가격을 좌우하며 상업적 우위를 고수했다. 상업적 성공을 대변하듯 16세기 말 암스테르담의 인구는 15만 명에 육박했다.

이베리아 반도에서 추방당한 유대인 역시 대거 암스테르담으로 이주하여 세계 각지의 유대인 상업 네트워크를 활용한 국제 무역상으로 17세기 번영을 이루는 데 크게 기여했다. 스페인의 군사력을 분산시키기 위해 술탄을 움직여 네덜란드의 독립전쟁을 유리하게 이끈 유대인은 다른 어느 곳에서보다 환영받으며 네덜란드령 동인도제도와 서인도제도 등 대부분의 네덜란드 식민지에서 활동했다. 네덜란드를 추월하고 싶어 한 올리버 크롬웰(Oliver Cromwell)이 자국 상인들의 반대에도 네덜란드의 유대인을 받아들인 이유를 알 것 같다. 이들은 17세기 들어서 동인도회사와 서인도회사(1621~1674)의 주식을 거래하면서 근대 증권 투기의 시작을 예고한 암스테르담의 증권

거래소에서 탁월한 재능을 발휘했다.

이와는 달리 증권거래소 밖에서는 부와 사회적 신분 상승을 열망하는 가난한 계층에 튤립 투기 열풍[9]이 불어 자본주의 사회로의 험난한 여정을 암시했다.

9 자세한 내용은 이 책에서 40. 튤립으로 시작된 금융투기의 역사편을 참조하면 된다.

네덜란드의 황금시대는 16세기 중반부터 시작된 기후 변화가 발단이 되었다고 해도 과언이 아니다. 바다보다 낮은 지대와 척박한 토지 등 자연 혜택이 유난히 적은 네덜란드는 역설적으로 소빙하기와 함께 찾아온 한파 덕을 톡톡히 봤다. 발트해가 얼면서 네덜란드 근해로 이동한 청어로 인해 네덜란드는 한자상권의 청어 교역권을 손에 넣고, 그 수익금을 해운과 해상 교역에 투자했다. 이로써 해양국가의 기틀을 마련할 수 있었다.

따라서 전통적인 산업자유화정책에도 네덜란드의 국부와 밀접한 청어잡이는 엄격한 통제하에 5개 도시 선박에게만 허용되었다. 청어의 염장법을 개발한 나라답게 청어의 품질을 철저히 관리했지만, 결국 양적인 제한이 없는 다른 나라 청어잡이와의 경쟁에서 밀리게 되어 청어잡이와 청어 교역권으로 일궈낸 네덜란드 경제는 쇠퇴했다. 이는 지나친 보호정책이 최선의 정책이 아니라는 것을 보여주는 좋은 사례라 할 수 있다.

한자상권을 잠식한 네덜란드는 스페인과 포르투갈이 양분하고 있던 해외 식민지로 눈을 돌려 동인도회사와 서인도회사를 중심으로 식민지 교역에 나섰다. 1602년 창설된 이후 나폴레옹에 의해 도산한 1799년까지 인도와 아시아의 무역을 관장한 동인도회사는 비옥한 토지가 적어 무역에 의지한 해양국가 네덜란드와 운명을 같이했다. 1621년에는 바타비아(오늘날 자카르타)를 건설하여 중국의 생사와 차, 도자기, 인도의 면화, 몰루카 제도의 향신료 등을 거래하며 네덜란드에 막대한 이윤을 남겼다. 동인도회사는 동방 무역의 핵으로 자리 잡아 1660년대에 최전성기를 누렸다. 1653년 8월 16일 제주도 부근에서 좌초하여 13년간 한국에 머문 헨드릭 하멜(Hendrik Hamel) 역시 동인도회사의 직원이었던 점을 보면 조선도 동인도회사와 무관하지만은 않다.

네덜란드가 세계 교역의 일인자가 될 수 있었던 또 다른 요인으로 해운업과 조선업을 들 수 있다. 17세기 말에도 여전히 영국에 비해 절반 정도 싸게 배를 만들 뿐 아니라 중립국의 입지를 활용하여 저렴한 운임으로 화물을 운반하는 조선업과 해운업의 경쟁력은 경제대국 네덜란드의 초석이었다. 따라서 크롬웰의 항해조례(1651년에 제정한 조례로 영국이나 영국의 식민지로 상품을 수송할 때는 영국의 배를 이용해야 한다고 규정했다)는 인도양과 대서양을 오가는 선박의 절반 이상을 차지한 네덜란드를 겨냥한 것과 다름없었다. 결과적으로 이는 네덜란드 번영에 그림자를 던진 영란전쟁의 도화선이 되었다.

1652년부터 20년에 걸쳐 영국과 치른 세 차례의 전쟁은 깊은 상흔을 남겼다. 제2차 영란전쟁에 패한 네덜란드는 서인도회사를 중심으로 식민지 무역을 총지휘하던 뉴암스테르담을 1664년 영국에 넘겨주어야 했다. 찰스 2세(Charles II)의 동생 요크(York) 공작의 이름을 딴 뉴욕(New York)이 전쟁의 판도에 따라 뉴암스테르담(1673)에서 다시 뉴욕(1674)으로 바뀐 것에서 이 도시의 이름만큼이나 치열했던 영국과 네덜란드의 경쟁 구도를 느낄 수 있다.

교역을 통해 부를 축적한 상인의 나라 네덜란드는 미술사에도 네덜란드적 상업 전통을 남겼다. 부유한 상인이나 수공업자들은 렘브란트 판 레인(Rembrandt Harmenszoon van Rijn)과 요하네스 페르메이르(Johannes Vermeer)와 같은 네덜란드 화가에게 초상화와 그들의 일상적이고 소박한 삶을 화폭에 담도록 했다. 이것이 바로 17세기 네덜란드 황금시대의 소산인 장르화로 상인과 수공업자들의 경제적 위상이 높아졌음을 보여주는 좋은 사례다.

서인도회사는 모피 산업의 거점이었던 뉴암스테르담을 잃은 후 실패를 거듭했다. 동인도회사는 후추의 우월성이 사라지는 1670년을 전후하여 경쟁국들의 거센 견제와 왕 못지않게 호사를 누리던 직원들의 부정부패로 쇠퇴일로에 접어들었다. 이것이 네덜란드의 운명을 바꾼 결정적인 계기였다.

더 나아가 눈앞의 상업 이윤에 만족하여 해양 기술 축적을 등한시한 네덜란드는 체계적인 해양정책을 편 영국에 제해권을 넘겨주고 제4차 영란전쟁에 패하면서 아시아 해상무역의 거점인 몰루카 제도를 잃었다. 이로써 네덜란드는 18세기 후반의 황금시대를 마감했다. 동지와 적의 경계를 넘나들며 힘겨루기를 하던 네덜란드와 영국의 관계에서 약육강식의 중상주의를 엿보게 된다.

청어와 함께 한자상권을 계승한 네덜란드는 암스테르담을 중심으로 17세기 전반 세계 패권을 얻었지만, 네 차례의 영란전쟁을 거치면서 영국에 제해권과 무역권을 넘겨주고 말았다. 작은 인구와 영토로 부를 지켜내기가 얼마나 어려운지 보여주는 장면이다.

• 이때 우리는

네덜란드가 근해로 이동한 청어 덕분에 청어 교역권을 얻어 승승장구하던 16세기 중반, 조선(명종 10년)에서는 1555년 계속된 왜구의 침입으로 어려움을 겪었다.

18

자본주의의 전령,
유대인

이스라엘의 제2차 독립운동이 실패로 돌아간 서기 135년 유대인은 로마에 의해 이스라엘이라는 이름마저 빼앗기고 팔레스타인으로 개명된 시온의 땅에서 추방당했다. 선택받은 자의 선민사상으로 인해 배척당하며 1948년 건국하기까지 세계 각지로 흩어져 살아온 유대인의 지난한 디아스포라의 역사를 추적해보자.

기독교권에서 유대인은 '예수를 죽인 백정'이라는 비난 속에 끊임없이 박해와 추방을 당하며 고립된 삶을 살았다. 이들은 랍비를 수장으로 하는 공동체를 구성하여 그들만의 종교적 자유를 지키기 위해 스스로도 고립을 선택한 역사의 주변인이었다.

이들은 활동 지역의 군주에게 보호비 명목의 세금을 바쳤다. 높은 보호비를 내기 위해 그 사회에서 꺼리는 틈새 업종인 고리대금업과 전당업, 상업 등에 종사했는데 오히려 이것이 다시 박해와 추방의 이유가 되었다. 14세기 초 자국 대금업자들에게 다른 직업보다 두 배나 많은 세금을 내게 했던 프랑스에서는 유대인들이 재산을 몰수당하고 추방되는 일이 잦았다. 기독교 세계에서도 인정했던 유대인 철학자 모제스 멘델스존(Moses Mendelssohn)은 당시 유대인의 상황을 "유대인은 의사와 거지, 상인 외에는 아무것도 할 수 없다"라고 전하고 있다.

유대인의 직업에 대한 부정적 시각은 그들의 삶을 더 힘들게 했다. 상업이나 금융업과 같은 전형적인 유대인 직업은 땀을 흘리지 않고 남에게서 뺏어오는 불건전한 직업으로 비난을 받았기 때문이다. 더 나아가서 이들에게는 상점을 화려하게 치장하고 적극적으로 호객 행위를 하여 부당한 경쟁을 유발하는 불공정 거래의 명수, 혹은 저질 상품을 속여 판다는 불명예가 늘 따라다녔다.

이와는 달리 이슬람권에서는 비교적 유대인에게 관용적이었다. 하지만 이곳에서도 역시 유대인은 무슬림에게 금지된 불결하고 비천한 가죽 세공이나 이교도와 접촉하는 외교, 교역 등을 도맡아했다. 유일신을 믿지 않던 중국이 이들에 대한 종교적 박해가 없었던 유일한 곳이었다. 8세기경 실크로드를 따라 이주해온 유대인은 카이펑(중국 허난성 북동부에 있는 도시)에 정착한 이래 관직에도 오르고 농사도 지으며 한족과 똑같은 자유를 누리며 안정적인 삶을 살았다고 한다. 중국의 사례야말로 유대인의 박해 뒤에는 경제적 요인이 종교보다 더 강하게 작용했다는 입장에 대한 강력한 방증인 셈이다.

그럼에도 경제적 요인을 배제하고 유대인을 생각할 수는 없다. 절대국가를 형성해가던 유럽에서 경제적 가치가 높은 유능한 유대인을 영입한 후 쓸모없어지면 추방하는 경우가 빈번했다. 따라서 이들은 항상 새로운 피난처를 찾아 경제적으로 낙후된 지역으로 이주하며 자본주의의 전령 역할을 했다.

그렇다면 자본주의 전령으로 여겨지는 유대인이 이동했던 경제 중심지와 그 경로를 추적해보자.

스페인에서 경제적 중추 세력으로 성장한 유대인의 평화는 1492년에 깨졌다. 이슬람과 대치 국면에서 유대인에게 관용적이었던 스페인이 이슬람의 마지막 왕국인 그라나다를 점령하고 뒤이어 유대인을 탄압하며 개종을 강요했기 때문이다. 개종한 신기독교인들(스페인 종교재판의 대상이 되어 거짓으로 개종한 유대인들은 '마라노스Maranos'라고 불렸는데, 이는 '냄새나는 돼지'라는 뜻이다)과는 달리 이를 거부한 15만 명의 유대인은 추방당해 유럽 전역으로 흩어졌다. 좀바르트는 이들과 함께 이베리아에서 꽃핀 자본주의가 유럽 각지로 확산되었다고 말했다.

특히 유대인에게 우호적이었던 암스테르담에 모여든 유대인은 세계 각지의 유대인 네트워크를 활용하여 국제무역을 주도함으로써 17세기 후반을 네덜란드의 전성기로 이끄는 데 기여했다. 그 후 유대인들은 경제적으로 여건이 더 좋은 런던으로 이주를 준비하며 원정출산을 감행하기도 했다. 영국에서 태어난 유대인에게는 내국인과 같은 세제혜택이 주어졌기 때문이다. 가히 원정출산의 원조라고 할 만하다.

추방령이 내려진 1290년 이후 영국은 유대인의 이주를 금지했으나 1656년 크롬웰은 자국 상인의 반대에도 유대인을 받아들였다. 네덜란드를 따라잡기 위함이었다. 런던 증시 등에서 활약한 이들은 크롬웰의 바람을 저버리지 않고 그들의 경제적 노하우를 발휘하여 경제 중심지를 런던으로 옮겨놓는 데 일조했다. 계몽주의와 더불어 전개된 유대인 해방은 이들을 귀족이나 수상의 자리에 올려놓기도 했다. 로스차일드 가문(Rothschild: 붉은 방패라는 뜻)이 대표적인 예인데, 이들은 나폴레옹전쟁 당시 신속한 정보전으로 영국 국채를 매입하여 큰돈을 벌었다. 그 후 금융과 증권, 보험 등의 사업을 통해 엄청난 부와 명예를 얻어 3대에 하원의원이 되고 4대에 귀족 칭호를 받았다.

이런 유대인의 경제적 입지는 지역에 따라 상이하다. 17세기 후반, 전 유럽 인구의 1% 내외이던 유대인의 인구를 감안할 때 전체 인구의 7%에 해당하는 35만 명의 유대인들이 거주하던 폴란드에는 대부분 경제 선진 지역에서 추방된 빈곤한 아슈케나짐 유대인들이 많았다. 이들은 유대문화와 종교를 발전시켜 정통파 유대교를 계승했다.

메피스토 없이 파우스트를 상상할 수 없듯이 유럽의 절대군주와 불가분의 관계에 있던 궁중 유대인은 상업의 자유와 거주 이전의 자유를 누렸다. 역설적으로 이들은 유대인의 전통적 관습에서 벗어난 삶을 살았지만 공동체 전체의 운명을 좌우할 권력을 지녔기 때문에 공동체 내에서 상당한 영향력을 행사했다고 한다.

대중의 원성을 살 수 있는 동전 주조나 세금 징수와 같은 일을 하고 있었기 때문에 제후의 총애가 사라지면 목숨이 위태롭기도 했다. 나치 정권하에 제작된 반유대주의 선동 영화 「유대인 쥐스(Jud Süß)」에서 악마적 유대인으로 등장하는 요셉 쥐스 오펜하이머(Joseph Süß Oppenheimer)야말로 화려하지만 불안한 궁중 유대인의 전형을 보여준다.

유대적 문화자산이 경제에 미친 영향을 보면 좀바르트가 유대교를 근대 자본주의의 토양으로 본 이유를 알 것 같다. 유대인은 글을 익히고 두 개 이상의 외국어를 구사하는 능력과 탈무드의 지혜를 전수받아 새로운 문제를 인식·통제하는 능력이 다른 누구보다 앞섰기 때문에 이들은 자본주의 이행기에 최대 수혜자가 될 수 있었다. 하지만 이것 또한 수면 아래에 잠복해 있던 반유대주의가 확산되는 빌미가 되기도 했다.

기독교인보다 안식일이 하루 빠른 유대인들은 토요일 해가 진 뒤부터 신뢰할 만한 정보를 입수하고 분석하여 일요일 오후 증권 브로커와 대리인에게 통보했다. 그 덕분에 월요일 아침 거래가 신속하게 이루어질 수 있었다. 세속과 경전에 해박한 랍비가 자문 역할을 담당하며 기독교인이 쉬는 일요일을 공략했다고 하니 이런 전략은 가히 가나안 땅으로 정탐꾼을 보낸 모세의 후예답다.

1917년 영국의 외상 아서 밸푸어(Arthur Balfour)는 유대인의 금융자본을 얻기 위해서 팔레스타인에 유대 국가 건설을 약속했다. 그러는 한편, 영화 「아라비아의 로렌스」로 유명한 토머스 로렌스(Thomas E. Lawrence) 중위를 내세워 아랍인들에게도 팔레스타인에 아랍 국가 건설을 약속하고 오스만제국에 대항하는 아랍의 민족운동을 이용했다. 오늘날에도 풀리지 않는 이스라엘과 조상 대대로 그 땅 위에 살던 팔레스타인과의 분쟁은 이렇듯 제1차 세계대전으로 거슬러 올라간다.

19세기 말 이후 러시아와 동유럽에서 불거진 유대인 탄압과 나치의 박해, 전운을 피해 수많은 유대인이 팔레스타인보다는 대서양 건너 미국을 제2의 고향으로 선택하면서 한 번 더 자본주의 전령으로서의 면모를 보여주었다. 물론 이들의 이주를 달가워하지 않은 미국은 1924년 이민법을 개정하여 이주를 상당히 제한했다.

하지만 미국이 유대인을 받아들인 것이 얼마나 큰 행운이었는지는 할리우드의 주요 영화사, 방송사, 언론사, 금융기관, 기업 등의 이름만으로도 충분히 알 수 있다.[12] 유대인들은 마이크로소프트, 구글, 인텔, 델 등의 IT 산업까지 장악하며 미국에서 유대 자본의 힘을 유감없이 보여주고 있다.

미국 인구의 2%도 안 되는 560만 명 정도의 유대인이 국민총소득의 15%를 차지하며 정치에서도 막강한 영향력을 행사하고 있다. '유대인 없이는 대통령이 될 수 없다'는 말에서 '로

[12] 유대인이 소유한 할리우드의 주요 영화사로는 워너브라더스를 비롯한 파라마운트, 20세기 폭스, 유니버설 등이 있고, 주요 방송사로는 CBS, ABC, NBC, 주요 언론사로는 뉴욕타임스와 월스트리트저널 등이 있다. 또한 금융기관으로는 리만 브라더스, 골드만 삭스, JP 모건 체이스, 기업으로는 GE와 GM, 리바이스와 스타벅스, 던킨 도너츠 등이 있다.

스차일드 없이는 전쟁도 할 수 없다'던 유럽에서의 옛 시절이 떠오른다. 하지만 이들의 로비로 인해 미국이 중동에 대하여 강경한 정책을 펼치고 있고 이슬람권과 유연한 관계를 맺지 못하는 등의 부정적인 면은 아쉽기만 하다.

영국의 신탁통치가 끝나기 하루 전날인 1948년 5월 14일, 건국을 선포한 이스라엘은 그다음 날부터 전쟁을 치렀다. 2,000년간 지속된 방랑의 역사에 종지부를 찍고 평화가 정착되길 바라지만 요르단 강 서안지구와 가자지구에 설치된 이스라엘과 팔레스타인 사이의 높은 장벽은 허물어질 기세가 보이지 않는다.

● 이때 우리는

15만 명에 달하는 유대인이 스페인에서 추방된 1492년, 조선(성종 23)에서는 불교를 탄압하고 유교를 장려하기 위해 도첩제를 폐지하여 승려가 되는 것을 막았다.

영국과 프랑스의 격돌, 백년전쟁과 7년전쟁

인류의 역사를 전쟁의 역사라 할 정도로 수없이 많은 전쟁이 인간의 삶을 바꾸어놓았다. 작은 분쟁도 상흔을 남기는데 비록 간헐적이라지만, 100년 이상 치러진 전쟁이야 말해 무엇할까. 영원한 숙적 영국과 프랑스 간에 펼쳐진 전쟁의 소용돌이 속으로 들어가보자.

1066년 노르망디 공작령과 통합된 이래 결혼 등을 통해 유럽 대륙에서 영토를 넓힌 섬나라 영국은 헨리 2세(Henry Ⅱ) 때 프랑스왕국의 절반 이상을 지배했다. 그러다가 브르타뉴와 플랑드르 백작령에 대한 영향력을 놓고 1337년 시작한 전쟁은 116년간의 긴 전쟁(1337~1453년 사이에 벌어진 전쟁으로 실제 전투 기간은 30년이었다)으로 비화되었다.

왕위 계승권과 영토를 둘러싼 두 왕국, 영국과 프랑스 사이의 전쟁에서 프랑스는 영국에 비해 인구가 네 배나 많았음에도 줄곧 열세였다. 하지만 잔 다르크(Jeanne d'Arc)의 출현으로 전세를 역전한 프랑스는 샤를 7세(Charles Ⅶ) 때 최후의 승리

● 오귀스트 로댕, 「칼레의 시민」, 1884, 빅토리아 타워 가튼, 런던, 영국

백년전쟁 당시 프랑스의 칼레를 구한 영웅적 시민을 기념하여 제작된 동상. 영국에 의해 학살당할 위기에 놓인 시민 대신 최고의 부자, 고위 관료, 상류층 등 여섯 명이 목에 밧줄을 매고 자루옷을 입은 채 교수대에 올랐다. 그들의 희생 정신에 감동한 에드워드 3세는 칼레 시민을 모두 사면했다.

를 거두면서 1453년 칼레를 제외한 영국 영토, 노르망디와 기엔을 획득했다.

이런 결과를 얻기까지 이 전쟁이 몰고 왔던 변화를 살펴보자. 프랑스 왕위에서 멀어진 영국의 에드워드 3세(Edward Ⅲ)는 1337년 프랑스 경제를 위협하기 위해 플랑드르 지역에 양모 공급을 중단했다. 이에 맞서 프랑스도 영국의 영토인 기엔을 몰수했다. 이렇게 불거진 전쟁은 프랑스의 샤를 4세(Charles Ⅳ)가 후손이 없이 사망하면서 1346년 왕위를 놓고 벌이는 전쟁으로 본격화되었다.

열한 달의 공방전 끝에 칼레를 수중에 넣은 영국은 엄청난 관세 수입을 보장해주는 양모를 플랑드르와 거래함으로써 플랑드르의 모직물 산업에 지속적으로 영향력을 행사할 수 있었다. 로댕의 조각상 「칼레의 시민」에서 당시의 절박함과 노블레스 오블리주의 전형을 엿볼 수 있다.

전쟁 초기 시장경제는 군대의 이동과 더불어 약탈과 군 보급품의 매매가 프랑스 전역으로 확대되면서 촉진되었다. 그럼에도 불구하고 지속된 전쟁은 전쟁기의 약탈, 파괴 등과 더불어 불안정한 경제·사회적 분위기, 성벽 재건과 전비 충당을 위한 과세 등으로 특히 도시인의 삶을 피폐하게 만들었다. 대표적으로 1341년 신설된 소금세와 전비를 조달하기 위해 다시 도입되었던 창문세[13] 같은 정기적인 세금은 전쟁 기간 내내 생산성 저하와 맞물려 경제적 불안을 가중시켰다.

1356년 선량왕 장 2세(Jean le Bon)가 포로가 되어 런던으로 이송되었다. 이후 그의 막대한 몸값과 더불어 칼레를 비롯한 프랑스왕국의 1/3을 영국에 넘긴다는 조약을 1360년 체결하면서 군사적 움직임은 중단되었다. 선량왕 장 2세의 몸값은 당시 프랑스 조세 수입의 2년치와 맞먹었다. 결국 프랑스가 몸값의 전부를 지불하지 못하고 몸값 대신 볼모로 잡힌 아들이 탈출하자 선량왕은 자진해서 포로가 된 뒤 적국에서 사망했다.

프랑스 왕실의 내분 속에 1420년 장인 샤를 6세(Charles VI)가 죽으면 사위인 영국 왕 헨리 5세(Henry V)에게 왕위를 양도

13 필립 4세가 왕권강화를 위해 1303년 신설한 창문세는 백년전쟁 중(1370~1390) 다시 도입되었다가 폐지되었고 1789년 프랑스대혁명 당시 귀족과 부자들에게서 세금을 걷기 위해 또다시 적용되었다가 1925년에야 완전히 폐지되었다.

한다는 트루아 조약을 체결하면서 헨리 5세로 하여금 프랑스의 왕위에 한발 더 다가가게 했다. 그러나 그가 장인보다 먼저 죽으면서 프랑스의 민족 감정만 자극하는 결과를 낳았다. 전의를 가다듬은 프랑스가 1449년 전투에서 노르망디를 재정복하고 포도주 산지 보르도를 포함한 기옌 지방을 영국에서 탈환하면서 지루한 전쟁은 1453년에 막을 내렸다.

유럽 내 영국 영토의 엄청난 변화와 더불어 백년전쟁은 전술과 무기의 신구 교체를 통해 사회·경제적 주체 세력의 변화를 촉구했다. 제노바 용병인 석궁들과 기병으로 이루어진 프랑스군보다 수적으로 열세였던 영국 보병들이 장궁과 대포를 이용한 활약으로 프랑스를 이기면서 기사들의 몰락과 더불어 기병이 아닌 '보병의 시대'를 열었다. 또한 이것은 봉건귀족을 누르고 왕권이 강화되는 계기가 되었다. 영국에서는 공용어였던 프랑스어 대신 영어를 사용하며 국민의식이 형성되었고 이때부터 섬나라로서의 자부심이 커졌다고 한다. 백년전쟁은 중앙집권제의 발판이 되기도 했다. 영국으로 돌아온 귀족들과 왕위를 놓고 벌인 장미전쟁(1455~1485)에서 헨리 7세가 승리하면서 왕권강화정책을 펼 수 있었기 때문이다.

또한 1346년 전장에서 처음으로 선보였던 대포가 전쟁의 승패를 가름하는 신무기로 급부상했다. 초기에는 화력보다 요란한 소리로 적군을 떨게 한 대포가 전쟁 말기인 1453년경에는 진화를 거듭하며 막강한 성능을 보였다. 이에 따라 봉건영주의 성곽 및 도시 성벽 축성술이 발전했고 전술상에도 변화를 불러왔다.

백년전쟁 이후 200여 년이 지난 시점에서 두 왕국은 다시금 제2차 백년전쟁(1688~1815)이라 일컬어지는 긴 전쟁에 돌입했다. 그중 하나인 7년전쟁(1756~1763)은 이미 신대륙에서 영토 다툼을 하던 두 왕국이 슐레지엔 영유권을 놓고 오스트리아와 프로이센이 벌인 싸움에 가세하면서 불거졌다. 이 전쟁은 오스트리아 편에 선 프랑스와는 달리 프로이센과 연합하여 승리한 영국에 더할 나위 없는 새로운 기회였다. 프로이센이 이 전쟁에서 승리한 데는 감자의 역할이 컸다고 한다. 감자를 식량으로 삼았던 프로이센이 오스트리아와 러시아의 곡물 봉쇄에 맞서 식량의 무기화를 무력화할 수 있었기 때문이다.

전쟁의 득실을 따져보면 유럽 내 국경에는 거의 변화가 없었지만 전쟁의 최대 피해자인 프랑스는 북미 대부분의 식민지와 루이지애나를 잃었다. 수익성이 높은 카리브 해역의 설탕 산지를 잃기보다는 뉴프랑스를 포기하는 편을 택했기 때문이다. 더욱이 인도에서 주도권을 상실하면서 해상무역에 타격을 받았다. 이렇게 가중된 재정적 어려움은 프랑스대혁명으로 이어졌다.

반면 슐레지엔 영유권을 얻은 프로이센은 유럽 열강으로 발돋움하여 독일제국 통일의 기초를 놓았다. 영국 역시 북미 대륙과 인도에서 영토를 확장하며 대영제국의 발판을 굳혔다.

하지만 그 대가는 컸다. 이 전쟁으로 말미암아 영국은 식민지 미국을 잃었기 때문이다. 전쟁으로 채무가 급증한 영국은 식민지 미국에 설탕조례(1764)와 인지조례(1765)를 신설하여 과세 부담을 높였다. 이런 식민지에 대한 강경정책은 동인도회사에 차의 독점 판매권을 부여한 차조례(1773)에서 절정에 달했다. 결국 이에 반발하여 미국이 일으킨 보스턴 차 사건을 도화선으로 영국에서 독립한 미국은 독자적 길을 걷게 되었다.

백년전쟁은 흑사병의 창궐과 함께 인구의 증감 사이클에도 영향을 주어 14세기 중반 이후 100년 동안 인구를 감소시키고 경제침체를 불러왔다. 이처럼 7년전쟁도 세계경제사적 전환기를 가져왔다. 7년전쟁으로 경쟁자 프랑스를 제압하며 해외 영토를 선점한 영국은 불필요한 정치·군사적 소모전에서 벗어나 자신감을 회복했다. 그리하여 산업혁명에 전념한 결과, 오랜 농경사회를 뒤로하고 산업사회로 이행하게 된 것이다.

미국의 킹 오브 프러시아와 프레데릭이라는 지명은 7년전쟁을 승리로 이끈 프러시아의 왕을 기념하여 붙인 이름이다. 프러시아의 프리드리히 대왕이 동맹국을 잘 둔 덕이 아닐까.

● 이때 우리는

프랑스 왕위를 놓고 영국과 프랑스가 100년이 넘게 힘겨운 전쟁을 벌이던 14세기 말, 고려의 군신 이성계가 위화도회군(1388) 이후 고려를 멸하고 1392년 조선을 건국하여 왕위에 올랐다.

산업혁명의
주자들

천 년 역사의 전환점으로 종종 언급되는 산업혁명은 수천 년간 지속된 농경사회를 산업사회로 변화시켰다. 또 뉴턴적 질서와 로크적 자유에 근거하여 국가주도경제를 자유방임경제로 전환했다. 손으로 하던 작업을 기계가 대신하는 생산방식의 변화가 왜 다른 지역이 아니라 유럽에서 진행되었는지 그 사연이 궁금해진다.

역사적으로 유럽과 경쟁을 하며 산업혁명을 이루어낼 수 있었던 지역은 중국과 이슬람권이다. 땅에서 캐낸 까만 돌로 불을 피웠다는 폴로의 말로 미루어볼 때 13세기경에 이미 화석연료를 활용했음을 알 수 있는 중국부터 살펴보자.

13세기 이후 정체되었기는 하지만 야금술이 발달한 중국은 수공업과 상업 역시 수준이 높아 다른 어느 지역보다 산업혁명이 일어날 가능성이 높은 지역이었다.

명나라 말기에서 청나라 초기에 해당하는 16세기에서 18세기에 자본주의 맹아가 싹텄다. 1760년을 전후한 시기에 영국에서 진행되었던 것에 버금가는 경제적 활력과 더불어 사회적 변화가 이 시점에 나타났다. 상인에게 유리한 법과 규제가 적용되면서 화폐경제가 활발해졌고 도자기와 면직물을 위시한 수공업도 번성했다.

하지만 중국의 면업은 영국에서와 마찬가지로 분업과 숙련공에 의한 생산으로 상업화가 일어났지만 결정적으로 기계 사용이 이루어지지 않았다는 차이가 있다. 왜 영국과는 다른 결과를 보이게 되었을까? 중화사상으로 인해 도전에 대한 응전이 부족했기 때문에? 아니면 인구가 많아서? 그 이유는 다양하기만 하다. 노동 절약적인 기계의 도입이 시급하지 않았던 것은 많은 인구와 더불어 지주와 관료를 선호하는 중국의 사회구조와 사회적 가치관 역시 해답일 수 있다. 부유해진 상인이나 수공업자들이 토지를 매입하여 지주가 되거나 관직을 사는 데 주력하는 바람에 자본가 계층이 성장할 만한 토양 자체가 마련되지 못했기 때문이다. 더불어 정부의 수탈 등으로 재산권 보장이 불확실한 상태에서 사적 재산에 대한 불안감은 자본가 계층의 성장을 저지하여 결국 산업혁명의 주체 세력을 확보하는 데 실패했다. 더욱이 자연과의 조화를 중시하는 중국에서 기술혁신에 대한 욕구가 적었던 것은 당연한 귀결인 듯싶다.

중화사상을 위시하여 반상업주의를 표방하게 한 유교나 세속적 경제활동의 가치를 중요하게 여기지 않았던 불교 역시 이 지역의 근대화를 방해했던 주된 요인으로 간주된다. 하지만 최근 들어 중앙집권체제와 유교가 개발 이데올로기나 경제 성장의 주요 원동력을 제공한다고 주장하는 이들도 있다. 그러나 여전히 많은 경제사학자가 중국의 경우 기술·경제적 요인 그 자체보다는 내부의 혁신을 거부하는 중화사상이나 유교주의적 가치관과 같은 경제 외적 요인이 걸림돌이라고 여긴다.

두 번째 가능성을 보여주었던 지역은 중국의 사상과 문물을 유럽으로 전해주는 중계자 역할을 했던 이슬람권이다. 수학과 천문학, 의학 등의 자연과학이 발달했던 이 지역은, 종교적 보수주의로 회귀하는 15세기에 엄청난 변화를 경험하게 되었다.

이 시기 이슬람권에서는 『코란』 해석이 금지되었다. 이에 따라 자유로운 지적 연구도 금지되면서 과학적 합리주의의 길이 막혔던 것이다. 이로써 이슬람교의 교리와 권위를 손상시키지 않는 범위에서만 자연과학과 기술의 진보가 허용되었다. 이슬람권의 종교적 우월감은 진보적인 서양학문의 도입도 제한하며 기술 발전을 방해했다.

'이슬람 세계의 마르코 폴로'라고 하는 이븐 바투타(Ibn Battuta)의 여행기를 보면 심지어 시장에서도 종교적 권위를 읽을 수 있다. 이슬람의 모든 시장은 정결한 종교 의식에 필요한 물건들을 중심으로 배열되었다고 하니 놀랍지 않은가!

모스크에서 대상의 숙소를 운영하거나 매매계약을 체결하는 등 상업을 중시 여기는 무슬림의 전통은 상인과 수공업자에게 경제활동을 통한 신분 상승을 가능하게 했다. 그렇지만,

이슬람권의 이자 금지 조치 등 재산권의 침해는 상인 계층의 성장을 저지하기에 충분했다. 더욱이 1453년 콘스탄티노플 함락 이후 부족함이 없던 환경은 오히려 신항로 개척에 적극적이었던 바깥세계의 흐름을 인지하는 데 걸림돌이 되었다. 이런 이유로 인해 16~17세기에도 끊임없이 지중해와 발칸 지역을 공격할 정도의 거대한 영향력을 지녔던 오스만제국은 18세기 말 결국 '유럽의 병자'로 전락함으로써 산업혁명과 멀어졌다.

중세의 종식과 더불어 종교의 권위에서 자유로워진 유럽은 천동설을 부인하고 지동설을 주장한 '코페르니쿠스적 전환'에 힘입어 자연과학의 발달과 과학적 합리주의 시대를 열었다. 지난 천 년을 움직인 10인 중 아이작 뉴턴(Isaac Newton)과 갈릴레이 갈릴레오(Galilei Galileo)를 비롯하여 네 명의 과학자가 뽑힌 것에서도 알 수 있듯 자연과학은 인간을 신의 영역에서 벗어나게 함과 동시에 기술혁신의 장을 열었다. 이로써 중국과 달리 유럽에서는 자연을 정복의 대상으로 여기며 기술혁신을 촉진시켰다.

종교개혁과 더불어 등장한 신교 역시 직업소명론과 예정설 등에 의거하여 세속적 경제활동에 가치를 부여함으로써 합리적인 시민계급을 형성하는 데 기여했다. 영리와 무관하게 구원을 얻기 위한 신교의 독특한 생활태도인 세속적 금욕주의가 변혁의 에너지로 작용하여 낡은 자본주의를 타파하고 합리적인 자본주의를 배양하는 정신적 기반을 마련해준 덕분이었다.

이로써 유럽은 제도와 조직을 합리화시킨 시민계급에 힘입어 산업혁명을 완수할 수 있었다.

부족함과 새로운 것에 대한 갈망에서 시작되었던 항해는 유럽에 바다를 지배할 수 있는 특권을 주어 유럽의 경제·정치적 성장을 도왔다. 이를 계기로 유럽은 선진 지역에서 받아들인 화약이나 종이, 항해술 등을 실용적인 것으로 상용화하여 기술진보와 혁신을 달성했다. 이것은 기술을 진보의 수단으로 이용할 줄 아는 것이 얼마나 중요한지 일깨워준다. 18세기 이후 진행된 꾸준한 인구 증가와 귀금속의 유입, 그리고 운송비 절감에 유리한 유럽의 지정학적 여건 또한 유럽에서의 산업혁명을 도왔다.

중국에서는 많은 인구 때문에 기술혁신이 불가능했지만, 유럽에서는 노동력과 구매력을 제공하는 인구가 증가함으로써 오히려 새로운 혁신이 필요했다. 같은 요인도 환경에 따라 다른 결과에 도달할 수 있다.

• 이때 우리는

영국이 산업혁명에 박차를 가할 즈음인 1762년, 조선(영조 38년)에서는 영조의 탕평정책에도 불구하고 사도세자가 뒤주 속에 갇혀 죽었다.

21

산업혁명의
시작과 끝

고속철도시대를 맞아 국내시장의 거리가 한층 더 좁혀지고 있다. 산업혁명과 더불어 목재의 시대가 지나고 철의 시대가 도래한 것을 말해주는 철도. 이것이 처음 놓인 19세기 초로 돌아가 당시 운송 분야에 나타난 기술혁명을 살펴보자.

"애덤 스미스(Adam Smith)의 『국부론』과 제임스 와트(James Watt)의 증기기관이 구세계를 마감하고 신세계로 나가게 했다"고 아널드 토인비(Arnold Toynbee)는 말했다. 그의 말처럼 증기기관은 바람이나 가축, 물 등의 자연 친화적 동력에 이어 새로운 동력으로 등장하여 수공업에서 기계제 생산방식으로 이행하는 산업혁명의 시작을 알렸다. 광산에서 고인 물을 퍼 올리는 데 사용하던 기존의 증기기관을 회전운동으로 전환시켜 효율성을 높인 와트는 1781년 특허 등록을 했다. 이후 석탄이 풍부한 영국에서 석탄을 연료로 하는 와트의 증기기관은 면공업과 철강 산업 등 거의 모든 산업에 엄청난 에너지를 값싸게 공급하며 생산성의 증대를 가져왔다. 게다가 운송 수단과 결합한 증기기관차는 운송혁명을 주도하며 산업혁명의 촉진제가 되었다.

석탄을 집어삼킨 증기기관차가 엄청난 굉음과 시커먼 연기를 내뿜으며 질주하는 동안 영국의 경제는 물론 세계경제도 몰라보게 달라졌다. 1804년 증기기관차의 시운전 이후 석탄의 운송을 위해 1825년 개통한 스톡턴과 달링턴의 약 43km(27마일)에 이르는 철도 노선은 새로운 변화를 예고했다.

단선에다 신호체계도 없이 시속 16km로 달리는 한 대의 증기기관차에서 시작된 변화는 엄청났다. 이 구간은 합승마차가 매주 고작 14명에서 15명 안팎의 승객을 실어 날랐을 정도로 왕래가 뜸한 지역이었다고 한다. '공급이 수요를 창출한다'는 세이의 법칙이 여기에도 적용된 듯 매주 이동 인구가 500명에서 600명 선으로 늘어났다. 처음 몇 년간은 합승마차를 개조한 객실을 철로 위에 올려 말이 끄는 형태의 마차철도가 성행했다. 마차에 익숙했던 영국인이 요란한 소리를 내며 달리는 증기기관차를 불신했기 때문이다.

스톡턴 노선과 때를 같이하여 계획되었던 맨체스터와 리버풀 구간은 스톡턴 노선보다 훨씬 늦은 1830년에야 개통되었다. 당시 미국 남부에서 수입한 원면이 대서양을 건너 리버풀에 도착하는 시간보다 운하를 통해 맨체스터까지 오는 데 더 많은 시일이 소요되었다. 그 때문에 맨체스터의 원면 수입상들이 주축이 되어 추진했지만, 지주들과 독점을 누리던 운하 회사가 철도 부설을 반대하면서 건설이 지연된 결과였다. 출발은 늦었지만 상업적 성공을 거둔 맨체스터와 리버풀 구간은 본격적인 철도시대를 열었다.

맨체스터와 리버풀 구간의 성공을 확인하자 경험 부족에도 아랑곳하지 않고 의회 승인이 필요한 대규모 철도 사업에 돈이 몰리기 시작하며 1836~1837년, 제1차 철도 붐이 일어났다. 하지만 '묻지마 투자'와 경제성을 고려하지 않은 마구잡이식의 철도 공사는 결국 재정적 위기에 봉착하면서 주춤해지는 듯했다. 1844년 철도법을 제정하여 국가의 통제가 더욱 강화된 가운데 다시 1846~1847년 제2차 철도 붐이 조성되면서 주식회사 형태의 민간기업이 철도 노선을 총 8,000km(1848)로 연장시켰다. 1848년 당시 국민총생산(GNP)의 8~9%가 철도 산업으로 몰렸다.

철도시대를 연 영국은 그 기술과 자본력을 바탕으로 유럽 대륙은 물론 아시아에 이르기까지 운송혁신을 주도했다. 철도와 관련된 자본과 기술, 철강의 수출은 19세기 후반 영국 경제에 대부분을 차지할 정도였다.

영국의 기술을 받아들여 1827년 생테티엔과 루아르 구간을 개통한 프랑스가 유럽 대륙에서 가장 먼저 철도시대를 열었고 1835년에는 벨기에와 바이에른이, 1838년에는 프로이센과 러시아가 그 뒤를 이었다. 1840년 4,000km 내외에 불과했던 유럽 철도의 전체 길이는 1850년 2만 3,300km로 1870년 10만 km를 넘어서며 경제 선진 지역의 면모를 과시했다. 1850년대에도 유럽 이외 지역에서 철도를 부설한 곳은 미국(1830)과 인도(1853)뿐이었다. 미국의 첫 철도 노선은 1830년 볼티모어에서 엘리코트시티까지 21km의 첫 구간이 개통된 미국의 볼티모어 오하이오 철도 노선이었다. 이 노선은 1825년 이리 운하를 개통시킨 뉴욕의 상인과 경쟁하기 위해 볼티모어 상인들이 건설한 것으로 미국에 교통혁명을 불러왔다.

이제 경제 영역을 넘어 사회 전반에까지 파급된 철도 건설의 영향력을 살펴보자. 철도는 거리를 좁히며 보다 빠르게, 보다 많이, 보다 싸게 원자재와 상품을 운송하여 국내외 시장을 통합·확대하는 효과를 가져왔다. 지역 간의 격차 또한 줄어들었다. 촘촘한 철도망으로 연결된 유럽은 자원과 노동력을 그 어느 때보다 효율적으로 활용할 수 있게 되었다. 또한 공장 입지의 변화를 가져왔는데 기존의 원료 생산지에서 교통과 소비, 자본이 몰리는 도시에 공장이 세워졌다. 아울러 철 수요의 25%를 담당하는 최대의 수요자로써 철강공업과 기계공업의 발전에 기여했다. 따라서 막대한 자본력과 노동력, 기술력, 그리고 철강이 확보되어야 가능한 철도 부설이 만들어낸 엄청난 파급효과가 영국의 산업혁명을 완성시켰다고 해도 과언이 아니다.

영국의 성공에 자극받아 산업화를 추진한 많은 나라도 철도

● **철도가 놓인 나라와 구간의 순서**
기술과 자본력을 바탕으로 제일 먼저 철도시대를 연 영국에 이어 유럽과 미국에서도 철도가 놓이며 운송혁명이 시작되었다.

연도	국가명	구간
1825	영국	스톡턴 – 달링턴
1827	프랑스	생테티엔 – 루아르
1830	영국	리버풀 – 맨체스터
1830	미국	볼티모어 – 오하이오
1835	벨기에	브뤼셀 – 메헬렌
1835	독일 바이에른 주	뉘른베르크 – 퓌르트

건설을 경제성장을 위한 기폭제로 삼았다. 그래서 철도의 전체 길이가 증기기관의 마력(HP)과 함께 산업혁명의 척도로 간주되곤 했다. 하지만 산업화의 정도가 서로 다른 지역에서 거의 동시적으로 건설된 철도의 파급효과는 아주 달랐다. 막대한 자본과 기술, 철강 등을 어느 정도 자체적으로 충당할 수 있었던 국가, 특히 벨기에와 독일에서 철도는 철과 석탄, 증기기관에 대해 엄청난 수요를 창출하며 공업화의 견인차 역할을 수행했다. 반면 전적으로 해외 자본과 기술에 의존했던 주변 국가에서는 이런 효과를 기대할 수 없었다.

이로써 철도를 통해 대륙 내부에서 활발해진 물동량의 이동은 통신 기술의 진보와 함께 유럽의 힘을 확장시키면서 구시대에서 새 시대로 가는 길을 열었다. 마차로 20시간 걸리던 런던에서 브리스틀까지 거리를 단 3시간으로 줄여놓은 철도의 속도감과 한 공간에 있는 승객의 혼재된 사회 계급은 또 다른 사회 변혁을 예고하기에 충분했다.

19세기 말 서구 열강이 동양에 보였던 상업·정치적 관심이 철도 부설권으로 나타난 것과 20세기 말 통일된 독일이 경제 재도약을 위해 철도 노선을 재정비한 것에서도 철도가 갖는 경제적 역동성을 엿볼 수 있다. 시속 16km로 달리는 증기기관차에서 시속 380km로 달리는 테제베(TGV)의 변화만큼이나 운송혁명은 인간의 삶을 바꾸어놓았다.

• 이때 우리는

영국이 맨체스터–리버풀 구간의 개통으로 본격적인 철도시대를 연 1830년, 조선(순조 30년)에서는 세도정치로 인해 영·정조 시대의 역동성을 상실했다.

22

세계경제의 전환점,
영국의 산업혁명

가장 혁명적이지 않은 나라 영국에서 청교도혁명과 명예혁명, 산업혁명이 일어났다. 게다가 국왕은 '군림하나 통치하지 않는다'는 영국이 1870년대 지구의 1/4 정도를 지배하는 대영제국의 면모를 보였다. 일련의 혁명을 거치면서 팍스 브리태니카(Pax Britannica) 시대를 연 영국으로 가보자.

1760~1830년 사이 영국에서 일어난 사회·경제 조직의 변혁으로 정의되는 산업혁명은 수공업적 생산방식에서 기계제 공장제로 변화를 촉진시켰다. 이런 기술·조직적 혁명이 왜 영국에서 일어난 걸까? 이 궁금증을 달래기에 앞서 영국이 경제대국으로 성장하는 준비 과정을 살펴보자.

유럽의 중요한 수출품이었던 모직물의 원료, 양모를 수출하던 영국이 16세기 중반 중상주의적 산업정책을 펴면서 모직물 생산국으로 급부상했다. 그 결과 스페인과는 제해권을, 네덜란드와는 무역권을 놓고 격돌했다. 호국경 크롬웰은 네덜란드의 경제적 성공을 따르듯 자국 상인들의 반대에도 네덜란드의 유대인을 영입하여 무역국가로의 입지를 다졌다. 영국은 네 차례에 걸친 영란전쟁을 치르면서 네덜란드에 이어 세계 패권자로 거듭났다.

이제 팍스 브리태니카 시대를 열게 한 산업혁명의 선행조건을 농업혁명과 인구를 중심으로 살펴보자. 토지의 가치를 가장 먼저 인식한 영국의 경우 15~16세기에는 양모 생산을 위해, 18~19세기에는 식량 생산을 위해 울타리를 치고 농민을 몰아내는 인클로저운동을 벌여 토지를 효율적으로 활용했다. 인구 증가에 따른 곡가의 상승이 지대 상승으로 이어지자 지주들은 상업적 대농장 위주로 종자 개량과 전문화 농법으로 생산성을 높여 농업혁명을 달성했다. 18세기 이후로는 급증한 인구와 제2차 인클로저운동으로 농토에서 유리된 이탈 농민이 값싼 공장 노동자로 전락하여 산업혁명의 선행조건을 충족시켰다.

이 밖에도 16세기 중반에서 17세기 중반까지 지속된 인플레이션은 상하층의 부를 중산층으로 이동시켜 요먼(yeoman)[14]을 중심으로 공급과 수요 측면에 변화를 가져왔다. 또한 수공업자 동업조합이 대륙보다 1~2세기 빠른 17세기 말 붕괴되어 발명을 자극한 것도 산업혁명의 선행조건을 충족시키는 결과가 되었다.

이로써 기술의 변혁과 축적된 부의 선순환 고리를 확보한 영국은 프랑스와의 7년전쟁을 통해 경쟁자 프랑스를 제치고

14 봉건사회 해체기에 나타난 영국의 독립 자영농민. 젠트리보다 소규모의 토지를 소유한 요먼은 소지주로 직접 농사를 지으며 가죽 옷을 입고 영어를 사용한 반면, 소득이 비슷해도 젠트리는 직접 경작을 하지 않으며 모직물과 아마포를 입고 라틴어를 읽었다고 한다. 이들은 산업혁명으로 지위가 하락했지만 기차와 자동차를 이기고 살아남은 존재로 평가된다.

세계 해운업과 제해권을 주도하면서 정치적 자신감을 얻었다. 또한 프랑스보다 두 배 정도 높은 임금 수준은 노동 절약적 생산방식으로의 변화뿐만 아니라 높은 구매력과 생활 수준 향상으로 이어져 대량생산을 촉진했다.

영국으로 이동한 네덜란드 자본이 자본 공급을 확대시켜 기술 이전 비용이 저렴해졌고 그 덕에 발명된 기술을 쉽게 상업화할 수 있었다. 산업혁명의 원동력이자 증기기관의 연료가 되는 석탄이 풍부하다는 점도 산업혁명의 선행조건으로 꼽을 수 있다. 이제 산업혁명을 선도한 면공업과 철강 산업에 대해 살펴보자.

영국의 대표적 산업인 모직물이 아니라 면직물 생산에서 산업혁명이 시작된 것은 조합적 규제에 얽매인 모직업과 달리 전통이 약한 면업에서 늘어난 대중적 수요에 대응하여 기술 발명에 의욕적이었기 때문이다. 또한 생산공정이 단순하여 기술혁신에 유리했다. 1733년 방직업의 생산성을 두 배로 증가시킨 존 케이(John Kay)의 비사(Flyig Shuttle)에서 시작된 방적기 개량은 제니 방적기(1764)와 수력 방적기(1769), 이 둘의 장점을 접목한 뮬 방적기(1779)의 발명으로 이어졌다.

물론 구조가 간단하고 비용이 저렴한 제니 방적기는 반농반공 상태의 가내수공업을 오히려 강화시켜 수력 방적기에 이르러서야 면공업에 일대 변혁이 나타났다. 계곡의 수력을 이용한 기계제 공장이 들어서면서 반농반공의 가내수공업에서 벗어났기 때문이다. 이런 변화를 불러온 리처드 아크라이트(Richard Arkwright)는 가발 제조업에 종사하던 이발사였다. 효율적인 방적기를 개발하여 기사 작위까지 받은 그는 기술혁신을 권장하는 사회로 가는 아이콘이나 다름없었다. 뮬 방적기 때 비로소 가늘고 강하며 고른 면사 생산이 가능해지면서 인도산 모슬린을 대체할 수 있었다. 그 결과 맨체스터와 랭커셔, 글래스고를 중심으로 싸고 품질이 우수한 면사를 생산하여 세계 섬유 시장의 판도를 바꾸어놓았다.

1709년 철광석을 코크스로 제련하는 방법을 발명한 아브라함 다비 1세(Abraham Darby)와 1784년 강도를 높인 강철을 생산해내는 정련법을 알아낸 헨리 코트(Henry Cort)는 철의 시대를 여는 데 기여했다. 증기기관의 동력을 활용한 대형 용광로를 이용하면서 철의 생산성이 급증했다. 이로써 철제 선박과 철도 등의 운송혁명은 물론 기계 제작 산업을 촉진시키고, 농기구의 개량으로 농업의 근대화를 가져와 산업혁명 완수의 근간이 되었다.

철 생산의 25%를 차지했던 철도 산업은 운송의 변혁을 주도하며 국내시장을 통합하고 경제에 활력을 주었다. 1760년까지 철의 주 수요처는 쇠말굽이었는데 전체 수요량의 15%에 달했다고 한다.

당시 주요 산업에서 일어났던 기술혁신은 필요에 따른 요구에 적극 대처한 결과로 볼 수 있다. 다른 사회에 비해 귀족들의 특권이 적었던 열린 사회도 큰 역할을 했다. 유산 상속을 받지 못한 귀족 자제들이 경력을 중시하는 직업에 종사하며 기술혁신을 도왔기 때문이다. 이런 기술적 우위를 이어가기 위해 영국은 기술자 이주 금지 조치를 1825년까지, 기계 수출 금지 조치는 1842년까지 시행했다.

파운드의 안정성과 국가 재무의 신뢰성을 바탕으로 1790년대에 세계적인 금융 중심지로 부상한 런던은 생산 설비의 대형화에 따라 필요해진 자본을 제공하며 산업화를 도왔다. 엄청난 전쟁 경비를 조달하기 위해 화폐 발행권을 주는 대가로 1694년에 설립한 영국은행(일명 영란은행)은 주식회사 조직으로 근대화 추진의 결과물이었다. 물론 산업화 초기에는 축적된 자기자본에 의존하여 소규모의 공장을 가동했기 때문에 제도권 금융의 역할은 미비했다.

1851년 크리스털 궁전에서 열린 제1회 만국박람회는 영국의 산업혁명이 놀라울 정도로 짧은 기간에 얼마나 많은 물질적 풍요를 가져왔는지 보여주었다. 영국은 물론 세계경제사에 한 획을 그은 그 성과를 살펴보자.

공업국으로 전환한 영국에서 남부와 같은 과거의 특권 지역은 쇠퇴하고 맨체스터와 같은 산업도시가 부상하면서 도시화를 선도했다. 또한 성취한 부의 정도에 따라 지주와 자본가, 노동자와 같은 신분이나 계급이 결정되는 산업사회로 이행했다.

영국은 생산력의 급격한 상승으로 유럽 최고의 생활 수준을 자랑했지만 도시 빈민, 도로, 주택, 교육, 위생 등의 사회적 문제와 런던의 스모그와 같은 심각한 환경 문제를 양산했다. 이런 문제들이 계기가 되어 노동자들이 자신의 처우 개선과 참정권을 요구한 차티스트운동(1838~1848)이 일어났다.

영국 산업혁명의 결과 원자재 공급처와 공산품 판매 시장을 연결하는 세계 자본주의적 경제질서가 성립되었고 데이비드 리카도(David Ricardo)의 비교생산비설에 의거한 국제분업체제와 자유교역이 정착되었다. 영국의 산업혁명은 기계화라는 시대적 도전에 잘 대응한 유럽과 미국에 선진국으로 도약하는 기회를 제공한 반면 그러지 못한 인도, 중남미와 같은 교역국을 희생시키는 결과를 가져왔다.

1986년 세계문화유산으로 지정된 아이언브리지(Ironbridge)는 1779년 다비 3세(Darby III)가 건설한 아치형 철골 구조물로 세계 최초의 철교다. 200년을 훌쩍 넘어선 세월에도 굳건하게 서 있는 이 구조물은 지금은 조용하기만 한 아이언브리지가 예전엔 망치 소리 드높은 산업혁명의 요람이었음을 말해준다.

• 이때 우리는

영국에서 산업혁명이 진행되던 18세기 말, 조선(정조)에서는 서양의 신학문을 받아들여 상공업의 발전을 꾀하자는 이용후생의 실학파가 활동했다.

23

대륙을
봉쇄하라

영국 경제를 혼란에 빠뜨려 유럽의 경제·정치적 패권을 얻고자 한 나폴레옹의 야망은
1806년 대륙봉쇄령으로 나타났다. 5척 단신 나폴레옹의 대륙봉쇄령을 둘러싸고 벌어
진 크고 작은 갈등으로 인해 전쟁터로 변한 유럽의 정치·경제·사회적 소용돌이 속으로
들어가보자.

    1806년에서 1814년까지 시행된 대륙봉쇄령은 나폴레옹이
산업혁명의 선두주자인 영국을 고립시키기 위해 취한 조치로
프로이센과 네덜란드, 러시아, 터키, 이탈리아 등의 동맹국들
에 영국과의 교역을 강압적으로 금지시켜 긴장을 불러왔던 역
사적 사건이다. 교역을 금지하면 영국이 재정적자를 메우기
위해 통화량을 늘림으로써 인플레이션을 자초하고 위기를 맞
게 되리라는 나폴레옹의 계획은 오히려 부메랑이 되어 프랑스
에 더 큰 경제적 타격을 주었다.

    비록 인구가 1,000만 명밖에 되지 않았지만 경제 거인이라
는 말이 무색하지 않게 탄탄한 재정을 가졌던 영국보다 오히

15 피트가 도입한, 남자들의 사회적 신분을 나타내는 모자에 부과된 모자세는 결국 실효성이 없어 1811년 폐지되었고, 소득세법은 나폴레옹전쟁이 끝나기까지 15년간 적용되다 1816년 폐지되었다. 『역사 속 세금이야기』, 문점식, p.144.

16 프랑스를 모방해서 만든 법으로 창문의 수에 따라 부과하는 세금이다. 창문세는 부자들에게서 손쉽게 세금을 걷는 수단으로 이용되었다. 부유할수록 창문이 많다는 사실에서 윌리엄 3세가 1696년 도입했던 창문세는 1798년 주민주택세와 합쳐져 창문이 여섯 개가 넘는 집에 부과되었다. 폐지되는 1851년까지 영국 정부의 주요 세수원이었던 이 세금을 내지 않으려고 창문 없는 기형의 주택이 지어지거나 창문을 없애는 증가한 세수보다 유리 수요가 줄어드는 바람에 유리 생산산업이 타격을 입었다고 한다. 또한 그나마 밝은 햇빛을 보기 어려운 영국에서 창문세로 인해 햇빛을 볼 권리마저 제한되어 비타민D의 부족으로 인한 구루병과 우울증을 앓는 등 부작용이 심각했다. 『역사 속 세금이야기』, 문점식, p.263.

려 인구 2,700만 명의 프랑스가 물자 부족과 인플레이션에 시달렸기 때문이다. 영국의 윌리엄 피트(William Pitt) 수상은 관세를 낮추어 밀수를 줄이고 토지세 대신 연 200파운드 이상의 소득에 누진적 방식으로 부과하는 소득세(1799년 제정)와 일종의 부유세인 모자세,[15] 창문세[16]를 통해 조세를 세 배로 늘려 국가재정을 튼튼히 했다. 특히 소득세를 '나폴레옹을 패배시킨 세금'이라고 했던 것을 보면, 피트 수상의 재정혁신이야말로 장기적인 전쟁을 승리로 이끈 비결이라고 할 수 있다. 그러고 보면 전쟁이 세금제도의 변화를 불러왔다고 해도 과언이 아닌 듯하다.

그러면 대륙봉쇄령이 유럽 대륙에 불러온 산업상의 변화부터 살펴보자. 영국으로 가는 뱃길을 막음으로써 영국으로 물자가 들어갈 수 없게 한 조치는 역으로 영국에서 어떤 것도 나올 수 없음을 의미했다. 이것은 영국보다 산업혁명이 늦었던 유럽 대륙이 영국의 선진 공산품과의 경쟁에서 자유로울 수 있는, 인위적인 보호막 기능을 했다. 특히 경제적 어려움에 직면하고 있던 유럽 대륙의 전통 면업계에는 엄청난 행운이 아닐 수 없었다. 전통이 짧아 기계화 생산에 주력하여 산업혁명의 선도적 역할을 수행한 영국의 면방적업계는 값싸고 질 좋은 기계제 면사를 유럽 전역으로 수출하여 대륙의 전통 면업, 특히 수제 면사업을 고사 직전으로 몰고 갔었기 때문이다.

하지만 불행 중 다행이랄까. 유럽 대륙, 특히 스위스는 뜻하지 않은 대륙봉쇄령 덕분에 유아산업을 보호할 시기를 얻게 되었고 자체적으로 면방적업의 기계화를 달성할 수 있었다. 이것은 물론 손쉽게 영국에서 선진 면방적기계를 수입할 수 없는 상황에서 금속과 기계를 다룰 줄 아는 수공업자들이 기술적 문제를 해결하기 위해 노력한 결과였다. 그래서 스위스의 경우 대륙봉쇄령이 해제된 시점에는 영국과 거의 대등한 수준의 기술력을 가질 수 있었다. 이로써 보호무역정책의 당위성이 또 한 번 입증된 셈이다.

유럽 대륙의 공업 발전에 긍정적 변화를 몰고 온 대륙봉쇄령은 영국에 국한되지 않고 영국의 해외 식민지와의 통상까지 막음으로써 신대륙에서 커피와 설탕이 들어오지 못하는 등 유럽인의 식탁을 둘러싼 갈등을 고조시켰다. 유럽 대륙에 설탕을 공급하던 오스트리아가 1809년 나폴레옹과 동맹을 맺으면서 유럽에 식민지 설탕의 공급이 전면적으로 금지되었다. 18세기에 설탕은 이미 사치품이 아닌 필수품으로 자리매김했기 때문에 설탕을 넣은 차와 커피의 달콤함에 길들여져 있던 입맛을 달래기 위해 프랑스는 1810년 밀무역항 두 곳에 수입허가증을 발급했다. 그러고는 이곳을 통해 들여오는 영국의 식민지 설탕에 높은 관세를 부과했다.

다른 한편으로는 영국의 설탕 산업에서 자유롭기 위해 바나나와 같이 단맛을 지닌 과일 등으로 설탕을 만들려는 노력이 지속되었다. 독일 화학자가 발견한 사탕무에서 단맛을 추출해

● **1811년 당시 유럽의 상황**

색이 진할수록 프랑스의 지배를 많이 받는 나라다. 대륙봉쇄령은 프랑스제국과 그 동맹국의 지배자였던 나폴레옹이 당시 산업 혁명이 진행 중인 영국을 봉쇄한 뒤 프랑스와 통상을 맺게 하여 유럽 대륙의 경제를 지배하기 위해 내놓은 경제 봉쇄 명령이다.

내는 방법을 나폴레옹이 상용화함으로써 유럽 대륙에서도 자체적으로 설탕을 생산할 수 있게 되었다. 이로써 신대륙에서 들여온 아프리카 노예들의 핏방울이 맺힌 식민지 상품, 사탕수수 설탕 대신 사탕무 설탕이 유럽인의 입맛을 사로잡게 되었다.

대륙봉쇄령이라는 폭풍의 영향권은 생각 외로 더 넓었다. 진원지인 유럽과 멀리 떨어진 미국과 러시아도 대륙봉쇄령을 비켜갈 수 없었다. 그럼 먼저 미국이 고래싸움을 구경하다 이득을 본 과정을 들여다보자.

영국과 프랑스 사이에서 중립을 지키기 어려웠던 미국은 대륙봉쇄령을 피하기 위해 1807년 출항정지조령을 내렸다. 이것으로 해운업과 조선업에 집중됐던 산업 자본을 다른 산업으로 분산시킴으로써 균형적인 발전을 꾀했다. 영프전쟁(1793)의 와중에 미국이 유럽 국가들의 해운을 전담하며 조선업이 불균형적으로 성장한 상황이었기 때문이다.

게다가 통상의 단절로 유럽의 선진 공산품이 공급되지 않자 자국 공산품의 수요가 급증하면서, 기계화 생산에 박차를 가했다. 특히 수입품을 취급하여 노하우를 축적한 뉴잉글랜드 지방에서 섬유공업이 급격히 발달했다. 대륙봉쇄령이 해제되는 1814년에는 많은 공장이 도산하는 어려움을 겪었지만 유아산업을 보호하려는 높은 섬유관세에 힘입어 1820년대에는 대형화를 꾀하며 경쟁력을 회복했다.

중립을 선언했음에도 자국의 선박을 나포한 영국에 미국이 전쟁을 선포한 1812년, 대륙봉쇄령을 파기(1810)하고 영국과 전면적인 교역을 개시한 러시아를 응징하기 위해 나폴레옹의 60만 대군은 러시아원정에 나선다. 그러나 모스크바를 불태우고 반격을 노린 러시아군에 패하고 말았다. 이 러시아원정의 실패가 도화선이 된 프랑스제국의 붕괴는 빈체제와 더불어 유럽의 정치적 지각변동을 불러왔고 유럽을 지배하려고 했던 나폴레옹의 야심 찬 계획은 물거품이 되었다.

오늘날에도 대륙봉쇄령과 유사한 통상금지정책이나 자본과 기술, 인터넷과 같은 통신매체의 제제 등 다양한 방식으로 국가들을 경제적으로 응징하곤 한다. 나폴레옹이 사용한 극약처방식 전쟁이 재현되지 않기를 바라는 마음으로, 차이콥스키의 「1812년 서곡」을 들으며 러시아인의 국민적 정서를 일깨운 러시아원정과 그 발단을 제공한 대륙봉쇄령의 쓸쓸함을 반추해본다.

● 이때 우리는

유럽이 나폴레옹의 영향으로 전운에 휩싸여 있던 1811년, 조선(순조 11년)은 '홍경래의 난'으로 어수선했다.

죽거나,
이 땅을 떠나거나

앵거스 매디슨(Angus Maddison)에 의하면 예수 탄생 이후 천 년 동안은 인구 변화와
경제성장이 거의 일어나지 않았다고 한다. 식량이 해결되지 않은 상황에서 인구의 증가
는 빈곤과 기아로 이어진다. 다행히도 신대륙에서 감자가 도입되면서 식량 문제가 해결
되는 듯했다. 하지만 감자로 인해 늘어난 인구는 19세기 중반 다시금 감자역병의 확산
과 더불어 커다란 재앙으로 다가왔다. 처절했던 굶주림의 역사를 되돌아보며 영국에서
진행된 곡물법 논쟁의 추이를 주시해보자.

산업혁명이 몰고 온 사회·경제적 변화는 애덤 스미스의 시
장조화설에 수정을 요구했다. 심화된 계급 갈등과 빈부의 격
차를 바라보던 리카도와 토머스 맬서스(Thomas Malthus)는 서
로 다른 관점에서 이 문제를 해결하고자 했다. 이들의 시각차
만큼이나 벌어진 영국의 상황은 결국 곡물법 논쟁으로 불거지
게 되었다.

쿼터당 54실링 이하로는 밀 수입을 금지한다는 1791년 법
안을 1815년 80실링으로 개정하려는 과정에서 곡물법 논쟁
은 시작됐다. 대륙봉쇄령으로 1812년 쿼터당 120실링까지 올
랐던 곡물 가격이 1813년 풍년과 1814년 대륙봉쇄령 해제로

인해 급격히 하락하는 추세를 보였다. 이에 따라 의회 의석 다수를 차지하고 있던 지주들이 곡물법 개정을 추진하면서 자유무역의 혜택을 원하는 신흥 상공업자들과 갈등을 빚은 게 원인이었다. 지주 편에 선 맬서스와 신흥 상공업자의 이해관계를 대변하고자 했던 리카도, 이 둘의 경제관을 통해 곡물법 논쟁을 살펴보자.

우선 애덤 스미스의 경제사상을 계승하면서도 인구의 지속적인 증가로 인해 인류는 기아와 죄악에서 벗어날 수 없다는 우울한 청사진을 펼쳤던 맬서스의 생각을 들여다보자. 그는 제도적 개선을 통해서 빈곤을 퇴치할 수 있다고 여긴 프랑스 계몽주의를 비판하며 인구를 증가시키는 왕성한 생식력이 문제기 때문에 결혼을 늦게 하든지, 하지 않는 것이 바람직하다고 주장했다. 또한 식량과 인구의 불균형적인 증가로 빈곤이 일어나기 때문에 가난 구제는 자연의 섭리를 거스르는 행위로 간주했다.

빈곤에서 벗어나기 위해 맬서스는 국부 증대의 결정적인 요인인 생산물의 유효수요를 늘려야 한다고 보았다. 그래서 그는 유효수요를 증가시킬 수 있는 지주 편에 섰다. 맬서스는 기본 식량을 외국에 의존하는 것 자체가 부당하다고 주장하면서 자유무역으로 곡물 가격이 낮아지면 토지 임대료도 낮아져 지주의 유효수요가 감소함은 물론 농업자본도 줄어들어 경제침체가 찾아온다고 했다. 그래서 곡물법 개정을 통한 보호무역을 역설했다. 농업의 번영이 사회의 번영과 직결된다는 중농주의적 시각이 엿보인다.

• 데이비드 리카도

이와 달리 리카도는 소비 대중과 신흥 상공업자들 편에 서서 곡물의 자유무역이 해결책임을 강조했다. 그는 곡물 가격이 낮아야 자본가 계층의 자본 축적이 증가하고 공업이 활성화된다고 보았다. 즉 공업을 통해 사회 번영이 가능하지만, 곡물 가격이 높은 상태에서는 경제성장의 열매가 모두 지주에게 돌아가기 때문에 곡물법을 폐지하고 자유무역을 실시해야 한다는 것이다. 인구의 증가로 인해 열등지 경작이 확대된 결과 곡물 가격이 높아져서 지주에게 돌아가는 지대가 커진다고 반박했다.

서로 다른 관점에서 팽팽하게 진행된 곡물법 논쟁은 예기치 못한 사건으로 종식되었다. 1846년 감자역병으로 굶주리던 아일랜드로 곡물을 보내기 위해 토리당의 당수 로버트 필(Robert Peel)이 자신의 정치 생명을 걸고, 당론과는 무관하게 곡물법을 폐지했던 것이다.

그렇다면 영국을 보호무역과 자유무역, 지주와 신흥 상공업자로 갈라놓았던 곡물법 논쟁을 종식시킨 아일랜드 기근과 이것을 유발시킨 감자역병에 대하여 알아보자. 옥수수보다 더 탁월한 인디오들의 식량으로 신대륙에서 전래된 감자는 기호식품인 커피나 담배와는 달리 굶주림을 막아줄 수 있는 가난한 자의 식량으로 힘들게 구대륙에 정착했다. 밀보다 두 배나 많은 인구를 부양할 수 있었던 감자가 비교적 이른 시기인 17세기 초 아일랜드에 전래된 이후 인구 증가에 크게 기여했다.

감자가 도입된 당시 200만 명에 불과했던 아일랜드 인구는 1845년에 이르러 800만 명에 육박했다. 하지만 아일랜드에서 시작된 감자역병이 1845~1846년 유럽 대륙 전체로 퍼졌다. 감자역병으로 인해 식량이 턱없이 부족했던 아일랜드에서는 100만 명 정도가 굶어 죽게 되었고, 100만 명은 신대륙으로 이민을 떠나게 되었다. 짧은 시기에 인구의 1/4을 잃은 식민지 아일랜드에 식량을 공급하는 것이 시급했던 영국은 해외 곡물의 도입을 가로막고 있던 곡물법을 폐지했다.

이로써 영국은 아일랜드에 대한 박애주의적 실천과 더불어 유럽에 공산품을 수출하는 입장에서 부담으로 작용하던 유럽 농산물에 대한 수입 제한에서 벗어나 전격적인 자유무역시대를 열 수 있었다.

맬서스의 말을 증명이나 하듯 『인구론』이 나온 지 200여 년이 지난 지금도 지구촌 곳곳은 굶주림에 허덕이고 있다. 노동

력과 구매력의 차원을 넘어 인구의 많고 적음은 한 사회의 존
립을 가름하는 중요한 변수인 만큼 식량의 안정화에 전 세계
가 관심을 가져야 할 것이다.

● 이때 우리는

영국이 곡물법을 폐지하고 자유무역시대로 나아가는 1846년, 조선(헌종 12년)에서는 서양 직물의
수입 증가로 국내 면포전 상인들이 어려움을 겪었다.

25

프랑스,
이륙을 시작하다

상파뉴 정기시의 전성기에는 프랑스가 세계경제의 중심이었다. 그리고 17세기 후반 태양왕 루이 14세의 전성기에 프랑스는 다시 유럽의 군주제와 정치·문화의 중심지로 부상한다. 근대를 현대로 바꾸어놓은 프랑스대혁명과 완만하게 진행된 산업혁명을 거쳐 예술과 문화의 중심으로 자리 잡은 프랑스를 둘러보자.

절대왕정과 신분제 사회를 종식시키고 시민사회의 출발을 알리며 자유, 평등, 박애사상을 전 세계에 전한 프랑스대혁명의 맹아는 사치스런 생활로 엄청난 재정·경제적 문제를 양산한 루이 14세(Louis XIV)의 절대왕정기에 싹텄다고 할 수 있다.

중상주의를 누구보다 잘 이해한 재상 장 콜베르(Jean-Baptiste Colbert)가 있었기에 가능했던 루이 14세의 도를 넘는 사치와 막대한 전쟁 비용은 재정적 뒷받침 없이 루이 15세(Louis XV)와 16세(Louis XVI)에게까지 누적되며 정치·재정적 어려움을 가중시켰다.

더욱이 신교도인 위그노(칼뱅파 신교도를 지칭하는 말)에 적대적이었던 루이 14세가 긴 종교전쟁을 종결하며 1598년 맺었던 낭트칙령을 해제했던 것이 프랑스의 경제 발전과 산업혁명에 부정적인 영향을 주었다. 낮은 임금으로 해외 경쟁력을 높이기 위해 노동 인구를 확보하고자 종교적 관용을 편 콜베르와는 달리 1685년에 낭트칙령을 해제함으로써 위그노의 1/4에 해당하는 20~25만 명이 경쟁국인 영국과 네덜란드, 프로이센으로 빠져나가는 결과를 초래했다. 귀금속의 유출을 막기 위해 다른 나라에서 물건을 사오는 것조차 금지하던 중상주의에서 노련한 상공업자들인 위그노 상당수를 잃게 한 프랑스의 종교와 인구정책은 큰 실책이 아닐 수 없다.

존 로(John Law)에 의해 추진되었던 지폐 남발과 미시시피 버블붕괴(1720)로 인해 경제적 파국을 맞은 18세기 중반 이후, 화폐나 상업보다 농업이 중요함을 깨달은 루이 15세는 중상주의를 비판하며 이제까지 홀대받던 농업을 되살리는 중농주의를 권장했다. 당시 장 자크 루소(Jean J. Rousseau)와 존 로크(John Locke) 등의 자연법 사상에 영향을 받은 중농주의자들은 국가 재정을 개선하기 위한 개혁안으로 토지에서 부의 근원을 찾고자 했다. 비록 짧은 시기였지만 경제 전반에 걸친 자유정책은 오랜 세월 이어져오던 수공업자 동업조합의 해체를 불러와 산업혁명의 전기를 마련했다.

뒤이은 프랑스대혁명에서 산업혁명의 전제조건인 토지개혁이 시행되고 봉건적 예속과 통행세, 관세 등이 사라지면서 산업혁명에 긍정적인 영향을 끼쳤다. 특히 교회와 망명 귀족으로부터 몰수한 토지를 경작 농민에게 무상 재분배한 농지개혁은 농업의 소유구조에 변화를 불러왔다. 자영농이 증가하여 공업 부문으로 이탈하는 인구를 최소화시켰기 때문에 값싼 산업 예비 노동력을 충당하지 못한 프랑스에서는 산업화가 완만하게 일어날 수밖에 없었다.

1804년 나폴레옹이 제정한 분할상속제 역시 이런 결과를 가져왔다. 토지의 분할을 우려한 농민들이 자녀를 적게 낳으면서 인구 증가가 둔화된 것이다.

프랑스대혁명 이후 나폴레옹은 불안한 정국을 수습하기 위해 법전을 정비하여 사유재산권을 보장하고 조세제도를 간소화했다. 가부장적인 기업 문화의 도입은 물론 기계화를 권장하며 금융제도 정비와 전국적으로 도로망을 개선하고 확충하는 등 새로운 경제질서를 확립하여 자본주의 발달의 기틀을 놓았다.

긴 변혁을 거친 후 1830년에 이르러서야 프랑스에서는 비로소 산업혁명이 본격화되었다. 산업경제로의 이행에 필요한 조건을 모든 나라에 똑같이 적용한 월트 로스토(Walt W. Rostow)도 1830년부터 1860년 사이를 프랑스의 이륙기로 보았다.

분명한 것은 산업혁명을 영국에서 수입하긴 했지만 석탄 부족으로 증기기관이 아닌 풍부한 수력을 동력으로 활용하는 독자성을 보이며 아주 완만하게 전개되었다는 점이다. 1840년 프랑스의 증기기관 동력 생산량은 9만 마력으로 4만 마력에 불과한 독일보다 이류기는 앞섰으나 10년 뒤에는 26만 마력으로 오히려 독일의 27만 마력보다 뒤졌다. 산업혁명이 점진적으로 이루어졌다는 것을 뒷받침해주는 자료다. 또 규모가 작은 전형적인 가족기업들이 도시로 집중되지 않아 도시화율역시 낮았다. 이렇듯 사회비용이 가장 적게 드는 방식을 택한 프랑스는 자작농으로 이루어진 농촌이 국내시장의 수요를 충당해주었다. 그리고 농업국으로서의 면모를 보이는 이질적인 산업화의 전형을 보여주었다.

프랑스에서도 가장 먼저 소비재 산업인 면공업에서 가내수공업적 기계제 생산이 시작되었다. 그러나 대륙봉쇄령이 해제된 이후 1815년부터 본격적으로 대규모 공장제 생산에 돌입했고 증기기관이 공장 기계의 동력으로 자리 잡는 1850년대에 들어서야 면공업은 산업혁명의 산실이 되었다.

산업혁명이 진행되는 동안에도 여러 산업 부문에서는 전통적인 생산방식을 고수했다. 특히 석탄 부족으로 1840년대까지 코크스 제련법보다는 목탄 사용을 고집한 제철업과 금속가공업에서 이런 현상은 두드러졌다. 은행자본을 활용하기보다는 가족기업으로 남으려는 자본조달 방식과 더불어 철 생산지와 석탄 생산지가 분리되어 있는 상황이 새로운 기술 도입을 지연시켰기 때문이다. 보불전쟁(1871)으로 50억 프랑의 배상금과 더불어 그러지 않아도 부족한 석탄의 산지인 알자스로렌

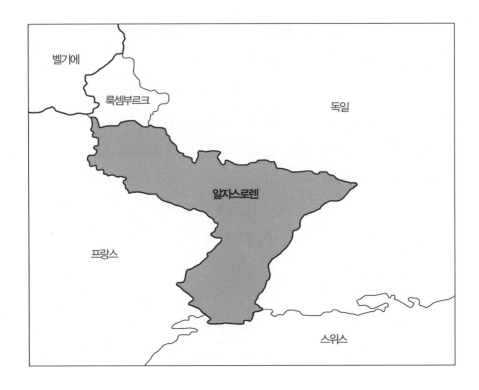

● **프랑스의 알자스로
렌 지역**
이곳은 석탄 산지로 제
철공업이 발달했다. 독·
프 접경지인 만큼 역사의
부침 속에 양도와 합병이
거듭되다 결국 제2차 세
계대전 이후 프랑스로 되
돌아왔다.

지방을 독일에게 양도해야 하는 프랑스인의 심정은 어떠했을
까? 하지만 이후 영국의 베서머 제강법을 도입하면서 프랑스
는 철강 생산 2위의 국가가 되었다.

이와는 달리 화학공업에서 프랑스는 18세기 말 니콜라 르블
랑(Nicolas Leblanc)이 면직물 표백에 획기적인 변화를 가져다준
탄산나트륨 제조법을 발명하여 19세기 말까지 선두 자리를 지
켰다. 석탄 산지와 석탄 소비지를 원활하게 이어주기 위해 생
테티엔과 루아르 구간에 철도가 놓인 1827년을 기점으로 프
랑스에도 운송혁명이 시작되었고 국내시장을 통합하며 산업

혁명을 촉진시켰다. 대략 1890년에 전국에 걸친 철도망이 완성되었다.

이탈 농민이 적었던 관계로 도시 노동자들의 삶은 다른 나라에 비하여 비참하지 않았다. 그러나 혁명의 나라답게 피에르 조제프 프루동(Pierre-Joseph Proudhon)과 같은 무정부주의자의 자본주의 비판은 파리코뮌(1871)과 국제노동운동 등의 사회주의적 과격함으로 표출되었다. 오늘날에도 여전히 극좌파 성향의 정당들이 합법화되어 정치 노선을 이어가고 있다.

이런 정치적 성향을 반영하듯 제2차 세계대전 이후 프랑스는 기간산업과 금융의 상당 부분을 국유화하여 전형적인 자본주의 국가와 이질적인 모습을 보였다. 빈부 격차를 줄여 사회주의를 실현하고자 사회주의 정책을 실시했던 사회당 프랑수아 미테랑(François Mitterrand) 대통령의 14년 재임 기간이 남긴 흔적이다. 그의 사회주의 실험은 경제 여건의 악화로 1년 반 후 시장 지향적으로 선회했다. 1816년 문을 연 파리 로스차일드 은행도 1981년 국가에 몰수되었다가 1984년 다시 로스차일드의 수중으로 되돌아올 수 있었다.

시장 친화적 정책에도 불구하고 사회보장제도가 안정적이고, 근로자들이 강력한 권한을 가진 나라, 세계화에 대하여 우호적이지 않는 나라 프랑스는 2012년 다시 17년 만에 사회당의 중도좌파 프랑수아 올랑드(François Hollande)를 대통령으로 선택했다. 2008년 찾아온 유럽발 금융 위기 이후 지속된 긴축

경제에 염증을 느낀 유권자들의 선택이 또 프랑스의 경제 지형을 어떤 모습으로 바꿀지 궁금해진다.

프랑스대혁명 100주년을 기념하여 세운 에펠탑과 200주년을 맞이하여 추진한 그랜드 프로젝트 중 하나인 라 데팡스의 신개선문은 파리 문화의 상징으로 경제적 가치를 높이고 있다. 프랑스의 혁명 정신이 어제와 오늘을 이어주며 프랑스의 새로운 경쟁력으로 도약하길 기대해본다.

• 이때 우리는

프랑스 최초의 헌법이 제정된 1791년, 조선(정조 15년)에서는 육의전을 제외한 시전상인의 독점권인 금난전권이 폐지되어 전통적 특권 상업질서에 일대 혁신을 가져왔다.

드디어 산업에 눈을 뜬 미국

26

자본주의의 풍요로운 사회를 제일 먼저 실현한 미국도 출발은 미미했다. 영국의 식민지에서 1776년 독립한 동부의 13개 주는 나폴레옹에게서 1,500만 달러에 루이지애나(1803)를, 러시아로부터 알래스카(1867)를 720만 달러에 구입하며 지속적으로 영토를 넓혀갔다. 개척 정신과 이민의 확대를 통해 경제성장을 꾀한 아메리카합중국으로 가보자.

1773년 보스턴 차 사건이 독립전쟁(1775~1783)의 발단이 되었듯 미국은 독립과 더불어 영국인다운 생활을 동경하여 받아들인 차 문화를 청산하고 커피를 마시는 아메리카인으로 거듭났다. 단호하게 모국과 단절하며 달러화를 공식적인 통화로 지정(1792)하는 등 화폐와 금융제도의 정비를 통해 경제 발전의 기반을 다졌다. 오늘날 세계 통화로 자리 잡은 달러의 명칭이 탐탁지 않아 나중에 더 좋은 이름으로 바꾸기로 했다지만 달러화는 같은 이름으로 여전히 굳건한 생명력을 과시하고 있다.

독립 초기 미국은 영국의 면공업과 연계하여 면화 생산에 주력하는 남부와 공업 및 금융, 교육을 특화한 동북부로 나뉜

이중 경제체제였다. 남부의 목화왕국이 해외시장에 진출하면서 국내시장에서 재화와 용역의 가격 변동을 촉진했고 이것이 지속적인 성장과 산업화를 가져왔다. 하지만 국내 공업을 육성하기 위해 보호관세를 주장하는 북부의 산업 자본과 남부의 농장주 자본이 정책적으로 대립하며 산업혁명을 제약했다.

미국의 산업혁명 시기를 남부의 해외시장이 확대된 1820년대로 볼 것인지 아니면 체제 변화를 가져다준 남북전쟁 이후로 볼 것인지는 학자마다 견해가 다르다. 미국의 경제학자 로스토는 1843~1860년 사이를 미국 산업 발전의 발생 시기 및 이륙기라고 주장한다.

이제 산업화와 당시의 경제성장이 유럽보다 역동적이었다고 평가받는 근본적인 요인을 미국 사회가 지닌 특성에서 찾아보자. 먼저 미국에는 농노제나 수공업자 동업조합과 같은 산업화에 걸림돌이 될 구질서가 존재하지 않아 혁명이나 개혁 없이 근대화된 제도가 일찍 정착될 수 있었다. 영국의 경제적 유산과 문화적 유대성 그리고 같은 언어를 사용하는 것도 경험이나 기술 교류에 유리하게 작용했다. 또 이민이나 자연적 증가를 통해 인구가 1790년 400만 명에서 1870년 4,000만 명으로 1915년에는 1억 명 이상으로 급증한 것과 그럼에도 불구하고 풍부한 토지에 비하여 턱없이 부족한 노동력을 대체할 혁신적인 기계의 투입이 산업혁명을 도왔다.

미국의 공업화 역시 면공업에서 출발했지만 영국에서 기계

면사를 수입하는 것이 비용 면에서 더 유리했기 때문에 정작 면공업은 활성화되지 못했다. 그것보다는 이윤이 높은 해운업, 조선업, 무역업 등 특정 부문으로 자본이 집중되었다. 이런 불균형 현상은 1793년 영프전쟁으로 인하여 미국 해운업이 전성기를 맞으면서 더욱 심화됐다. 하지만 나폴레옹의 대륙봉쇄령을 피해 1807년 토머스 제퍼슨(Thomas Jefferson)이 내린 출항정지조령으로 해운업이 타격을 받자 해운업과 조선업에 몰려 있던 자본이 다른 산업으로 유입되면서 미국의 불균형적인 산업구조가 개선되었다.

더욱이 이로 인한 통상의 단절은 국내 공업제품의 수요를 충당하기 위해 동부의 뉴잉글랜드 지역에서 공업, 특히 면공업의 기계화를 촉진시켰다. 1803년 3개에 불과하던 면사공장은 1808년 13개, 1809년 100개 정도로 급증했지만 1814년 대륙봉쇄령이 해제되자 도산에 직면했다. 이후 미국은 유아산업을 보호하기 위한 섬유관세(1816)를 제정하여 경쟁력을 도모했다. 대부분의 나라들이 영국의 전례에 따라 자유무역으로 선회한 1860년대에도 미국은 남북전쟁의 전비 마련이라는 명목하에 관세 인상을 단행하며 일관된 산업보호정책을 폈고 선진 공업국으로 도약할 수 있었다.

리스트의 생산력 이론을 증명이라도 하듯 인명과 재산상의 피해에도 불구하고 식민지적 제도와 관습이 사라져 생산성 향상을 가져다준 독립전쟁 이외에도 미국은 여러 차례에 걸쳐 전쟁 특수를 누렸다. 특히 남북전쟁은 이중적 경제구조에서 탈피하여 동질적 사회·경제체제를 구축하고 미국 자본주의를 급성장시키는 데 일조했다.

1848년 캘리포니아의 금광 발견에 따른 골드러시와 함께 1859년에 발견한 네바다 은광과 홈스테드 법(1862)은 미개척지 서부의 개척을 도왔다. 이런 서진정책의 일환으로 일본을 거쳐 중국에 면제품을 수출하려고 했던 미국은 태평양을 가로질러 일본의 개항(1853)을 이끌어내 해양제국으로의 출발을 예고했다. 또한 스페인과의 전쟁(1898)으로 카리브 해역은 물론 스페인의 과거 태평양 식민지를 인계받으며 영국과 패권을 겨루게 되었다.

전쟁 이외에도 미국은 산업화에 긍정적인 영향을 줄 다양한 요인을 가지고 있었다. 거대한 영토와 산업혁명에 필요한 원면, 석탄, 철 등의 풍부한 자원을 가진 이 나라는 대륙횡단 철도(1869)의 완성 이후 철도 건설에 박차를 가했다. 1880년에는 15만 km에 달하는 철도를 자랑하며 중서부를 잇는 운하와 합세해 국내시장을 통합했다. 그 결과 인구 증가에 따른 높은 구매력을 충족시키기 위해 표준화된 고부가가치의 재화를 대량 생산하며 19세기 말 세계 제1의 공업국으로 부상했다.

영국의 산업혁명에 자극을 받아 시작된 산업혁명이지만 미국에서는 시대적 요구에 따른 혁신적 경영이 엿보인다. 1873년 이후 과잉생산으로 지속된 대불황을 극복하기 위해 다수의 생

산자들이 카르텔과 콘체른, 트러스트와 같은 산업조직을 결성하여 경쟁을 제한했다. 생산과 유통을 통제하는 이런 산업조직의 독점화가 비용 절감과 경영의 효율성을 높이기 위한 경영혁신과 병행되며 근대적 대기업을 양산했다. 이들 소수에게 자본이 집중되는 자본주의의 모순을 타개하기 위해 제도학파[17]는 제도적 개선을 요구했고 1890년 독점금지법 제정을 이끌어냈다.

역동적인 산업화에도 불구하고 곡물과 면화, 육류를 제공하는 1차 산품 수출국으로 세계시장에 진출한 미국은 제1차 세계대전 이후 채무국에서 채권국으로 탈바꿈하며 일약 선진 공

● **미국이 영토를 확장한 과정**
미국은 동부 13개 주를 기반으로 매수나 병합을 통해 서쪽으로 영토를 꾸준히 넓혀갔다.

17 자유방임적 자본주의가 지닌 한계를 인식한 제도학파는 법과, 제도 변화에 관심을 보이며 투쟁을 선택한 마르크스와 달리 과시적인 사적 소유권제도의 개선을 통해 자본주의제도 안에서 노동자의 이해관계를 합리적으로 해결하고자 했다. 그 결과 자본주의 방어책으로 독점금지법이 제정되었다. 『유한계급론』을 발표한 소스타인 베블런(Thorstein Veblen)이 제도파의 대표적인 경제학자다.

업국의 반열에 들어섰다.

한때 가장 비싼 냉장고를 샀다고 비난을 받은 알래스카 구매는 매장 자원은 물론 항공시대의 중간 기착지로서 가치가 높아 현재는 아주 성공적인 거래로 회자된다.

• 이때 우리는

링컨 대통령이 노예해방을 선언한 1863년, 조선에서는 고종이 즉위하고 흥선대원군이 정권을 잡았다.

후발주자 독일의
끝나지 않은 경주

1871년 프로이센이 독일제국을 통일하기 전까지만 해도 독일은 수십 개의 영방으로 나
뉜 채 크고 작은 유럽의 전쟁터로 상흔을 안고 있었다. 독일제국으로의 통일은 독일이
산업혁명을 완수하고 제1·2차 세계대전을 일으키며 세계 패권에 도전하게 한 원동력
이었다. 정치·경제적 낙후성을 극복하고 선진 공업국으로 질주하는 독일로 가보자.

　신구교 간의 종교전쟁으로 확대된 30년전쟁의 최대 희생자
는 독일이다. 교역망의 파괴로 인한 한자상권의 붕괴와 더불어
1648년 베스트팔렌 조약에 의해 300여 개의 영방으로 분할되
었기 때문이다. 허울뿐인 신성로마제국이 1806년 나폴레옹에
의해 해체된 후 독일은 빈회의(1815)에서 다시 38개의 영방으
로 재편되어 독일연방을 구성했다. 이렇듯 독일은 유럽의 정
치적 질서에 좌우되는 후진성과 봉건성을 보였다.

　나폴레옹전쟁을 겪으며 낙후된 정치·경제적 상태에서 벗어
나려는 민족적 자각과 개혁의 필요성이 대두되었다. 1807년과
1848년 두 번에 걸쳐 실시한 농지개혁은 지주에게 유리하게
유상으로 몰수하여 농민에게 유상으로 분배하는 형태였다. 해

방된 농노와 경작지를 얻지 못한 농민 다수가 도시의 산업 인구로 전락하여 풍부한 노동력을 제공했다. 또한 18세기 말 감자 도입 이후 한 세기 동안 네 배 정도 급증한 인구 역시 산업화에 긍정적으로 작용했다.

분권체제로 인해 절대왕권이 확립되지 못한 독일연방은 통행세와 상이한 관세제도로 발생한 상거래의 어려움을 1834년 체결한 관세동맹으로 해결했다. 리스트는 "베를린에서 함부르크로 물건을 보내려면 세금과 통행세를 열 차례나 물어야 했다"며 관세동맹의 필요성을 역설했다. 경제통합을 시작으로 수공업자 동업조합의 폐지와 같은 근대적 개혁을 완수한 독일은 산업혁명의 전제조건을 충족시키고 뒤늦은 출발을 만회라도 하듯 질주했다.

명예혁명이나 프랑스대혁명과 같은 시민혁명을 거치지 않아 시민계급이 미미하고 봉건적 잔재가 여전히 존재했던 독일은 정부가 중소기업을 육성하며 산업혁명의 담당자로 나서면서 '위로부터의 개혁'을 추진했다. 후진국 근대화의 전형이 된 독일은 정부가 직접 공업화에 필요한 자원을 조달하고 기술혁신을 위해 은행과 연구소, 공과대학교 등을 설립하며 제도적 지원을 아끼지 않았다.

로스토에 따르면 독일의 이륙기는 미국보다 늦은 1850년에서 1873년 사이였다. 이렇듯 늦어진 산업화로 독일은 '산업화 이데올로기'를 앞세워 국민 정서에 강하게 호소하며 비약적이고 과감한 공업화를 추진했다. 중공업과 투자재공업 중심으로 공업화의 비중이 옮겨진 시대적 요구에 따라 후발주자의 이점을 살려 중화학공업을 육성했으며 화학과 전기 같은 학문적 산업에서 두각을 나타냈다. 물리화학 분야를 비롯하여 21개의 노벨상을 수상한 베를린 훔볼트 대학교는 산업혁명의 산실로 산학협동의 본보기가 되었다.

영국보다 약 2세기 늦은 1860년대까지 남아 있던 수공업자 동업조합으로 인해 산업혁명이 늦어졌지만, 오히려 양질의 직업교육을 받은 수공업자들이 공장에 투입되어 생산성을 높였다.

관세동맹과 철도 건설 등의 경제적 효과 덕분에 독일은 30년전쟁의 피해가 가장 적었던 프로이센을 중심으로 1871년 통일을 달성한다. 곧 '유럽의 떠오르는 별'이 되어 영국을 추격하기 시작했고, 1900년에는 미국에 이어 2위 공업 생산국이 되었다.

독일 산업화의 이론적 배경은 자유방임적 경제질서를 주장하는 영국의 고전학파가 아니라 국가가 중심이 되어 보호관세 정책을 펴고 공업을 육성해야 한다는 역사학파의 발전단계론이었다. 하지만 노동자의 사회주의화를 방지하기 위해 영국보다 앞서 사회보장제도를 입법화하는 등 국민의 경제적 요구와 합치되는 사회 개혁을 주장하며 독일 산업 자본의 성장을 도운 강단사회주의자들(신역사학파)은 1890년 비스마르크(Otto E. L. von Bismarck)의 실각과 더불어 정치적 기반을 상실했다.

독일 경제성장의 특수성으로 거론되는 또 하나는 상호 협동적인 경영방식이다. 1870년에도 주식회사의 설립이 자유롭지 않았던 독일은 계약에 의한 협약으로 카르텔을 결성하여 대내외 경쟁력을 높이고자 했다. 이런 경영방식은 고객인 기업들 간의 지나친 경쟁을 원치 않았던 자본의 공급자, 종합은행(Universal Bank)의 이해관계와도 밀접한 관계가 있었다.

특히 1873년 이후 찾아온 대불황에 대처하기 위해 철강공업 등 원자재공업에서 결성된 불황카르텔과 신디케이트(공동 판매 카르텔)는 생산성과 가격 경쟁의 열세에서 벗어나 해외시장 점유율을 높이는 데 기여했다. 이렇게 결속된 독일의 경제는 영국의 자유교역을 위협하기에 충분했다.

제국 통일 이후 비약적인 경제 발전을 한 독일이 뒤늦게 해외 식민지 재편을 요구하며 일으킨 제1차 세계대전에서 패하면서 그나마 가지고 있던 모든 식민지를 포기하고 알자스로렌 지방마저 프랑스에 반환해야 했다. 330억 달러에 해당하는 엄청난 배상금으로 마비된 독일 경제는 누적된 국제수지 적자로 인해 1921년 6월, 1달러에 65마르크이던 것이 1923년 11월에는 4조 2,000억 마르크로 폭락하는 전대미문의 초인플레이션을 겪었다. 1923년 11월 1일, 빵 1파운드에 30억 마르크, 맥주 한 잔에 40억 마르크였다니 손수레에 돈을 싣고 물건을 사러다녔을 서민의 삶이 어떠했을지 상상하기조차 어렵다. 결국 1923년 11월 28일 구화폐와 신화폐의 교환비율을 1조 대 1로

하는 화폐개혁을 단행하며 위기를 극복했다.

그럼에도 외자 의존도가 높았던 독일은 미국이 자본수출을 중지한 1928년을 기점으로 수출과 투자 부진 등의 구조적 문제 속에 국제수지가 악화되며 세계대공황의 소용돌이 속으로 빠져들었다. 이때 등장한 나치 정권이 600만 명의 실업자를 아우토반 건설에 투입하면서 독일은 가장 먼저 세계대공황에서 벗어났다.

● **1920년대 독일 초인 플레이션 당시 지폐 뭉치로 블록놀이를 하고 있는 아이들**
누적된 국제수지 적자로 인한 마르크의 엄청난 가치 하락으로 독일은 전대미문의 초인플레이션을 경험했다. 이 고통에서 벗어나기 위해 화폐개혁을 단행했다.

제2차 세계대전에서 패하여 동서로 분할되는 운명을 맞기도 했지만, 시장의 경쟁 원칙과 사회적 약자를 배려하는 사회적 시장경제의 틀 속에서 라인 강의 기적을 일으킨 독일은 경제대국으로 다시 부상했다. 자동차와 화학, 첨단산업에서 보인 기술 경쟁력과 보수적 경영전략, 안정적 고용이 성장의 견인차였다. 하지만 1990년 극적으로 통일을 달성한 이후 엄청난 통일 비용과 높은 고용 비용, 사회안정 비용으로 또다시 경제적 어려움을 겪을 수밖에 없었다. 노조의 경직성과 까다로운 법규로 인해 세계화에 즉각적으로 대처하지 못한 것, 노령 인구의 증가 역시 독일의 생산력을 저하시켰다.

21세기 유럽의 단일 통화 유로화의 탄생에 중심 역할을 하며 EU의 헤게모니를 장악한 독일은 경기 침체의 회복과 더불어 잠재적 생산력, 중소기업의 기술력을 바탕으로 메이드 인 저머니의 자신감을 찾아가고 있다. 2012년 그리스에서 시작된 유럽발 재정위기 속에서 유로존을 지키기 위한 독일의 사투가 힘겹기만 하다.

1871년 독일제국의 성립과 더불어 제국주의로 정책을 전환했듯 1989년 베를린 장벽의 붕괴는 냉전을 종식시키고 세계 정치, 경제의 흐름을 바꾸어놓았다. 통일 이후 철도와 도로망의 재결합을 통해 국토를 통합한 독일은 경제·심리적으로 엄청난 시너지 효과를 얻으며 신산업혁명을 구가하고 있다.

● **이때 우리는**

프로이센의 빌헬름 1세가 독일제국 황제 즉위식을 거행한 1871년, 조선(고종 8년)에서는 미국 아시아 함대가 강화도에 쳐들어온 신미양요가 일어났다.

러시아,
사회주의에서 자본주의로

28

유럽과 아시아에 두루 걸쳐 있으며 세계에서 가장 영토가 넓은 나라, 러시아는 한때 자본주의와 경쟁하며 사회주의를 표방했던 소비에트연방의 종주국이다. 그 옛날 유럽 닮기를 희망하며 근대화를 추진했던 러시아가 유럽의 급진적인 사회주의 사상을 받아들이고 사회주의혁명을 성사시키며 걸어온 발자취를 따라가보자.

러시아가 하나의 제국으로 통일되기 전 노브고로드와 키예프, 모스크바공국은 서로 힘겨루기를 하며 독자적인 문화를 형성해갔다. 한자 상관이 들어서기 훨씬 전부터 스웨덴 바이킹과 모피, 꿀, 목재, 무기, 노예 등을 수출하고 비단과 귀금속, 향료, 보석 등의 사치품을 수입한 노브고로드는 발트 해를 중심으로 유럽으로의 창 역할을 했다. 키예프 역시 흑해와 카스피 해를 따라 비잔티움과 아랍권을 잇는 동서 교역로를 오가며 향료와 면직물, 종이, 화약, 보석 등을 거래했다. 이곳은 제1차 십자군원정으로 동서 교역로가 단절되기까지 옛 러시아의 정치와 종교의 중심지였다.

하지만 러시아제국을 연 것은 보잘 것 없던 모스크바공국
이었다. 13세기 중반 이후 몽골에 협력하며 힘을 키운 모스크
바공국은 이반 3세(Ivan Ⅲ) 때인 1480년, 250년간의 몽골 지
배를 종식시키고 분열된 러시아를 통일했다. 몽골은 노브고로
드와 모스크바의 국운을 바꾸어놓았다. 몽골이 안전을 보장한
실크로드의 상권이 활성화되면서 상대적으로 변방이 된 노브
고르드의 경제력이 약화되었기 때문이다.

러시아의 절대군주를 이르는 차르란 명칭을 제일 먼저 사용
한 이반 3세만큼 결혼을 통해 야심을 채운 경우도 드물다. 비잔
티움 마지막 황제의 조카딸 소피아와의 혼인으로 비잔티움제
국의 후계자가 되었을 뿐 아니라 모스크바는 제2의 로마인 콘
스탄티노플을 계승하여 제3의 로마로, 그리스정교회의 최후 수
호처가 되었기 때문이다.

농노해방이 있기까지 거의 모든 농경지가 지주와 교회의 수
중에 속하여 농민을 예속한 농노제(1497~1861) 역시 이반 3세
때 시작되었다. 공동체의 토지를 경작하여 국가에 세금만 내
는 국유지 농민이나 자유농민은 봉건제 영지에 예속된 농노보
다는 경제적 자유를 누렸다. 시장경제의 발달과 더불어 서부
유럽에서 이미 농노제가 폐지된 15~16세기에 러시아에서는
역설적으로 해외시장의 확대로 농노제가 강화되는 정반대의
움직임을 보였다.

이렇게 유럽과 멀어져가는 러시아의 항로를 변경하여 유럽

을 닮고 싶어 했던 표트르 대제(Peter the Great)는 상트페테르부르크로 수도를 옮기며 유럽으로의 창을 열었다. 근대화를 열망한 이 황제는 '낙후의 상징'인 턱수염을 자르게 하기 위해 수염세의 도입도 감행했다. 하나님이 주신 신성한 것이라고 저항하던 귀족들에게 부과된 수염세는 근대화를 위한 재정원이기도 했다. 표트르 대제는 신분을 감추고 유럽의 조선소에서 견습공으로 직접 배를 만들기도 하는 등 조선업과 바다 진출에 적극적이었다. 이런 일화들은 후에 오페라 「황제와 목수」의 소재가 되기도 했다. 네덜란드 동인도회사 소속이던 덴마크인 비투스 요나센 베링(Vitus J. Bering)으로 하여금 아메리카 대륙과 아시아 대륙이 연결되었는지를 탐사하도록 지시했던 것도 바로 표트르 대제였다. 아메리카로의 진출은 물론 시베리아를 거치지 않고 중국에 가고 싶었기 때문이다. 그의 사후에도 지속된 베링의 탐사로 러시아는 알래스카를 얻었고 모피 산업으로 경제적 이득을 얻었다. 하지만 크림전쟁 이후 재정이 어려워진 러시아는 멀리 떨어져 있어 통치하기 힘든, 당시에는 쓸모없어 보이던 땅 알래스카를 헐값으로 미국에 팔아버렸다. 지금은 항공기의 중간 기착지뿐만 아니라 금광에 이어 석유까지 나는 황금알을 낳는 거위가 되어 역사의 역설을 증명하고 있다.

하지만 러시아의 전통을 외면한 채 강압적으로 진행된 표트르 대제의 근대화 개혁은 교회를 국가에 완전히 복속시키

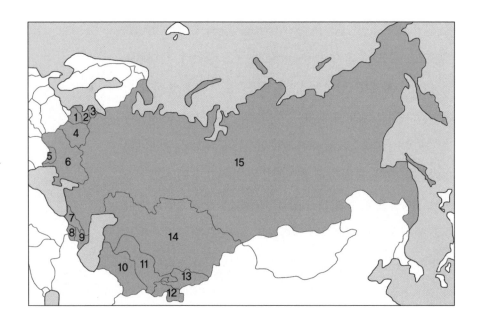

고 농노적 예속을 강화시킨 전제국가로의 행보였다. 그럼에도 불구하고 "대학자이며 영웅이며, 항해자이며 목수인 그는 … 재위에 있는 영원한 일꾼"이라고 알렉산드르 푸시킨 (Aleksandr Pushkin)이 칭송한 것처럼 그의 열정적인 개혁은 러시아가 낙후성을 벗어버리고 강대국으로 가는 기초를 놓았다. 그러나 표트르 대제가 사망하면서 근대화를 지향하던 러시아호는 항해를 멈추고 말았다.

19세기에 들어서자 나폴레옹의 야망은 러시아를 비켜가지 않았다. 농산물을 수출하고 조선용 목재와 범포, 철 등 공산품을 수입하던 영국과의 교역이 나폴레옹의 대륙봉쇄령으로 단절되면서 러시아에 치명적인 타격을 준 것이다. 결국 대륙봉쇄령을 파기함에 따라 빚어진 나폴레옹과의 전쟁으로 19세기 초 진행되던 개혁이 중단되어 정치·경제적 낙후성을 감수해야만 했다.

부동항을 얻기 위해 치른 크림전쟁(1853~1856)으로 많은 영토를 상실한 러시아는 다시금 낙후된 현실에서 벗어나고자 근본적인 개혁을 서둘렀고 이때 농민들의 봉기를 무마하기 위한 정치적 회유책으로 농노해방(1861)을 선언했다. 독일처럼 지주에게 유리한 유상몰수 유상분배 방식으로 진행된 이 농지개혁은 산업의 욕구를 충족시키지 못했다. 농촌 공동체 '미르'에 소유권이 이전되면서 농민 개개인이 미르의 동의 없이는 매매나 이사도 할 수 없게 되어 자유로운 노동자를 양산하지 못했기 때문이다.

그럼에도 불구하고 1880년대 중반부터 본격화된 산업혁명은 외국 자본과 외국의 기술 노하우를 받아들여 석탄, 석유 채굴 등의 에너지원 확보에 치중했다. 몽골 역참제도의 영향을 받아 마차 운송이 대부분이던 러시아에서 1830년대에 시작된 철도 건설은 철도를 '정신적 변덕을 증대시키는 불필요한 것'으로 치부한 재무대신에 의해 처음에는 별 진전이 없었다. 그러나 식량과 무기를 공급할 인프라의 부재가 크림전쟁의 패배를 불러왔다고 할 정도로 영토가 넓은 러시아에서 철도는 곡창지대와 발트 해, 흑해의 항구를 연결하고 시베리아와 중앙아시아까지 경제권을 확대시키며 제국주의에 불을 지폈다.

빠른 공업 성장에도 불구하고 정치제도의 개혁 없이 추진된 위로부터의 개혁과 시대적 흐름을 거스르며 자유주의에 등을 돌린 반동적이고 강압적인 정치는 결국 1917년 사회주의혁명을 자초했다.

권력을 장악한 볼셰비키(다수파)는 공산당으로 개칭하여 토지에 대한 사적 소유권을 박탈함은 물론 강제 노동을 시행했다. 1922년 탄생한 소비에트사회주의공화국연방(소련)은 1928년 계획경제를 실시하며 제2차 세계대전 이후 50년간 냉전체제의 구심점으로 자본주의 시장경제와 대립했다.

1985년 미하일 고르바초프(Mikhail Gorbachev)가 공산당 서기장에 취임하면서 또 한 차례의 변혁이 시작되었다. 비효율적인 소련의 경제위기를 타개하고자 실시한 페레스트로이카(개혁)는 1991년에 소련을 해체하고 독립국가연합(CIS)을 탄생시켰다. 또한 권위의 상징이던 공산당을 해산하고 1992년 시장경제로 회귀하면서 사유화 과정을 겪게 되었다. 이 과정에서 탄생한 러시아 마피아는 러시아 시장경제의 무법성을 단적으로 말해준다. 변혁의 결과로 1998년 러시아는 채무불이행을 선언하며 경제위기를 맞기도 했다.

푸틴(Vladimir Putin)은 강한 러시아를 표방하며 2004년 가스프롬(Gazprom: 전 세계 천연가스 매장량의 20%를 보유한 세계 최대의 가스생산업체)을 다시 국유화했다. 이는 에너지 산업 분야에 있어서 러시아의 자원민족주의 면모를 보여주는 한 예라 할 수 있다. 그러나 국내총생산(GDP)의 1/4을 차지하며 고도성장의 축으로 부상한 에너지 산업에 대한 지나친 의존도는 러시아 경제에 악재가 될 소지가 높다.

지속되는 원자재와 우랄산 원유 가격의 상승에 힘입어 성장 세를 이어가던 러시아는 2011년 12월 세계무역기구(WTO)에 154번째 회원국으로 가입하며 본격적인 글로벌 경쟁에 돌입 했다. 그래서인지 자원민족주의를 표방하는 푸틴이 다시 대통 령으로 돌아온 러시아의 앞날에 관심이 쏠리고 있다. 셰일가 스 혁명으로 에너지 시장에 부는 변화의 바람에 러시아가 어 떻게 대처할지 궁금하다.

대륙봉쇄령을 파기하여 유럽의 거인 나폴레옹을 궁지에 몰 아넣은 러시아의 저력은 1815년 이후 반동체제의 한 축이 되 어 세계사의 흐름을 주도했다. 21세기에도 에너지 자원 부국 으로 천연가스를 무기화하는 독자적 행보가 유럽과 주변국들 을 긴장시키고 있다.

• 이때 우리는

러시아에서 농노해방이 선포되기 한 해 전인 1860년, 조선(철종 11년)에서는 최제우가 동학을 창시 하여 반봉건, 반외세운동을 펼쳤다.

29

일본, 미국에 닫힌
빗장을 열다

지난 천 년의 역사를 움직인 사건 중 하나로 평가되는 1853년 미국에 의한 일본의 개항은 말 그대로 일본의 모든 것을 바꾸어놓았다. 쇄국정책을 국시로 하던 일본이 강압적으로 세계 자본주의에 편입된 뒤 서구 열강들과 경쟁하며 아시아의 맹주로 부상하는 과정을 살펴보자.

미국의 매슈 페리(Matthew Perry) 제독이 내항하기 오래전, 이미 16세기 중반 일본은 포르투갈 예수회 선교사와 상인을 통해 화약과 조총 같은 유럽의 신문물과 종교를 받아들였다. 포르투갈 상인들은 16세기 말 세계 은 생산의 1/3을 차지하던 일본과 최대의 은 수요국이었던 중국을 오가며 은의 시세 차익을 얻는 등 중개교역에 힘썼다. 그러나 뒤늦게 가세하여 선교와는 무관하게 무역에만 주력한 네덜란드와 영국 상인에 밀려 고전하다 결국 1639년 내려진 쇄국령으로 추방되었다. 일본을 하나의 이데올로기로 통합하려 했던 도쿠가와 막부는 선교사를 추방하며 선교도 금지했다.

일본의 쇄국정책은 세계와의 철저한 단절이라기보다 외래 종교를 거부하고 무역을 막부의 수중에 넣기 위한 성격이 짙었다. 중국과 조선은 물론 일본 내 무역을 독점한 네덜란드와 교류를 지속했음이 이를 입증해준다. 네덜란드 동인도회사의 상관이 있던 나가사키는 의학과 자연과학 등 신학문과 기술을 받아들이고 세계 정세를 파악하는 창구였다.

결국 200여 년 지속된 쇄국정책을 뒤로하고 일본은 실리적 결단 속에 1853년 동아시아 시장 개척에 나선 미국에 문호를 개방했다. 일본 시장에 대한 기대가 상대적으로 적었던 영국이나 프랑스와는 달리, 중국에 면제품을 수출하기 위한 기항지로 일본을 간절히 원했던 미국이 굳게 닫힌 빗장문을 풀었다. 그 결과 일본은 관세자주권을 포기하는 최혜국조항을 주축으로 한 불평등조약, 미일수호통상조약을 체결해야 했다.

강요된 자유무역에도 불구하고, 제국주의 정책이 본격화되는 1870년대 이전의 세계 정세는 일본에게 위기인 동시에 변화를 꾀할 기회였다. 무기력한 막부가 강압에 의해 개항을 허용했지만 식민지로 전락하지 않고 자본주의를 수행할 여지를 얻는 행운을 누릴 수 있었기 때문이다.

생사와 차의 수출이 꾸준히 증가한 가운데 1860년 당시 수입품의 52.8%에 달하던 면제품의 수입은 영국의 기계제 면사로 유럽이 겪었던 것과 유사하게 농촌경제를 지탱하던 전통 면업에 타격을 주었다. 이로써 많은 농민이 몰락하고 아래로

부터의 자생적인 경제 발전이 힘들어졌다.

이렇듯 개항을 전후하여 상품경제가 농촌으로 침투하면서 농민층을 분해하는 등 격심한 사회변동이 진행되었지만 중앙 집권제와 본격적인 근대 자본주의 사회가 성립하는 근대화는 메이지 유신(1868)과 더불어 시작되었다. 하지만 에도 시대(1603~1867)에 이미 토지 생산력이 증대되고 화폐유통과 상품 생산이 활발한 시장경제가 진행되어 봉건적인 색채에도 불구하고 근대화와 산업혁명을 준비하고 있었다는 점을 간과해서는 안 된다.

진보적인 무사 출신이 주축을 이루고 있었던 메이지 정부는 상공업 중심의 근대적 산업사회로 가는 대개혁을 단행했다. 서양을 배우고 유럽을 닮으려는 강한 열망 속에 1871년 사농 공상의 계급적 신분질서가 타파되고 단발령이 내려졌다. 거주 이전 및 직업과 영업의 자유 역시 주어졌다. 경제적으로 앞선 서구 열강을 따라잡기 위해 메이지 정부는 정치·경제구조를 개편하며 독일처럼 위에서부터 아래로 공업화를 추진하는 주체가 되었다.

근대화를 향한 제도 정비의 대표적인 예는 신화조례(新貨條例)와 지조개정(地租改正)이다. 오늘날 통용되고 있는 엔화가 도입된 1871년의 신화조례는 금본위제의 통화제도를 마련하여 세계경제의 흐름을 따랐다. 바로 이 시점에 독일을 선두로 영국의 재정 지원을 받고자 하는 많은 나라가 영국의 금본위제로 이행했기 때문이다. 근대적인 토지소유권을 확립한 지조개정(1873~1881)은 고정된 조세율로 인해 농민에게는 안정적인 토지의 수익권을 보장하고 국가에 재정적 기초를 마련해주었다. 하지만 급격한 금납화는 농민층의 분해를 가속화하여 지주 소작 관계를 확대시켰다.

이런 제도적 변화와 함께 서구 열강의 경제·군사적 외압에 맞서기 위한 식산흥업정책(殖産興業政策)의 일환으로 방적과 광산, 철도, 전신, 제철 중심의 관영사업을 추진했다. 영국의 자본과 기술로 1872년 개통한 도쿄의 신바시-요코하마 구간의 철도를 위시하여 우편과 전신망 등의 통신과 운송체계는 세계 시장과의 연결 고리가 되는 개항장을 중심으로 확장되어 근대 공업화를 촉진시켰다.

민간 주도의 공업화 과정에서 메이지 정부와 특권적 결합을 한 미쓰이(三井)와 미쓰비시(三菱) 같은 정상(政商)들의 역할 또한 빼놓을 수 없다. 에도 시대 때 환전상과 포목상으로 부를 축적한 미쓰이는 은행과 유통, 탄광업에서 두각을 나타냈다. 군수물자를 수송하는 해운업과 조선업에 진출한 미쓰비시는 대부와 창고업까지 접수했다. 이들은 주로 관영사업을 불하받아 독점체제를 구축하고 재벌로 성장하여 오늘날까지 막강한 경제력을 과시하고 있다.

미국처럼 일본에서도 전쟁이 경제성장의 발판이 되었다. 19세기 후반 열강의 식민지 쟁탈이 가열되는 제국주의 시대에 일본이 청일전쟁(1894~1895)과 러일전쟁(1904~1905)을 승리로 이끌면서 아시아에서 지배적인 입지를 구축할 수 있었기 때문이다. 특히 청일전쟁의 배상금으로 받은 요동반도 등의 땅과 3,800만 파운드라는 엄청난 돈은 중국의 위상을 무너뜨리는 동시에 산업혁명의 자금으로 활용되었다.

연합국의 군수품을 조달하고 교전국 대신 진출하여 아시아 시장에서 얻은 제1차 세계대전의 전쟁 특수는 선진 공업국의 대열에 합류시키며 일본을 군국주의를 표방하는 군사대국으로 만들어주었다. 또한 제2차 세계대전의 폐허에서 벗어나 고도성장의 기틀을 마련해준 한국전쟁 특수는 미국에 이어 경제대국으로 성장하는 계기가 되었다.

일본인들의 완벽을 추구하는 장인 정신이나 경제를 이끌어 가는 엘리트 관료주의, 종신고용제도, 연공서열제와 같은 독특한 근로문화가 더해져 세계시장은 가전제품과 자동차 등의 일본 상품으로 넘쳐났다. 특히 70년대를 강타한 오일쇼크 덕분에 미국에 비해 상대적으로 작지만 효율적인 일본의 소형차가 경제성장을 견인했다. 하지만 이 성공의 요인은 좀 더 유연한 노동시장 환경을 요구하는 21세기의 글로벌시대에 오히려 부정적으로 작용하기 시작했다. 시대적 흐름을 읽는 것이 얼마나 중요한지를 말해주는 사례다.

엄청난 무역흑자로 맞이한 1980년대의 호황은 1985년 9월 22일의 플라자 합의 이후 달라지기 시작했다. G5 경제 선진국

재무장관과 중앙은행 총재들이 뉴욕의 플라자 호텔에 모여 미국의 달러 가치를 내리고 일본의 엔화를 상대적으로 고평가함으로써 엔고의 시대가 시작되었기 때문이다. 줄어들 줄 모르는 일본의 대미 무역흑자를 시정하기 위한 미국의 요구가 반영된 합의였다. 또한 일본에게도 도요타를 비롯한 많은 일본 기업의 미국 진출로 일자리를 잃게 된 미국 노동자들의 커져가는 불만을 해소하기 위한 것이었다. 경제적이라기보다는 정치적인 면이 농후한 이 인위적인 엔화절상은 수출 산업에 타격을 주며 성장 일변도의 일본 경제에서 활력을 빼앗아갔다.

일본 경제를 살리기 위해 시행된 저금리정책은 국내외의 부동산과 주식의 투기 열풍 속에 버블경제를 야기했다. 당시 대다수의 중산층 일본인들은 해외여행을 하며 버블을 즐겼다.

하지만 1990년을 기점으로 꺼질 것 같지 않던 버블경제에도 적신호가 감지되었다. 세계화의 흐름 속에 중국과 같이 상대적으로 인건비가 저렴하고 인구가 많은 신흥국가로 투자처가 옮겨 가면서 안전한 투자처로 여겨지던 일본에서 대규모의 자본 이탈이 진행되었기 때문이다. 껑충 뛴 물가를 잡기 위해 단행한 금리 인상 역시 버블경제의 붕괴를 도왔다. 경제에 활력을 불어넣기 위한 정부의 과도한 경기부양책에도 불구하고 일본 경기는 1990년대 이후 성장을 멈췄다. 엔화 가치의 급등으로 발생한 경제위기를 타개하기 위해 역플라자 합의(1995)로 엔저를 이끌어냈음에도 '안전통화저주(Curse under safe haven)[18]'

18 특정 통화가 안전자산으로 인식되면 타통화 대비 강세를 보여 해당 국가의 경제에 악영향을 주는 현상을 말한다.

처럼 엔화 가치는 글로벌 금융 위기를 맞아 급등했다. 이것은 곧 일본 기업의 수출 경쟁력 약화로 이어졌다.

오랜 경제 부진을 만회하고자 2012년 12월 취임한 아베(安倍晋三) 총리는 엔저시대를 열고 디플레이션을 타개하기 위한 양적완화정책을 펴며 아베노믹스를 가동시켰다. 금융 완화와 재정 확대, 성장 전략이라는 세 가지 화살로 집약되는 아베노믹스가 후쿠시마 원전의 방사능 오염[19]에 따른 위험과 엄청난 국채 문제, 비용 인상 인플레이션을 어떻게 풀어갈지 지켜볼 일만 남았다. 엔저는 단기적인 경기부양 효과를 가져와 수출 및 내수경기 활성화라는 긍정적 효과도 있지만 에너지 및 원자재 수입 비용이 상승하는 부정적 효과도 있기 때문이다.

스시와 자동차, 가전제품으로 세계인의 입맛과 이목을 사로잡으며 제2의 경제대국으로 부러움을 샀던 일본은 20세기 말 이후 '잃어버린 20년'을 보내고, 21세기에도 고령사회라는 복병을 만나 경제적 활기를 되찾지 못하고 있다. 여전히 러시아와 중국, 한국과 벌이는 영토 다툼이 군국주의적 망령으로 살아나지 않길 바란다.

19 2011년 3월 11일 일본 열도를 강타한 대지진과 쓰나미의 여파로 후쿠시마 현의 원자력발전소에서 방사능 물질이 다량 누출되었다. 이 사고로 인하여 원자력발전의 안정성 강화가 논의되었고, 독일의 경우 2022년까지 가동 중인 원전을 모두 폐기하기로 했다.

• 이때 우리는

일본이 식산흥업정책의 일환으로 정상에게 광산을 불하하기 시작한 1884년, 조선(고종 21년)에서는 김옥균을 비롯한 개화당이 갑신정변을 일으켰으나 3일 천하로 끝났다.

30

수에즈 운하, 자연의 벽을 허문 인간의 쾌거

수에즈 운하 개통을 기념하는 주세페 베르디(Giuseppe Verdi)의 개선행진곡은 자연장애물을 넘어선 인간의 쾌거를 노래하고 있다. 아랍 세계에서 중요한 홍해와 기독교문명권을 아우르던 지중해를 연결해준 수에즈 운하. 이 운송의 혁신이 불러온 경제·정치적 변화에 대하여 살펴보자.

수에즈 운하가 건설되기 전 지중해와 홍해 간의 물류 운송 방식은 홍해의 상류, 쿨줌에서 하역한 후 낙타를 이용한 육로로 카이로나 알렉산드리아까지 운송하여 다시 배에 옮겨 싣는 번거로운 방식으로 이루어졌다. 16세기 초 베네치아는 전략적 요충지인 홍해와 인도양으로 나아가기 위해 수에즈 운하 건설을 계획했으나 베네치아 상인이 인도에서 직접 후추 교역을 주도할 것을 우려한 이집트 술탄의 반대로 무산되었다.

하지만 지중해에서 바로 홍해로 나아가고 싶었던 간절한 바람은 1859년에 시작하여 우여곡절 끝에 1869년 결국 이루어졌다. 이보다 앞선 이집트 제18왕조의 하트셰프수트 여왕(B.C.

1479~1464)도 나일 강과 홍해를 연결하는 100km의 운하를 건설하여 전설적인 지역인 이집트 푼트와 교역했다. 물길을 이용하여 가축과 보석, 터키석, 무기를 수출하고 푼트에서 향나무와 머리 염색용 헤나, 기린 등을 수입해온 정황을 정교하고 사실적인 장제전 벽화의 교역저울이 말해주고 있다. 그러고 보면 인간의 의지 앞에 장애물이란 없는 듯하다.

이제 다시 19세기 중반으로 시선을 돌려 프랑스의 페르디낭 드 레셉스(Ferdinand de Lesseps)가 장애물을 뛰어넘어 바닷길을 단축하는 과정을 추적해보자. 이집트의 근대화를 꿈꾸며 야심 차게 시작한 운하 공사는 예상치 못한 반대에 봉착했다. 인도 통치에 걸림돌이 될 수도 있던 운하 공사를 영국이 완강하게 방해한 것이다. 지정학적 입지를 고려할 때 오스만튀르크와의 미묘한 관계도 변수로 작용했으리라.

총길이 162.5km에 달하는 수에즈 운하는 프랑스와 이집트 총독의 재정 지원에 힘입어 1869년 개통되었다. 이로써 인도양과 북대서양을 연결하는 1만 km의 바닷길이 단축되면서 리버풀과 뭄바이 사이를 건너는 항해 기간이 짧아졌다. 희망봉을 돌아 120일~180일 걸리던 항해가 70일~110일로 50여 일 줄어들었기 때문이다. 레셉스는 영국의 선박에게 차별적으로 통과요금을 계속 올려 영국에 통쾌한 '복수'를 하기도 했다.

운하 개통이 가져다주는 이점을 재빨리 인식한 영국 역시 운하 지분을 매입하기 위해 너새니얼 메이어 로스차일드

(Nathanael M. Rothschild)를 정부 대리인으로 하여 레셉스와의 접촉을 시도하지만 실패했다. 한때 로스차일드에게 재정 참여를 제의했다 거절당했던 레셉스로서는 당연한 반응이었다.

하지만 영국에 다시 기회가 찾아왔다. 높은 금리로 막대한 빚을 얻어 시작한 운하 사업이 결국 1875년 이집트 정부에 재정 파탄을 불러왔기 때문이다. 운하 지분 44%를 담보로 프랑스 은행에 대출 신청을 했다는 정보를 입수한 영국은 발 빠른 협상을 통하여 400만 파운드라는 거금을 쥐어주고 운하 주식을 손에 넣었다. 영국은 로스차일드가의 도움으로 지분 확보에 성공한 후 서서히 이집트에 내정간섭을 했다.

프랑스와 영국의 내정간섭에 대한 이집트인의 불만이 폭동으로 이어지자 영국은 질서 회복과 운하를 보호한다는 명목으로 1882년 이집트를 점령하여 팽창적 제국주의의 일면을 보여주었다. 1922년까지 지속된 영국의 보호하에 높아진 이집트인의 반영감정은 오스만튀르크가 제1차 세계대전 당시 영국이 속한 3국연합이 아닌 3국동맹에 참여하는 결과를 가져왔다.

근대화를 표방하며 야심 차게 시작했던 수에즈 운하 공사가 오히려 이집트를 영국의 속국으로 전락시킨 정치적 사건은 사업의 성과가 단기적으로 나타나지 않는 사회간접자본 건설의 위험, 특히 빚으로 시작한 개발계획의 위험성을 시사한다.

이와는 달리 수에즈 운하가 가져온 경제적 효과는 괄목할 만하다. 물론 처음부터 그랬던 것은 아니었다. 수에즈 운하 개통 후에도 홍해의 북풍으로 인해 범선으로는 희망봉을 돌아서 가는 것이 더 빠르고 쉬워 홍해 교역로는 외면을 당했다. 하지만 바람의 방향이나 속도에 좌우되는 범선 대신 1870년대 증기선의 시대가 열리자 홍해 교역로의 이점이 살아나 지중해 상권이 부활하기 시작했다. 더불어 지중해와 홍해, 인도양이 만나는 교통의 요충지로서 수에즈 운하는 운송비의 절감과 동시에 늘어난 세계 무역량을 충당하기 위한 해운업의 발달을 불러왔다. 1910년경 수에즈 운하를 지나는 선박 화물의 60% 이상이 영국 화물이었다는 사실에서 경제대국의 면모가 여전했음을 엿볼 수 있다.

열강들의 이해관계 속에 수난의 시기를 보낸 수에즈 운하는 99년간의 관리권 시효 만기를 13년 남겨둔 1956년, 가말 압델 나세르(Gamal Abdel Nasser) 대통령의 국유화 선언으로 이집트인의 품에 돌아왔다. 오늘날 매년 세계 선박의 8%가 통과하며 이집트 GDP의 20%에 달하는 50억 달러의 통행료 수입을 안겨주는 수에즈 운하는 나일 강과 함께 이집트의 마르지 않는 보고임이 분명하다. 하지만 점차 기업화하며 세력을 확장한 소말리아 해적들로 수에즈 운하의 통행은 안전성을 훼손당하고 있다.

증기선이 도입되기 이전 유럽에서 배에 실어 보낸 편지는 희망봉을 돌아 무려 다섯 달에서 여덟 달이 걸려 인도에 도착했다고 한다. 하지만 수에즈 운하가 개통되고 증기선이 대양을 가로지르며 진행된 운송 통신의 발달은 런던에서 보낸 편지가 두 달 안에 인도 캘커타에 도착하는 쾌거를 이루었다. 불행하게도 이러한 기술진보는 영국의 인도 지배를 수월하게 했고 이집트와 더불어 아프리카의 식민화를 가속화시켜 어두운 역사의 한 페이지를 장식하기도 했다.

- 이때 우리는

이집트의 재정 파탄으로 채무 지불을 연기한 1876년, 조선(고종 13년)에서는 해외 열강들의 개항 요구에 결국 일본과 강화도조약을 체결했다. 강대국 앞에 선 풍전등화와 같은 이집트와 조선의 운명이 무척 닮았다.

31

바닷길을
개척하라

지중해와 홍해를 연결하여 운송혁명을 가져다준 수에즈 운하 개통에 이어 인류는 다시 한번 자연의 장벽을 무너뜨리는 데 도전했다. "하나님이 연결해놓으신 땅을 인간이 나눌 수 없다"며 운하 건설 대신 노새의 이용을 고집한 스페인의 펠리페 2세를 비웃기라도 하듯 미국에서 추진한 파나마 운하 건설이 아메리카 대륙에 불러온 정치·경제적 변혁에 대해 살펴보자.

파나마 운하 건설 계획은 16세기 스페인 식민지시대로 거슬러 올라간다. 영국이 인도 지배를 공고히 하기 위해 수에즈 운하 건설에 반대했듯이 스페인 역시 경쟁국들이 쉽게 자국 식민지에 도달할 수 있는 길을 원하지 않았기 때문에 운하 계획을 포기했다. 하지만 20세기 들어서 동부의 뉴잉글랜드 지방을 중심으로 조금씩 영토를 넓히며 세력을 확장하던 미국에 의해 대서양과 태평양을 최단 거리로 이어주는 운하가 건설되었다.

1914년 운하를 개통하기까지 이어지는 파나마 운하의 건설 과정을 살펴보자.

1848년 캘리포니아에서 발견된 금광으로 불기 시작한 골드러시와 함께 서부에 대한 관심이 커지면서 미국에서는 서진정책이 본격화되었다. 그 일환으로 대서양과 태평양을 끼고 있는 지정학적 입지를 살려 카리브 해의 가장 좁은 파나마 해협에 운하를 건설함으로써 동부와 서부의 길이를 단축하려는 야심 찬 계획을 수립했다.

1880년, 수에즈 운하를 개통시킨 경험이 있는 프랑스의 레셉스가 의욕적으로 일을 시작했으나 기술적인 문제와 자금난에 봉착하여 결국 8년 만에 포기하고 말았다. 이후 스페인과의 전쟁(1898)에서 승리한 미국이 카리브 해역은 물론 태평양 일대를 수중에 넣자, 카리브 해의 지배권을 견고하게 해줄 운하 건설의 필요성을 절감하게 되었다.

미국은 프랑스 운하회사에서 굴착권을 사들이고 1903년에 콜롬비아의 국토 9.5km²를 빌리는 조약을 맺었다. 하지만 더 많은 임대료를 원한 콜롬비아가 조약 비준을 거부하자 미국은 파나마 지역을 콜롬비아로부터 떼내기 위해 폭동을 선동했다. 그 결과로 탄생한 것이 파나마공화국이다. 미국은 이 신생 독립국에게 독립 자금을 지원하여 훨씬 많은 땅, 16km²에 대한 영구 임대권을 보장받았다. 그리고 1904년 물길을 뚫는 공사를 시작으로 1914년 대서양과 태평양을 잇는, 길이 82km의 파나마 운하를 개통했다.

이로써 동부 뉴욕과 서부 로스앤젤레스와의 거리가 남미를 경유할 때보다 40%나 단축되었다. 8~9시간이 걸리는 뱃길을 통과하기 위해 톤당 2.6달러에 해당하는 통행료를 지불해야 했지만, 기존 항로에 소요되는 비용의 1/10 정도밖에 되지 않았다고 하니 시간과 비용상의 절감을 가져다준 제2의 운송혁명이라 할 만하다.

운송혁명을 불러왔다는 수에즈 운하와 파나마 운하는 여러 면에서 서로 비교된다. 수에즈 운하로 인해 이집트가 영국의 속국으로 전락하는 비운을 맞았다면 파나마는 파나마 운하 덕에 미국의 지원을 받아 독립국이 될 수 있는 절호의 기회를 포착했다. 그럼에도 불구하고 파나마 운하는 미국에 100년간 조차(租借: 특별한 합의에 따라 한 나라가 다른 나라 영토의 일부를 빌려 일정 기간 동안 통치하는 일)되어 1999년 12월 31일 파나마에 다시 귀속될 때까지 정치·경제적 예속의 대명사가 되었다.

미국은 파나마와는 물론 다른 행보를 보였다. 수에즈 운하를 통제하며 팍스 브리태니카를 영위했던 영국처럼 미국 역시 파나마 운하를 통해 제해권을 얻어 팍스 아메리카나(Pax Americana)의 기조를 다지게 되었다. 그러고 보면 '바다를 지배하는 자 세계를 지배한다'는 말은 팍스 로마나 이후 여전히 유효한 듯하다.

여전히 파나마 운하에 대한 통제권이 미국에 있다고는 하지만 파나마가 운하 관리권을 제대로 행사할지에 대한 국제사회의 우려를 뒤로 하고, 파나마는 선박의 대형화에 발맞추어

2007년부터 시작한 제2의 운하 건설을 경제성장의 동력으로 활용하고 있다.

이제 파나마 운하에 이어 북아메리카의 정치·경제적 판도를 바꾸어놓을 새로운 북서항로[20]에 대하여 살펴보자.

이 북서항로 역시 자연장애물로 인해 인간의 경제활동을 제약했다는 점에서 수에즈·파나마 운하와 비견된다. 리버풀과 샌프란시스코의 항해 거리를 단축시켜 유럽과 아메리카 대륙을 가깝게 해준 파나마 운하는 인간이 자연에 도전하여 인위적으로 쟁취한 결과였다. 이와는 달리 북서항로는 20세기 말부터 심각해진 지구온난화 현상과 더불어 저절로 생겨난 지름길이다.

희망봉을 돌아가는 인도 항로를 발견하여 인도의 향료를 독점한 포르투갈처럼 16세기에 들어서면서 동양에 이르는 최단거리를 찾으려는 네덜란드와 영국, 프랑스 앞에 북아메리카 북단 해안선을 따라 지나는 북서항로가 다가왔다. 북서항로를 선점하려는 영국과 프랑스의 경쟁 속에 북아메리카가 속속들이 탐사되었고 곧 이들의 식민지가 되었다. 이런 탐사에도 빙하에 둘러싸여 있어서 수많은 탐험가에게 그 모습을 보여주지 않았던 캐나다 북쪽의 바닷길이 있었는데 1990년대에 이르러 모습을 드러내면서 시간과 비용을 절약해줄 새로운 가능성으로 부각되었다. 북서항로가 완전히 열리게 되면 미국과 유럽, 아시아의 거리가 엄청나게 단축될 것이다. 수에즈 운하를 통

20 대서양에서 북아메리카의 북쪽 해안을 따라 태평양에 이르는 항로로 1903~1906년에 로알 아문센(Roald Amundsen)이 처음으로 항해했다.

해 약 2만 km로 다가온 유럽과 아시아 두 대륙은 북서항로를 경유하게 되면 1만 km대로 단축된다. 이런 장점 때문에 이 바닷길을 둘러싸고 미국과 캐나다의 정치·경제적 갈등이 깊어져가고 있다.

새로운 북서항로로 인해 파생될 주권의 자유와 항해의 자유를 둘러싼 이해관계를 따지는 것보다 지구온난화로 사라져가는 빙하를 구할 방법을 모색하는 것이 인류를 위해 더 현명한 일이 아닌가 싶다.

● 이때 우리는

파나마 운하 개통과 더불어 아메리카 대륙에 변혁의 바람이 불었던 1914년, 일제강점기 우리 땅에서는 이화학당 대학과에서 처음으로 여학사 3명을 배출하여 여성 교육의 시작을 알렸다.

세계대공황

32

활황을 이루던 뉴욕 증시가 1929년 10월 24일 암흑의 목요일을 맞아 곤두박질치면서 자본주의 세계를 공포로 몰아넣었던 대공황이 시작되었다. 떠올리기 싫은 그 시대로 시곗바늘을 돌려보자.

제1차 세계대전으로 세기말적 번영이 파괴된 유럽은 옛 시절의 영광을 되찾기 위해 끊임없이 복구에 매진했고 황금의 1920년대를 이끌어냈다. 전쟁 전의 제도 도입이 전쟁 이전의 영화를 가져올 것으로 확신한 나라들은 앞다투어 금본위제로 환원했다. 그러나 변한 경제적 위상을 고려하지 않고 도입된 금본위제는 상호 협조적 재건을 불가능하게 한 경제민족주의와 함께 경제적 어려움을 가중시켰다. 전쟁 부채와 배상금 문제로 점철된 제1차 세계대전 이후 자국의 경제 회복을 위한 경제민족주의가 확산되었기 때문이다.

세계대공황은 기계에 의한 대량생산에 이어 경영합리화를

꾀한 결과 2년간 경제활동을 하지 않고도 전 세계 인구가 살아
갈 정도의 과잉생산이 문제가 되면서 일어났다. 그러나 세계
대공황이 발생한 원인에 대하여 정확하게 밝힌 이론은 없다.

유효수요 부족에서 대공황의 원인을 찾는 존 케인스(John M.
Keynes)와 그의 추종자들(Keynesian)은 주가 폭락으로 순자산을
상실한 소비자들이 소비를 줄이면서 재고가 늘어났고 이것이
생산 감축으로 이어져 실업자를 양산했다는 지출가설을 주장
했다. 이는 실질 부문에 투자 가능성이 줄어들었던 당시의 상
황을 반영하고 있다. 1924년 할당이민법 개정으로 이민이 감
소하면서 주택과 내구성 소비재 등의 실질 부문에 투자가 이
루어지지 못했기 때문이다.

이런 전통적 사고에 맞서 과열된 주식시장의 투자를 진정시
키기 위해 높은 금리와 긴축통화정책을 편 것이 치명적이었다
는 밀턴 프리드먼(Milton Friedman)의 통화가설은 실질적 요인
보다는 화폐 부문에, 구조적 요인보다는 경제정책에, 국제 경
제제도나 통화제도의 작동보다는 미국의 국민경제에서 그 근
원을 찾는다. 이렇듯 통화론자들은 뉴욕(시장)에서 워싱턴(정
부)으로 금융의 주도권이 옮겨 가면서 빚어진 미국 금융정책
실패를 대공황의 요인으로 보았다.

이 밖에도 전쟁 이후의 경제 및 금융구조의 변동에서 온 금
융불안정가설을 주장한 찰스 킨들버거(Charles Kindleberger)의
견해에도 일리가 있다. 경제민족주의를 대변하듯 52%의 높은

관세를 부과한 스무트-홀리 관세법은 1,000여 명의 경제학자들의 반대에도 불구하고 1930년 제정되어 독소로 작용했다. 게다가 서로 다른 주기를 가진 경제순환의 경기후퇴 국면이 우연히 일치하면서 위기감이 더욱 고조되었다. 또한 1925년 이후 세계적인 농산물 과잉생산으로 폭락한 농산물 가격 역시 대공황에 결정적인 타격을 주었다.

대공황의 원인을 둘러싼 논쟁처럼 대공황의 진원지에 대한 논쟁도 여전하다. 전쟁 회복을 위해 과잉경기를 유도했던 유럽을 그 진원지로 보는 허버트 후버(Herbert Hoover) 대통령과는 달리 유럽은 전쟁 부채를 변제해주지 않은 미국을 공황의 진원지로 보았다. 당시 미국은 긴축통화정책의 실패를 비롯하여 농산물 가격의 하락과 미국 은행의 취약점이 나타난 제1차 은행공황(1930)의 여파로 자본시장의 붕괴, 부진한 건설경기 등 산재한 문제를 안고 있었다. 미국이 이미 1928년부터 자본수출과 상품수입을 줄임에 따라 세계경제에 긴장감을 몰고 왔다는 부인할 수 없는 사실이 미국 진원지설에 무게를 실어준다.

자본주의 시장경제와 무관하게 계획경제를 실시했던 소련을 제외한 전 세계가 대공황으로 파산과 실업의 악순환을 겪으며 세계의 공업 생산 능력이 44%나 감소되었다. 미국의 경우 4명 중 1명이 실업 상태(1933)로 1,500만 명에 육박했던 실업자의 숫자가 경기 침체의 심각성을 말해준다.

영국의 경우 금융의 지도적 입장과 대영제국을 유지하기 위해 산업과 국내 이익을 무시하고 은행가와 채권자에게 유리한 고평가로 1925년 금본위제를 도입한 것이 화근이었다. 평가절상으로 인해 부진해진 수출이 성장 둔화를 불러왔다. 설상가상으로 독일에서 배상금으로 들여온 석탄으로 인해 석탄업계가 총파업에 돌입하면서 어려움을 가중시켰다. 전쟁 직후 행해진 무분별한 설비 확장 역시 생산 설비의 가동률을 저하시켰고 실업자도 300만 명에 달했다.

천문학적 전쟁 배상금을 해결해야 하는 독일 역시 이미 대공황 이전에 위기설을 안고 있었다. 독일의 경제 부흥을 지원한 도스 계획(Dawes Plan)에도 불구하고 높은 외자 의존도와 수출 및 투자 부진 등의 구조적 문제가 경제성장의 둔화로 이어져 공업 생산력이 40% 감소했기 때문이다. 1920년대 전쟁 부채와 함께 국제관계의 독약 역할을 하던 배상금 문제가 그나마 1년간 배상금 지불을 유예하는 후버 모라토리엄의 선언으로 해결되어 독일의 숨통을 열어주었다.

유효수요의 부족으로 세계대공황이 발생했다는 존 케인스의 진단에 따라 정부 주도의 공공투자 방안이 각국에서 실시되면서 대공황은 회복 국면에 돌입했다. 임금과 외환을 통제하고 정부 지출을 늘리면서 세계대공황의 터널을 제일 먼저 빠져나온 독일이 군비 확장에 돌입한 후 제2차 세계대전을 일으켰다.

잘못 운용된 금본위제도에서 경제적 어려움이 가중된 만큼 영국은 1931년 금본위제의 이탈과 더불어 회복기를 맞았다. 파운드의 평가절하가 무역과 투자에 청신호로 작용했기 때문이다. 팽창적 금융정책으로 이자율이 하락했고 건설 붐이 일어났다. 하지만 여전히 전통적 주요 산업에 관련된 고전적 정책을 지속하고 투자 배분을 잘못하면서 예전의 영화를 회복할 기회를 놓쳤다.

1933년 뉴딜정책[21]으로 금본위제에서 벗어난 미국도 생산성이 향상되며 회복기에 들어섰다. 이 정책은 장기적인 제도 변화를 불러와 기업가의 신뢰를 높이고 투자를 활성화시켰다. 하지만 일부 학자들은 공공사업이 오히려 정치적 목적에 치우쳐 자원 배분의 왜곡을 불러왔다고 평가하기도 했다. 금본위제를 늦게까지 고수한 프랑스는 회복이 가장 늦게 나타났다.

이로써 세계대공황은 미국에 국한된 현상이 아닌 세계적 현상임을 알 수 있다. 1920년대 경제구조가 안고 있던 문제와 전쟁 배상금, 전쟁 부채 등의 심리·정치적인 요인이 복합적으로 작용한 결과였다. 따라서 세계경제에 리더십을 행사할 수 있는 주도국이 있었다면 쉽게 해결할 수도 있었을 것이다. 힘을 소진한 노장 영국과 주도국 역할을 받아들일 의사가 없었던 미국의 엇갈린 행보에 관심이 쏠리는 이유이기도 하다.

2008년 9월 세계대공황의 재현이 아닌가 하며 놀란 가슴을 쓸어내리게 한 사건이 미국을 강타했다. 서브프라임 모기지의 부실 대출에서 비롯되어 150년 전통의 리먼 브라더스사

21 카드를 처음부터 다시 돌려 새롭게 게임을 시작한다는 의미를 가진 뉴딜 정책은 프랭클린 루스벨트(Franklin Roosevelt) 대통령이 1933년 취임과 함께 대공황 타개책으로 특별금융법과 금본위제 폐지, 산업부흥법, 테네시 유역 개발사업 등을 시행한 정책이다.

를 파산으로 몰고 간 이 미국발 금융 위기는 천문학적인 공적 자금의 투입에도 불구하고 경기 침체를 전 세계로 확산시켰다. 이후 그리스의 재정 위기에서 시작된 2012년 유럽발 금융 위기는 유럽의 야심 찬 경제통합 프로젝트인 유로존의 존립을 위협하며 세계경제의 근간을 흔들어놓았고 호사가들은 이를 1930년 세계대공황 이래 최대의 위기라고 평했다.

인재였든 정책적 실패였든 마르크스가 예언한 자본주의의 종말처럼 여겨졌던 세계대공황은 제2차 세계대전과 더불어 긴 터널을 벗어났다. 그래서일까. 세계대공황에 비견되는 금융 위기가 찾아오면 전쟁이라는 극약 처방에 대한 두려움이 먼저 앞선다. 기우이길 바랄 뿐이다.

• 이때 우리는

세계를 대공황의 그늘로 몰아간 1929년 말, 일제강점기 우리 땅에서는 광주학생운동이 일어나 항일 운동의 도화선이 되었다.

새롭게 꿈틀대는 젊은 대륙, 인도

'인도는 하나의 세계이고 인도의 주는 하나의 나라'라는 말처럼 길따라 다양하게 변하
는 풍광, 대한민국의 서른두 배에 달하는 넓은 국토에 12억 인구가 사는 나라. 다양한
문화와 인종, 종교, 언어가 공존하며 신화가 풍부한 나라. 아시아의 거대 소비 시장으로,
새로운 경제 강자로 부상하고 있는 인도는 어떤 나라인가? 그 궁금증을 풀어볼 차례다.

수수께끼에 휩싸인 세계 4대 문명 중 하나인 인더스문명은
기원전 2300년경 인더스 강 유역의 모헨조다로와 하라파(현재
파키스탄)를 중심으로 발상했다. 성채와 벽돌집, 공중목욕탕은
물론 하수 시설을 갖춘 정방형의 계획도시로 이루어진 이 문
명은 목화와 귀금속, 밀을 수출하고 양모와 직물, 동을 수입한
메소포타미아와의 교역으로 번성했다. 그러다 기원전 1700년
경 홍수와 지각변동으로 급속히 붕괴되었다. 뒤이어 마차로
무장한 아리아인이 기원전 1000년경 갠지스 강으로 진출하며
인도의 중심이 갠지스 강으로 이동했다. 갠지스 강의 범람은
주변을 비옥한 옥토로 변화시켜 인도의 문명을 일구어냈다.

인도인들의 삶과 정치, 경제를 비롯한 모든 것의 출발인 종교부터 살펴보자. 조금만 과거로 거슬러 올라가도 힌두교인이 많은 남부에서는 금화를, 북부의 무슬림은 은화를 사용하는 등 종교에 따라 화폐경제가 양분된 것을 알 수 있다. 직업에 따라 4,000여 개로 세분화된 힌두교의 카스트는 유럽의 동업조합처럼 기술의 진보와 전문화, 사회적 유동성을 저해하는 요소로 작용했다. 82%에 달하는 힌두교도에게 성스러운 갠지스강 중류에 위치한, 인도에서 가장 오래된 도시이자 가장 성스러운 도시인 바라나시에서는 도저히 자본주의 정신이라고 일컫는 합리성은 찾아볼 수 없다.

자본주의 물질문명과는 거리가 먼 듯한 이런 모습에도 불구하고 인도만큼 서구의 자본주의와 밀접한 나라도 드물다. 로마제국 때 이미 중국의 비단만큼이나 인도의 후추에 열광했던 로마인들로 인하여 로마와 인도를 잇는 스파이스로드가 활성화되었다. 로마의 금화가 인도로 흘러들어 '인도가 로마의 부를 흡수한다'고 개탄할 정도였다. 그 이후로도 유럽이 신대륙에서 가져온 귀금속은 후추와 육두구 등의 향신료와 교환되어 무굴제국(1526~1857)의 금고로 들어가 나올 줄 몰랐다. 이 말을 뒷받침해주듯 죽은 왕비를 기리며 22년간 2만여 명을 동원하여 건축한 흰 대리석의 타지마할은 오늘날에도 무굴제국의 영화를 유감없이 보여준다.

후추를 손에 넣기 위한 유럽의 노력은 콘스탄티노플 함락

후 스파이스로드가 폐쇄되면서 인도로 가는 또 다른 길을 찾는 것으로 이어졌다. 그 결과 바스쿠 다 가마가 1498년 인도양을 경유하여 인도로 가는 해로를 발견하면서 포르투갈이 인도양 교역의 선두주자가 되었다. 1505~1515년 고아 등지에 상업 지역을 건설한 포르투갈은 후추 독점으로 엄청난 이윤(약 400%)을 얻었지만 100년 뒤 동인도회사를 앞세운 네덜란드(1600)와 영국(1602)에 주도권을 넘겨주어야 했다.

이렇듯 후추를 둘러싼 유럽 각국의 경제·정치적 이해관계가 영국의 식민지배로 이어진 것은 무굴제국의 종교·정치적 갈등과 분열 때문이었다. 이슬람교를 국가정책의 기본 방침으로 하는 무굴제국은 대부분의 인구가 힌두교도인 만큼 이들에게 부과하던 차별적인 세금을 철폐하고 종교적 관용을 베풀었다. 하지만 최대 제국을 건설한 제6대 황제 아우랑제브(Aurangzeb)가 힌두교의 전통과 관습을 무시하고 이슬람화를 꾀하면서 관용이 사라진 뒤 급속히 쇠퇴했다.

내부적으로 취약했던 인도가 영국에는 세계 중심국가로 성장할 동력이었다. 1662년 영국의 찰스 2세와 결혼한 포르투갈 공주가 지참금으로 가져온 봄베이(현재 뭄바이)를 영국은 인도 교역의 교두보로 삼았다. 해외 식민지를 놓고 고조된 영국과 프랑스의 반목은 7년전쟁으로 더욱 악화되어 그 여파가 인도에까지 파급되었다. 서양이 동양에 대한 콤플렉스를 극복했다고 말하는 1757년 플라시전투를 통해 영국이 프랑스를 제압하고 동인도회사를 주축으로 인도를 지배하게 되었다.

결국 인도인 용병 세포이의 항쟁(1857) 이후 영국은 인도 전역을 식민지화하여 영국령 인도제국(1877~1947)을 건설했다. 후추의 결제 대금으로 무굴제국 태수의 보물창고에 들어갔던 신대륙의 보화는 결국 영국으로 다시 건너가 산업혁명의 자금으로 활용되었다고 하니, 귀금속의 먼 여행이 또 하나의 변혁을 가져왔음을 알 수 있다.

영국의 지배는 인도 경제에 엄청난 파국을 초래했다. 값싸고 가벼운 면직물 캘리코를 생산하여 수출하던 인도의 토착 면업은 1701년 영국이 자국의 모직물 산업을 보호하기 위해 내린 인도 면직물의 수입 금지 조처로 붕괴되었다. 그 결과 경제기반이 무너진 인도는 영국의 원자재 공급처와 공산품 시장으로 전락했다. 영국은 1853년 아시아에서 가장 먼저 인도에 철도를 부설했다. 소금행진과 물레 등으로 대표되는 마하트마 간디(Mahatma Gandhi)의 무저항운동은 영국의 상업적 독점에 대항한 대표적 운동이라 할 수 있다.

1947년 독립 이후 소련식 경제모델을 도입하여 폐쇄경제정책을 폈던 인도는 가난에서 벗어나고자 시행한 1991년 개혁개방정책으로 놀라운 성장세를 지속하고 있다. 다즐링, 아삼 등의 차 생산국에서 인도의 실리콘밸리라고 부르는 방갈로르를 중심으로 IT, BT 등의 기술 집약적 산업을 육성하여 기술 강국으로 입지를 굳히고 있다. 또 세계화의 언어인 영어와 수학, IT 능력을 갖춘 인도의 인재들이 글로벌 경제의 주역으로 주목받으며 실리콘밸리 등 세계 유수의 기업에서 일하고 있다. 부족한 사회간접자본과 종교·인종적 이유에서 발생하는 주변 국가와의 분쟁 등은 경제대국으로 발돋움하려는 인도가 풀어야 할 과제다.

1990년대 말 경제적 힘의 이동을 말해주던 브릭스(BRICS)는 21세기에 세계 인구의 1/3을 차지하며 세계 생산량의 50%를 점유하는 인도와 중국 양국을 일컫는 친디아(Chindia)로 대체되었다. 서양의 청바지와 인터넷을 접한 신세대를 지칭하는 인도의 지피족은 인도를 이끄는 힘이라 할 수 있다. 고대 문명이 살아 숨 쉬는 인도는 인구 고령화를 염려하는 나라들과는 달리 35세 이하의 젊은이가 65% 이상인 젊은 대륙으로 경제 활력이 넘쳐난다.

카스트차별금지법(1950)에도 불구하고 3,500년간 지속된 카스트 신분제도가 여전히 영향력을 발휘하는 인도에서 자본주의 시장경제가 과연 어떤 모습으로 피어날지 궁금하기만 하다. 인도가 2042년 중국에 이어 2위 경제대국이 될 수 있을까?

● 이때 우리는

인도에서 간디가 영국에 대항하여 불복종운동을 시작한 1919년 4월보다 한 달 앞선 1919년 3월 1일, 일제강점기 우리 땅에서는 대한 독립 만세를 부르며 항일운동을 벌였다.

34

중남미 경제의 어제와 오늘, 그리고 내일

유카탄 반도의 유카탄이란 '네? 뭐라고요?'라는 뜻이다. '여기가 어디냐'고 묻는 스페인 사람들에게 원주민이 이렇게 되묻은 것을 지명으로 착각한 결과다. 이렇게 잘못 이해하여 생겨난 지명이 라틴아메리카에는 수두룩하다. 인류의 최초 문명이 강을 끼고 생겨난 것과는 달리 고산지대에서 독자적으로 발상한 마야와 잉카, 아즈텍문명권으로 가보자.

콜럼버스의 신대륙 발견과 더불어 외부 세계에 알려진 아메리카의 고대 문명은 해독이 가능한 이집트의 설형문자나 수메르의 쐐기문자와는 달리 기록용 문자가 없어 여전히 베일에 싸여 있다. 마야와 아즈텍문명은 다른 작물에 비해 적은 노동력으로 많은 수확을 얻을 수 있는 옥수수를 경작한 덕분에 많은 시간을 계단식 피라미드와 같은 신권 국가를 강화시키는 공사에 투입하여 문명 발전을 가속화했다고 한다. 또한 유럽인의 정복욕을 자극했던 엄청난 매장량의 금과 은에도 불구하고 이 문명권에서는 유럽인이 들어오기 전까지 석기를 사용하며 농경과 교역에 주력했다.

말을 타고 황금을 찾으러 온 유럽인들은 대륙의 삶을 송두리째 바꾸어놓았다. 스페인과 포르투갈이 현지의 종교와 언어, 문명을 파괴하면서 이 거대한 대륙을 정복했기 때문이다. 유럽의 극히 작은 나라들이 전 세계 면적의 15%, 인구의 6%를 차지하는 중남미 대륙을 지배했다. 1494년 토르데시야스 조약에 의거하여 스페인과 포르투갈이 대륙을 양분한 흔적은 오늘날에도 포르투갈령인 브라질을 제외한 대부분의 지역에서 하나의 언어, 즉 스페인어를 사용하고 있다는 점에서 찾을 수 있다. 비록 식민지시대의 유산이라 할지라도 스페인어는 오늘날 중남미의 경제통합에 유리하게 작용하고 있다.

남미 대륙을 지배한 스페인은 대서양 교역을 통해 유럽의 새로운 강자로 부상했다. 엔코미엔다제도(신탁제도)에 의한 인디오의 강제 노역과 아프리카 흑인 노예들의 노동으로 채굴한 엄청난 양의 금과 은을 스페인은 1503년에서 1660년 사이 자국으로 가져갔다. 특히 16세기에 볼리비아의 포토시 은광에서 채굴한 은은 세계 최대 규모였다. 포토시 화폐 박물관의 추정치로는 포토시에서 빠져나간 은만 해도 800만 톤에 달했다고 한다. '풍요로운 산'이라는 뜻의 세로리코 산(Cerro Rico: 당시 5,100m)은 그야말로 스페인의 부를 책임진 셈이다. 산의 높이가 300m나 낮아졌을 정도로 엄청나게 채굴한 덕에 값이 쌌던 신대륙의 은이 독일 은과의 경쟁에서 이기면서 독일 은과 연계된 베네치아의 상권을 무력화시켰다. 더 나아가 유럽으로 유입된 귀금속은 유럽에서 가격혁명을 유발시키며 사회·경제적 변화를 불러왔다.

인디오들의 고단한 삶은 신대륙 발견 당시 5,000만 명 정도였던 인구가 150년 후 500만 명으로 줄어든 것에서도 알 수 있다. 강제 노역 이외에도 인디오들은 유럽인들이 전염시킨 홍역과 천연두와 같은 질병에 고스란히 노출되었기 때문이다.

17세기에 들어서 새로운 패자로 등장한 네덜란드와 영국에 남미의 주도권이 넘어갔지만 원주민들의 삶은 나아지지 않았다. 아프리카 노예를 들여와 사탕수수 농장을 경영하며 유럽 본국과 연결되었던 식민지들은 미국의 독립과 프랑스 대혁명의 영향을 받아, 1806년 아이티를 시작으로 독립을 쟁취했다.

독립 이후에도 심한 빈부 격차와 정치적 불안정에 시달리던 남미 국가들은 19세기 중반 이후 유럽의 이민자들과 자본에 힘입어 세계시장에 1차 산품 수출국으로 편입했다. 특히 영국의 막대한 자본이 투자된 아르헨티나와 같은 나라는 선진국 대열에 합류하기도 했다. 자원이 풍부한 남미 국가는 유럽의 산업화에 필요한 원자재와 육류, 곡물 등의 식량 공급처로 유럽 시장과 긴밀하게 연결되었다.

하지만 세계시장에 지나치게 의존했던 남미 국가들은 유럽의 원자재와 식량에 대한 수요가 감소한 제1차 세계대전과 함께 세계시장에서 주변국으로 밀려났다. 수출의 영향으로 생산을 늘렸던 열대 농작물의 경우처럼 재래식 경작방식을 고수하고 값싼 노동력 투입에만 의존하는 등 무역을 성장의 동력으로 활용하지 못한 결과다. 무역으로 얻은 잉여자본을 국내 인프라 구축과 산업 발전에 투자하지 않은 탓도 있었다. 1차 산품국으로 세계시장에 같이 진출했던 미국이 지속적 기술 발전을 꾀하며 제1차 세계대전 이후 공업국으로 발돋움한 것과 크게 대비된다.

원자재 공급처로 남미의 입지가 줄어든 데는 독일의 실험실도 한몫했다. 브라질의 천연고무를 손에 넣을 수 없었던 독일은 합성고무를 제조하고 칠레의 초석을 대체할 인공 질산염을 만들어 원자재 가격의 하락을 초래했기 때문이다.

식민지적 유산이 지속되던 20세기 중반, 세계시장의 종속성에서 탈피하고 국내시장을 활성화시키기 위해 군부나 독재정권에 의한 정부 주도형 경제 발전이 추진되었다. 그 결과 1960~1970년대 부분적으로 안정적인 경제성장이 가능했다. 그러나 남미에는 현재도 빈부 격차와 정치 불안, 누적되는 대외 채무, 통화 남발로 인한 인플레이션과 같은 문제가 산적해 있다. 남미가 직면한 경제위기는 1982년 멕시코 위기 이후에도 여전하다. 계속되는 경기 침체와 사회적 불평등은 대중의 인기를 얻기 위한 포퓰리즘으로, 이것이 다시 경제 파탄으로 이어지는 악순환을 거듭하고 있다. 과연 이런 구조적인 악순환이 언제까지 지속될 것인가?

게다가 워싱턴 컨센서스(Washington Consensus)[22]에 따라 시

22 1990년대 미국 행정부와 국제통화기금, 세계은행이 주축이 되어 중남미 국가들에 제시했던 개혁 처방을 일컫는다.

● **멕시코 아즈텍문명
의 피라미드**
스페인에 정복되기 전
멕시코 고원에서 꽃핀
아즈텍문명은 계단식 피
라미드를 건설하며 신권
국가적 면모를 보였다.

장개방과 민영화를 추진해온 미국형 신자유주의 정책이 실패
하자 1999년 베네수엘라를 시작으로 남미 국가의 절반 이상
이 좌파정권으로 돌아섰다. 한 세기 전처럼 다시금 원자재 가
격이 급등해 남미 국가의 위상이 높아지는 상황에서, 반미노
선을 택하여 미국 주도의 자유무역체제에 반기를 든 남미 좌
파정권의 행보에 관심이 집중된다. 그 선봉에는 미국에 맞서
자원민족주의로 경제적 독립을 주장하는 남미 최대 산유국 베
네수엘라의 좌파 대통령 우고 차베스(Hugo R. Chavez Frias)가
있었다. 그의 죽음과 함께 구심점을 잃은 남미 좌파정권이 심
각한 경제난을 해결하기 위해 어떤 노선을 취할지 지켜볼 일

이다.

새롭게 경제 도약을 하고 있는 브릭스의 국가 브라질에서는 좌파 성향의 룰라 다 실바(Lula da Silva) 대통령이 실용주의 중도노선의 개혁으로 경제성장의 가능성을 제시했다. 그러면서 정치적 안정, 그리고 신뢰할 수 있는 시장 친화적 제도와 정책이 경제 발전에 얼마나 중요한지를 보여주었다. 그럼에도 70% 이상의 국토를 소수의 부자가 차지하고 있는 극심한 빈부 격차와 첨단산업의 부재, 원자재 자원국에서 흔히 보이는 네덜란드병의 징후 등은 2012년 GDP 규모 세계 7위로 도약한 브라질이 풀어야 할 과제다.

비옥한 팜파스를 터전으로 농축산물을 수출하는 아르헨티나는 인도와 중국의 경제성장으로 늘어난 육류 소비와 대체에너지원인 콩의 수요에 힘입어 경제위기의 악순환에서 벗어나면서 높은 경제성장률을 보이고 있다. 1990년까지 무려 20년 가까이 아우구스토 피노체트(Augusto J. R. Pinochet Ugarte) 독재를 경험한 칠레 역시 라티푼디움(대토지소유제)은 감소했지만 농업 생산성이 여전히 낮아 식량의 대부분을 수입하는 1차 산업 국가다. 하지만 21세기 무역 환경에 적응하여 2004년 한국과도 자유무역협정(FTA)을 체결하며 경제성장을 꾀하고 있다.

남미를 양분하는 경제블록인 남미공동시장과 안데스공동시장의 통합을 추구하는 남미연합(UNASUR)이나 중남미 전체 GDP의 1/3을 차지하는 태평양동맹(Pacific Alliance: 멕시코, 칠레, 콜롬비아, 페루)과 같은 경제공동체를 통해 이 지역의 통합이 가속화되면서 원자재와 에너지 시장에서 남미 국가들의 자주적인 목소리가 높아졌다. 5억 명이 넘는 남미 인구 중 10%에 달하는 인디오의 목소리에도 귀 기울여주는 관용이 기대되는 21세기다.

마야의 역법은 2012년 12월 21일 인류의 멸망을 예언했고, 그 예언은 실현되지 않았다. 현재 사용하고 있는 그레고리력보다 더 정확한 역법을 가졌던 마야인이 태양신에게 에너지를 주는 산 제물의 피가 없으면 아침 태양이 떠오르지 않는다고 믿었다는 것이 의아하기만 하다.

● 이때 우리는

남미의 귀금속이 유럽으로 대량 유출됐던 1678년, 조선(숙종 4년)에서는 상평통보를 법화로 채택하여 동광 개발에 힘썼다.

35

검은 대륙 아프리카에도
봄은 온다

최초의 직립보행 인류, 루시가 에티오피아에서 발견되면서 아프리카가 인류의 고향으로 밝혀졌다. 인간의 첫 발자국이 시작되었음에도 역설적으로 인간의 발자취가 가장 적은 대륙으로 남아 태초의 자연 상태를 여전히 보여주고 있는 아프리카로 떠나보자.

페니키아의 거점 도시 카르타고를 중심으로 고대부터 아프리카의 지중해 연안은 교역이 발달했으나 사하라 사막 이남의 검은 아프리카는 오랫동안 외지인과 동떨어진 미지의 세계였다. 수면병을 일으키는 쩨쩨파리와 습한 기후로 인해 낙타가 수단 서쪽 사바나 지역으로는 이동할 수 없었기 때문이다.

이렇듯 자연조건에 의해 인간의 발길이 가장 적게 닿은 아프리카 오지에도 8세기 후반 대상들이 낙타를 타고 사막을 지나 사바나 접경까지 오고 갔다. 정기적인 사하라 사막 교역으로 사바나 지역에 중개무역 도시가 형성되었다. 대상들은 금과 소금, 철, 직물 등을 가져와 노예와 바꾸었다. 신세계로의 노예무역이 시작되기 훨씬 전부터 이슬람 상인들은 잔지바르에서 노예를 주요 교역품으로 취급했다.

대상들의 정기적인 방문으로 가나제국과 세네갈 지역이 점차 이슬람화했다. 이슬람 상인들과 교류하는 계층에서 상거래에서 오는 이익을 따져 이슬람교를 받아들인 후 사회 전반으로 이슬람교가 확대된 경우가 이곳이라고 예외는 아니었던 모양이다. 12세기 초 스페인 투델라에서부터 중동 지역을 두루 여행하며 유대인 상인들의 삶을 전한 '투델라의 벤자민(Benjamin of Tudela)'이 있다면 이슬람 세계에는 이븐 바투타가 있었다. 14세기 중반에 북아프리카를 여행한 그는 사하라 사막의 경계 지역이 무역의 분기점이었음을 말해준다.

사하라 사막 이남으로 통하는 교역로가 해안을 따라서 생겨났다. 그중 하나인 소말리아에서 탄자니아의 잔지바르에 이르는 인도양에 접한 해안은 유럽인이 오기 이전부터 아랍과 페르시아 상인들이 주로 왕래했지만 내륙으로의 무역은 18세기까지 별 진전이 없었다. 소말리아에는 소금이나 철과 같은 귀한 재화를 취급하는 전문적 상인들이 존재했다.

이제 이슬람 상인에 이어 아프리카인의 삶을 송두리째 바꾸어놓은 유럽인의 등장에 대하여 살펴보자. 포르투갈 엔히크 왕자의 아프리카 서안 탐험으로 비로소 유럽인의 시야에 들어온 아프리카는 항해술의 발달과 더불어 유럽의 무역 거점지로 부각되었다. 에티오피아 어딘가에 있다는 기독교왕국의 프레스터 요한과 후추 산지를 찾아 나선 포르투갈의 신항로 개척자들은 아프리카 서해안을 따라 1488년 희망봉을 지나서 인도양으로 뻗어갔다. 이로써 사하라 사막 이남으로 통하는 새로운 교역로를 연 포르투갈은 금과 노예, 상아 등을 유럽 상품과 거래했다.

이미 15세기 초 수단의 금을 실어 나른 대상들의 집결지였던 모로코를 정복한 포르투갈은 16세기 초 내륙뿐만 아니라 해안에 대포로 요새화한 교역소를 건설하며 아랍 국가들과 해상 교역로 확보 경쟁을 펼쳤다. 하지만 아프리카 교역상의 커다란 변화는 스페인의 신대륙 발견이 몰고 왔다.

금 거래에 치중했던 아프리카 교역이 신대륙의 사탕수수와 열대성 작물 농장에 필요한 노동력을 공급하는 노예무역으로 탈바꿈했기 때문이다. 이로써 유럽과 아프리카, 아메리카가 서로 경제적 연결 고리가 되는 삼각무역이 성행했다. 기독교 정신에 위배된다고 노예무역을 플랑드르 상인에게 위임한 스페인과는 달리 네덜란드와 영국, 프랑스는 수익성 높은 노예무역에 경쟁적으로 뛰어들면서 부를 축적했다. 4세기에 걸쳐 1,500만 명을 강제 이주시킨 '삼각무역'의 실상과 변천 과정을 살펴보자.

암스테르담과 리버풀, 낭트에서 화주와 화약, 장신구, 직물 등을 싣고 떠난 배는 아프리카의 황금해안과 노예해안(토고와 베냉, 나이지리아), 앙골라, 콩고 등지에서 흑인 노예 상인들과 거

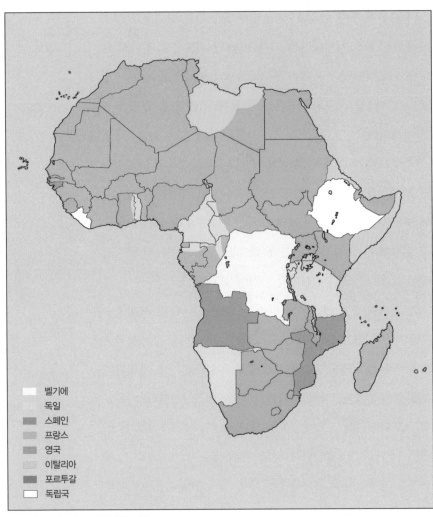

벨기에
독일
스페인
프랑스
영국
이탈리아
포르투갈
독립국

● **1914년경 아프리카의 식민지 분할 상황**
주인 없는 땅처럼 유럽 열강들은 아프리카를 분할하며 식민지로 삼았다.

래하여 노예를 구입했다. 그러고는 신대륙으로 가서 농장주에게 노예를 팔고 유럽으로 싣고 갈 설탕, 커피, 담배 등의 식민지 상품을 구입했다. 식민지 상품에 대한 유럽의 수요가 커지면서 18세기 비인간적인 노예무역은 절정에 달했다. 때를 같이하여 진행된 노예노동에 대한 비판은 19세기 들어 본격적인 노예노동의 금지로 이어져 노예무역에 타격을 주었다. 그 결과 해방된 노예들은 되돌아와 시에라리온에 정착했다.

하지만 아프리카의 기막힌 운명은 해방 노예들의 귀향으로 끝나지 않았다. 아프리카는 1883년, 식민지를 갈망하던 벨기에가 콩고의 영유권을 선언하면서 약육강식의 격전지가 되었다. 아프리카 내륙을 탐험한 선교사 데이비드 리빙스턴(David Livingstone)도 본의 아니게 아프리카의 식민화에 일조했다. 행방불명된 리빙스턴을 찾아 나선 미국의 기자 헨리 스탠리(Henry M. Stanley)가 콩고 강 유역을 탐사하고 알려지지 않은 아프리카의 경제적 가치를 기사화하면서 아프리카가 수탈의 대상으로 부각되었기 때문이다. 아프리카를 '주인 없는 땅'으로 선언하여 선점권의 원칙을 적용시킨 유럽의 제국주의적 발상은 잠베지 강에 위치한 '하얀 물안개가 울려 퍼지다(반투어로 모시오아툰야)'라는 아름다운 이름의 폭포를 영국 여왕의 이름을 따 빅토리아 폭포로 명명한 것에서 극치를 이룬다. 결국 벨기에령 콩고를 기점으로 아프리카는 분할되기 시작했다.

이렇게 제국주의가 본격화되기 이전 해안선을 따라 불과

10% 정도만 식민지였던 아프리카 대륙 대부분이 수십 년 사이 유럽 식민지로 전락했다. 영국과 프랑스의 식민지 경쟁은 이곳에서도 치열하여 사하라 사막을 가로지르는 횡단정책을 폈던 프랑스가 대륙의 1/3 정도를 차지했고 영국이 그 뒤를 이었다. 영국은 다이아몬드와 금광의 주도권을 놓고 네덜란드와 벌인 제2차 보어전쟁(1899~1902)에서 승리하여 네덜란드의 아시아 무역 중계지, 케이프타운을 장악했다.

제국주의가 종식되는 제2차 세계대전 이후로도 한참 지난 1957년 영국에서 독립한 가나를 기점으로 대부분의 국가들이 1960년대 독립을 쟁취했다. 그러나 민족과 문화, 언어에 상관 없이 제국주의자들의 이해관계에 따라 반듯하게 그어진 국경은 오늘날까지 아프리카의 정치·경제·인종 갈등 문제로 남아 있다.

결국 이런 식민지적 유산으로 인한 내전과 기근, 가뭄, 에이즈, 소말리아 해적 등은 경제적으로 낙후된 아프리카의 고단한 현실을 상기시킨다. 아프리카 GDP의 1/3을 차지하는 북아프리카에 2011년 찾아온 '아랍의 봄'이 정치적 혼란을 잠재우고 경제적 안정화를 이룰지, 검은 아프리카라 불리는 사하라 사막 이남이 경제적 낙후성에서 벗어날 수 있을지는 빈곤과 불평등에서 벗어나려고 도전하는 아프리카 국가들의 몫이다.

아프리카는 물류 항구 몸바사(케냐)와 더반(남아프리카공화국), 아프라(가나)를 통해 금과 다이아몬드, 카카오와 커피 등 1차

산품을 수출하고 유럽 등지에서 공산품을 수입하는 등 교역조건이 열악한 상황이다. 따라서 원자재의 수요 증가와 가격 상승에 힘입어 경제성장을 구가하던 아프리카는 2008년 이후 긴밀한 교역관계에 있는 유럽의 경기 퇴조로 인해 어려움을 겪고 있다.

개발되지 않은 천연자원의 보고인 아프리카가 외국 자본과 기술에 의존하여 개발을 추진함에 따라, 21세기에 들어서면서 또다시 선진국의 각축장이 될 소지를 보이고 있다. 그러나 세계 GDP의 2%에 불과하며 세계화도 비켜가는 곳이라는 아프리카라지만, 현재 교통·통신의 인프라를 확장하고 민주주의를 확산시키며 경제통합을 통해 대규모 시장을 형성하는 등 경제적인 비상을 모색하고 있다.

나이로비 국립박물관의 후미진 부속 건물 한편에는 나비로 만든 아프리카 지도가 있다. 영국이 가져가지 않은 것을 후회했다는 이 나비 지도는 아프리카의 보물처럼 아는 사람만이 감상할 수 있도록 후미진 곳에 숨겨져 있다. 아름다운 나비가 비상하듯 조만간 아프리카도 아름답게 도약하기를 기대해본다.

● 이때 우리는

콩고의 영유권을 주장하던 벨기에를 기점으로 열강이 아프리카로 모여들기 시작한 1883년, 조선(고종 20년)에서는 태극기가 국기로 지정되고 조선 최초의 근대신문 「한성순보」가 창간되었다.

제3부

과거로
미래의 경제를 내다보다

36

제국주의의
두 얼굴

남을 지배하려는 인간의 본능에서 표출된 제국주의는 문명 세계와 더불어 시작되었다
고 해도 과언이 아니다. 그중에서도 19세기 중반 자본주의의 또 다른 모습으로 나타났
던 제국주의가 가장 대표적이다. 해외시장을 둘러싼 열강 간의 경제·정치적 대립 속에
다른 민족과 국가를 침략한 지배자와 피지배자의 엇갈린 운명에 귀 기울여보자.

제국주의 하면 먼저 대영제국이 떠오르지만, 제국주의란 말
은 1840년대 나폴레옹의 영광을 재현하려는 나폴레옹 3세
(Napoleon Ⅲ)의 야심 찬 정복정책을 의미한다. 그러다 1870년
대에 이르러 영국에서도 수상 벤저민 디즈레일리(Benjamin
Disraeli)의 대외정책을 비판하며 사용되었다. 한 민족이나 국가
가 다른 집단을 정치·경제·문화적으로 지배하여 종속시키는
정책이기 때문에 부정적인 의미로 쓰였지만, 때론 긍정적으로
받아들여지기도 했다.

제국을 통일한 독일과 미국의 질주에 위기감을 느낀 영국이
1871년 적극적인 제국주의 정책으로 전환하자, 다른 열강들

● 토머스 호즈머 셰퍼
드, 「런던 리든 거리에
있는 동인도회사 본부」,
1817년경, 런던
동인도회사란 17세기 초
영국, 프랑스, 네덜란드
등이 자국에서 동양에
대한 무역권을 부여받아
동인도에 설립한 무역회
사를 통칭한다.

이 합세하며 제국주의가 본격화되었다. 그 이전에 영국은 동
인도회사를 통한 자유무역 제국주의, 즉 수동적 제국주의 정
책으로 정부가 직접 개입하지 않은 채 경제적 실리를 추구했
었다. 물론 인도에서는 세포이 항쟁 이후 동인도회사가 폐지된
1858년부터 영국 정부가 직접 통치했다.

 이 밖에도 제국주의가 1870년대 이후 강화된 요인을 생산
성 향상으로 과잉생산을 불러온 대불황(1873~1896)에서 찾기
도 한다. 외국을 일컫는 해외라는 말도 제국주의적 발상에서
비롯되었다. 국경이 인접한 유럽의 시각에서 외국은 인접한
다른 국가가 아닌 바로 바다 건너에 있는 식민지를 뜻하기 때
문이다.

열강들의 복잡하게 얽힌 이해관계를 반영하고 있는 만큼 제국주의를 보는 시각이 다양하다. 『제국주의』의 저자 존 홉슨(John A. Hobson)은 19세기 말 영국의 경제 현실에 근거해 제국주의를 자본주의와 연결시켜 순전히 경제적 요인으로만 보았다. 세계 자본수출의 절반을 차지하며 1914년 GNP의 10%가 이자 수입에 달했던 금융 강국 영국은 상품 시장으로보다는 금융자본의 투자처로서 해외 영토의 확대가 필요했다. 전 지구의 1/4을 통치하며 해가 지지 않는 제국, 영국에 의한 팍스 브리태니카는 이렇듯 스털링 파운드의 금본위제를 중심으로 하는 금융자본의 해외투자와 매우 밀접했다.

블라디미르 레닌(Vladimir Lenin) 역시 독점자본주의 단계에 접어든 열강들이 경쟁적으로 해외 영토 분할에 나서면서 제국주의가 강화되었다고 했다. 그는 뒤늦게 식민지 분할에 뛰어들었던 독일이 영국과 프랑스에 식민지 재편을 요구하는 과정에서 전쟁이 발발했다고 여겨 제1차 세계대전을 제국주의 전쟁이라고 단정했다.

이와는 달리 국내의 긴장 완화를 위해 적극적으로 대외 팽창을 꾀한 독일 비스마르크의 정책에서 우리는 정치적인 의도가 담긴 제국주의를 볼 수 있다. 그의 정책은 프랑스에 대한 견제책으로 유럽이 아닌 지역에서 영국과 프랑스가 경쟁하도록 유도한 고도의 정치 전략이었다. 인도양 진출을 위해 페르시아에 정부 차관을 제공하며 정치적 영향력을 키웠던 러시아의 제국주의 정책도 이 경우에 해당된다.

더 나아가 다른 문화를 저급하고 야만적인 것으로 여기던 유럽인의 오만도 제국주의의 팽창에 기여했다. 우월한 유럽인이 인류에 대한 의무감과 봉사 정신으로 보다 고상한 정치제도인 민주주의와 기독교를 보급하여 교화시켜야 한다고 여겼기 때문이다. 그리고 보면 찰스 다윈(Charles Darwin)의 진화론 역시 적자생존의 법칙으로 제국주의를 정당화했음을 알 수 있다.

신기술은 제국주의를 가능하게 한 일등공신이었다. 무엇보다 가공할 성능을 가진 신무기로 군사적 우위를 지닌 열강들이 식민 정부를 제압하고 철도나 증기선, 전보, 전화와 같은 운송·통신 기술로 피지배 지역과의 거리를 좁힌 덕분에 식민지의 통치와 경제적 수탈이 쉬워졌기 때문이다. 따라서 새로운 기술을 접할 수 없었던 식민지에도 비교적 일찍 철도를 비롯한 우편 전신 업무와 항만 시설 등의 인프라가 구축되었다. 엄청난 자본이 필요한 이런 인프라 구축은 다시금 자본 수탈을 불러오며 제국주의를 부추겼다.

이런 맥락에서 수탈과 개발이라는 제국주의가 갖는 양면성 문제가 대두된다. 식민지 경제의 발전을 위해서라기보다는 모국에 유리한 자원을 개발하기 위해 신기술이 도입된 경우가 허다하기 때문에 식민지의 근대화론은 유명무실하다.

어떤 이유에서든지 대외적 팽창을 주도한 제국주의 열강들은 상호연대 속에 아프리카와 중동, 동아시아, 발칸 반도 등지에서 첨예하게 대립하며 자국의 이해관계를 관철하고자 힘썼다. 발칸 반도에서 오스만제국을 제압하고 지중해 진출을 노리던 러시아에 맞서 연합 전선을 폈던 영국과 프랑스가 아프리카에서는 서로 반목하여 1898년 파쇼다 사건[23]을 자초하기도 했다.

또한 인도양으로 진출하기 위해 베를린-비잔티움-바그다드를 연결하는 3B정책을 편 독일을 저지하기 위해 영국과 러시아가 손을 잡기도 했다. 영국과 프랑스는 러시아를 같은 편으로 끌어들이기 위해 앞다투어 자본을 공여했지만 러시아는 농산물의 교역 상대국인 독일과 불편한 관계가 되는 것을 원하지 않았다. 이렇듯 제국주의 국가들의 상호 이해관계에 따라 영원한 적도 동지도 없이 영토 분할에 대한 충돌이 잦아졌다.

제2차 세계대전의 종식과 더불어 많은 식민지가 독립하여 제국주의 시대가 막을 내렸다. 하지만 21세기에 들어선 현재에도 WTO의 농산물 개방 요구나 국제 투기자본의 이동 등으로 세계경제의 종속성이 오히려 심화되는 등 경제적 제국주의는 여전한 듯하다. 과거와 같은 영토 확장이 아닌 경제, 기술, 종교, 문화 영역에서 더욱 광범위하게 제국주의 면모를 보이고 있다.

영국의 점진적 사회주의자 존 스트레이치(John Strachey)는 자본주의와 제국주의의 대항력이 민주주의라고 했다. 자본주의의 역기능을 그나마 억제하여 자본주의를 유지시킨 민주주

23 영국의 아프리카 종단 정책과 프랑스의 횡단정책이 수단의 파쇼다에서 충돌했지만 양국은 군사적 대결을 피하고, 프랑스는 나일 강에서 지역에 대한 영유권을, 영국은 이집트에서의 지위를 확인하는 것으로 합의했다.

의라는 정치적인 힘이 식민지와의 관계에서도 적용 가능하다고 믿었기 때문이다. 아마 그래서 민주주의가 발달한 영국에서 드넓은 제국을 소유하게 되었나보다.

● 이때 우리는

제국주의 전쟁이라 일컬어지는 제1차 세계대전이 발발한 1914년, 일제강점기 우리 땅에서는 호남선과 경원선이 개통됐다.

사회주의혁명과
그 주역들

1989년 베를린 장벽이 무너지면서 도미노 현상처럼 발생한 사회주의 붕괴는 냉전을 종식시키고 1991년 소련의 해체를 가져왔다. 짧았던 70여 년간의 사회주의 실험에도 불구하고 여전히 사회주의 사상은 변혁을 꿈꾸는 이들의 가슴을 울리고 있다. 그 사상의 진원인 마르크스와 엥겔스를 만나보자.

개종한 유대인 변호사의 아들로 태어난 마르크스(Karl Heinrich Marx)는 지난 천 년을 움직인 10인에 꼽힐 정도로 전 세계에 지대한 영향력을 행사했다. 자본주의 붕괴를 예측하며 사회주의로의 이행을 주장했음에도 그는 역설적으로 자본주의의 모순을 극복하고 그 수명을 연장시킨 공로자라고 할 수 있다. 그의 반자본주의적 행보는 1844년 파리에서 정신적, 물질적 동지인 프리드리히 엥겔스(Friedrich Engels)를 만나면서 시작되었다고 해도 과언이 아니다.

마르크스는 무엇보다도 경쟁과 효율성으로 얼룩진 자본주의 사회에 경종을 울리며 새로운 사회로의 이행을 사적(史的)

유물론으로 설명했다. 경제·사회적 관계를 이루는 하부구조가 종교와 예술, 법, 국가를 이루는 상부구조를 지배하기 때문에 마르크스는 인류 역사의 발전 요인이 게오르크 헤겔(Georg Hegel)이 말하는 정신(Idea)이 아니라 그 사회의 물질적 생산력이라고 했다. 물질적 생산력의 발전에 따라 사회구조가 형성·변천하기 때문에 근대 자본주의적 노동제는 사회주의적 공산제로 이행한다는 주장이었다.

한때 공산주의를 독단적이고 일방적인 개념이라고 거부했던 마르크스는 자본가와 노동자의 대립된 생산관계가 노동자를 노동에서 소외시키기 때문에 사유재산제를 폐지하고 생산수단을 공유하는 공산주의를 건설해야 한다고 했다. 그러면 인간은 자기소외에서 벗어나 본연의 인간성을 회복하고, 능력에 따라 일하고 필요에 따라 분배 받는 사회가 도래한다는 것이다.

이렇듯 부르주아 정치경제학을 비판하며 공산주의를 논의한 『경제철학초고』가 나온 1844년에 마르크스는 평생을 두고 완성해야 할 주제를 찾았다고 할 수 있다. 그의 평생에 걸친 작업이 공산주의와 프롤레타리아의 단결, 계급투쟁으로 모여지기 때문이다. 자본주의를 비판하기 위해 『유대인 문제에 관하여』를 쓴 것도 1844년이었다. 기독교인이 비난했던 반유대적 요소, 고리대금업과 같은 부정적 이미지는 다름 아닌 자본주의의 모습이기 때문에 유대인에게 적용되었던 부도덕성은 이제 자본주의 사회 전체에 해당되는 셈이다. 굳이 유대인이냐 기독교인이냐를 따지기보다 황금만능주의를 부추기는 자본주의 사회에서 벗어나야 함을 우회적으로 말하고 있다.

19세기를 돌아볼 때 가히 혁명의 해라고 말할 수 있는 1848년 2월 24일, 독일과 런던에서 출간된 마르크스와 엥겔스의 『공산당선언』은 프랑스의 2월혁명과 함께 도화선이 되어 전 유럽을 혁명의 소용돌이로 몰아갔다. 감자역병과 흉작의 여파 속에 자본가와 노동자의 이해관계가 첨예하게 대립하며 유럽은 공산주의라는 유령에 떨고 있었다.

자본주의 진영에서는 나름대로 계급투쟁의 위기에서 벗어나고자 분배에 관심을 보이며 자본주의 질서를 사수하려 했다. 그 대표적 인물이 공리주의에 입각하여 1848년, 『정치경제학원리』를 쓴 존 스튜어트 밀(John. S. Mill)이다.

점차 확산되는 사회개량주의에 의해 자본주의의 부정적 요인이 감소하여 『자본론』을 발표할 당시에는 이미 노동환경이 상당히 개선되었고 그의 계급투쟁론이 시대착오적이라는 비판이 제기되었다. 이를 반영하듯 1870년대에는 노동 시간에 따라 상품 가치의 척도를 재던 노동가치론이 자본주의 분석의 기초로 적합하지 않다고 주장한 한계효용학파가 등장했다.

그렇다면 1867년 출간된 『자본론』에서 마르크스는 어떻게 계급투쟁과 경제 영역을 연결하고 있을까? 마르크스에 의하면 필요노동을 넘어선 잉여노동이야말로 짧은 시기에 놀라운 생산력을 발휘하여 잉여이윤을 발생시킨다. 그러기 때문에 이를

얻기 위해서 자본가는 노동강화나 기술혁신에 주력한다는 것
이다. 필요노동 시간을 축소시켜 잉여 시간을 늘려주는 기술
혁신은 자본주의와 불가분의 관계에 있다.

자본 증식을 위한 확대재생산과 과잉생산은 주기적인 공황
을 불러온다. 이런 공황과 기술혁신에 의해 해고 불안에 시달
리는 노동자들이 단결하여 계급투쟁을 쟁취한다. 결국 자본주
의의 자체적인 발전 법칙이 사회주의로의 이행을 초래한다고
주장했다.

그러고 보면 마르크스가 죽은 1883년에 태어난 조지프 슘
페터(Joseph Schumpeter)는 여러모로 마르크스와 유사한 경제적
사고를 지녔다. 그 역시 자본주의 다음 단계를 사회주의라고
정의했다. 자본주의의 모순에 의해 사회주의가 도래하리라고
믿었던 마르크스와는 달리 슘페터는 자본주의가 너무 잘 작동
한 나머지 경제적 요인이 아니라 문화·정치적 요인에 의해 사
회주의로 이행한다고 보았다. 하지만 창조적 파괴를 주도하는
혁신적 기업가에 의해 자본주의가 생각보다 더 효율적으로 작
동하면서 슘페터의 예측은 빗나갔다.

정작 마르크스가 사회주의혁명이 일어날 곳으로 예상했던
영국에서는 러다이트(Luddite) 기계파괴운동(1811)으로 불붙은
노동운동과 조합주의가 계급투쟁과 사회주의혁명을 잠재웠
다. 합법적인 노동운동이 선거법 개정 등 사회 변화를 위한 시
민운동의 성격을 지닌 차티스트운동으로 전개되며 노동자의

처우 개선을 가져왔기 때문이다. 혁명이 아닌 의회주의를 통
해 점진적으로 자본주의의 결함을 극복할 수 있다는 페이비언
협회(1884년 결성)의 역할도 컸다.

그래서 사회주의혁명은 자본주의가 성숙한 영국이 아니라
농민의 나라 러시아에서 1917년 로마노프 왕조를 멸망시키며
성공했다. 농민과 노동자가 해방되었지만 사회 건설을 위한 물
질적 조건과 주체적인 세력이 충족되지 않았던 현실 속의 사
회주의는 레닌과 이오시프 스탈린(Iosif V. Stalin), 마오쩌둥(毛澤
東)을 거치면서 마르크스의 이론과 상당히 다르게 전개되었다.

그럼에도 불구하고 자본주의에 위기가 찾아올 때마다 마르
크스의 예언이 적중하여 새로운 사회가 도래하리라는 기대감

과 동시에 불안감을 떨쳐버릴 수 없다. 지식 기반 사회로 진입하여 노동의 본질에 변화를 불러오고 있는 21세기에 마르크스의 유토피아가 과연 실현될지 궁금하다.

자본주의의 경쟁자로서 사회주의혁명에 불을 지폈던 마르크스와 엥겔스의 동상이 지금도 베를린의 오랜 역사를 간직한 니콜라이 구역에서 많은 이의 눈길을 끌며 서 있다. 자본주의의 시장경제에 적신호가 켜질 때마다, 자본주의의 붕괴를 떠올리는 것은 이들의 이론이 현재진행형임을 말해준다.

• 이때 우리는

마르크스가 『자본론』 제1권을 출간한 1867년, 조선(고종 4년)에서는 경복궁 재건이 한창이었는데 그 자금을 충당하기 위해 주조한 당백전의 폐해가 커져 폐지했다.

종교와 과학, 정치, 경제의 사중주

"종교 없는 과학이나 과학 없는 종교는 절름발이다"라고 한 알베르트 아인슈타인 (Albert Einstein)의 말처럼 서로 다른 속성을 가진 종교와 과학, 정치, 경제는 때론 대립하며, 때론 협력하며 인간의 역사 속으로 녹아들었다. 이들의 변화상을 추적해보자.

종교의 위상이 가장 높았던 중세 때 토마스 아퀴나스(Thomas Aquinas)는 아리스토텔레스의 사상에 종교성을 가미하여 경제와 정치를 설명했다. 경제성보다는 공동체를 영위하기 위한 윤리·도덕적 차원에서 경제행위가 정당화되었다. 하지만 지구를 중심으로 행성이 돈다는 아리스토텔레스 이론을 신봉하던 '신' 중심의 중세사회는 니콜라우스 코페르니쿠스(Nicolaus Copernicus)와 조르다노 브루노(Giordano Bruno), 갈릴레이에 이르러 일대 변혁을 맞았다. 이들이 주장한 태양을 중심으로 지구가 돈다는 지동설이 교회의 위상을 떨어뜨렸기 때문이다. 이단 혐의를 받고 화형을 당하거나 종교재판에 회부되는 위험을 무릅쓴 과학자들 덕분에 이성과 합리성에 근거한 사회로 이행하며 교회와 과학이 철저히 분리되는 패러다임의 변화가 진행되었다.

이렇듯 종교가 과학에 의해 도전받기 훨씬 전부터 종교 안에서도 개혁의 움직임이 중세의 틀을 바꾸고 있었다. 하지만 면죄부 판매에 대한 자성의 목소리를 낸 마르틴 루터(Martin Luther)의 종교개혁(1517)으로 독일은 오히려 봉건성이 강화되었다. 몰수한 교회 재산이 봉건제후에게 돌아가는 것은 물론 하나님 앞에서는 모두가 평등하다는 루터의 '신성한 정의'에서 불거진 농민전쟁을 봉건제후들이 진압했기 때문이다. 그결과 더 강해진 제후의 힘이 중앙집권체제를 불가능하게 했다. 결국 중세를 종식시킨 종교개혁의 씨앗은 루터에 의해 뿌려졌건만 독일은 정작 그 결실을 거두지 못했다. 대신 가축에 대해 교회가 부과하던 세금과 영주에게 내는 사망세, 결혼세 등의 봉건적 수탈은 중지되었다.[24]

영국의 수장령(1534)은 독일과는 다른 결과를 낳았다. 여인편력에서 시작된 로마교황청과의 불화로 헨리 8세(Henry Ⅷ)는 영국 교회의 수장은 국왕이라는 수장령을 선포하고, 교회 재산을 몰수하여 몰락한 귀족에게 분배함으로써 견고한 중앙통치체제와 왕권강화의 한 수단으로 활용했다.

이처럼 강력한 절대왕권은 종교를 예속하고, 교회 혹은 유대인의 재산을 몰수하는 세속화 과정으로 나타나기도 했다.

그라나다를 정복하여 이슬람 세력을 완전히 몰아낸 스페인은 가톨릭으로 국교를 단일화하며 1492년 관용적이던 종교정책을 바꾸었다. 또 이교도인 유대인을 탄압하여 추방하고 광신적으로 종교재판을 열어 국고를 낭비했다. 이 밖에도 스웨덴의 크리스티나 여왕과 러시아의 표트르 대제, 카타리나 여제 치하에서 교회는 많은 재산과 특권을 상실했다.

천 년 이상 군림하던 하나의 종교가 루터의 종교개혁으로 분열되면서 종교와 국가와의 대립은 물론 종교와 종교와의 대립인, 신구교 대립으로 이어져 위그노전쟁(1592~1598)과 네덜란드 독립전쟁(1572~1609), 30년전쟁(1618~1648)과 같은 종교전쟁이 발발했다. 영국과 네덜란드, 스페인의 정치적 삼각관계도 예외가 아니다. 스페인과 독립전쟁을 치르며 네덜란드와 우호관계를 유지하던 신교국가 영국은 가톨릭교도인 제임스 1세(James I)가 왕위에 오르면서 스페인과 더 친밀한 관계를 가지기 시작했다. 초기 동인도 교역의 주도권을 놓고 경쟁하는 가운데서도 돈독한 관계를 유지하던 네덜란드와 영국은 이후 본격적인 주도권 경쟁에 돌입하게 되었다. 영국과 프랑스, 독일의 일부 영주들의 경우처럼 권력자와 일반 대중의 종교가 다를 때 종교 갈등의 위험은 더 커졌다.

특히 30년전쟁은 종교적 명분에서 시작되었지만 합스부르크 왕가를 둘러싼 패권 다툼의 성격이 짙었던 만큼 유럽 사회에 엄청난 변화를 초래했다. 인구가 40% 이상 감소하는 등

300여 개의 영방으로 분할된 독일이 가장 큰 피해자였다. 한
자상권도 이때 받았던 타격을 회복하지 못하고 역사의 저편으
로 사라져갔다. 스페인 역시 패권을 상실했고 프랑스가 정치
적 주도권을 얻었다. 이 전쟁을 종결하며 맺은 베스트팔렌 조
약으로 종교의 자유가 보장되어 개신교와 가톨릭이 동등해지
고 네덜란드와 스위스, 밀라노 등이 독립국으로 인정을 받았
다. 스위스는 국가적 분열 위기를 넘기고 국외 종교전쟁에서
중립을 취하고자 영세중립을 선언했는데 이것이 현재까지 이
르고 있다.

종교와 경제도 서로 조화를 이루며 상생하기 힘들었다. 토
지를 많이 소유한 대지주로서 교회는 권위에 도전할 수 있는
상인층을 견제하며 경제를 장악했지만, 점차 도시 수공업자와
상인의 경제력에 많이 의존하게 되었다. 종교와 경제의 불가

분의 관계는 신교도의 윤리와 자본주의 정신의 상관성에서 잘 드러난다. '잘 자는 것을 택한 구교와 잘 먹는 것을 택한 신교'라는 말에서 근본적 차이를 짐작할 수 있듯이 신교도들이 살던 네덜란드와 영국, 프랑스, 독일의 일부 지역은 다른 지역보다 자본주의가 더 발달하고 더 부유했다. 영리적 충동에서가 아니라 구원을 얻기 위해 낡은 자본주의의 틀을 깨는 신교의 세속적 금욕주의, 신교도의 품성(Ethos)이 작용한 결과였다.

프랑스에서는 신구교의 갈등을 줄이기 위해 낭트칙령(1598)을 발효시켰지만 100년이 채 안 되어서 루이 14세의 반종교개혁으로 낭트칙령이 해제(1685)되고 신교도들인 위그노가 추방당하기에 이르렀다. 결국 경제의 선진 지역이던 프랑스에서 추방당한 20~25만 명의 위그노들은 경쟁국인 네덜란드와 영국, 프로이센으로 이주하여 그 지역의 선진화를 도왔다. 당시는 자국에서 생산 가능한 제품의 수입조차도 적국을 이롭게 하는 매국 행위로 여겨 수입을 자제하던 중상주의 시대였다. 이때 경제적 노하우를 지닌 우수한 인적 자원을 대량으로 유출한 프랑스의 낭트칙령 해제는 두고두고 잘못된 종교·인구정책으로 회자되고 있다. 물론 유능한 유대인 15만 명을 추방했던 스페인의 종교정책도 이와 버금가는 실책이긴 마찬가지다.

이렇듯 종교가 경제에 미치는 영향은 매우 컸다. 심지어 산업혁명이 유럽에서 발생하게 된 요인도 유교나 불교, 힌두교, 이슬람교보다 신교가 기업가와 노동자에게 근검, 절약과 같은 세속적 금욕주의의 영향력을 행사했기 때문이다.

이런 생각의 중심에는 "모든 직업에는 귀천이 없고 모두가 신성하다"라는 루터의 소명론과 루터보다 더 친자본주의적인 칼뱅의 예정설이 있었다. 이 논리에 의하면 신의 은총에 의해 구원받을 사람이 미리 예정되어 있지만 정작 인간은 이를 알 수 없으므로 구원에 대한 확신 속에 자신에게 맡겨진 소명, 직업에 최선을 다해야 한다는 것이다. 세속적 성공을 신의 은총과 영광을 받은 것으로 여겼기 때문에 신교는 상공업자들의 지지를 얻었다.

이를 두고 베버는 『프로테스탄트 윤리와 자본주의의 정신』에서 신교의 합리적이고 금욕적인 생활윤리가 근대 시민사회와 자본주의의 성립에 기여했다고 밝혔다. 정치와 종교, 경제가 하나의 권력으로 집중되기보다는 각기 주어진 자리에서 조화롭게 제 몫을 해내는 것이 바람직하다.

중세를 마감하고 과학적 합리주의에 근거한 근대사회로의 이행을 가져온 과학의 힘. 이 힘이 지식에 기반을 둔 21세기에도 무한히 발전하여 상상할 수 없는 또 다른 사회로 이행할 원동력이 될지 지켜보자.

● 이때 우리는

프랑스에서 신구교의 갈등을 종식시키기 위해 낭트칙령이 내려진 1598년, 조선(선조 31년)에서는 이순신 장군이 노량해전에서 전사했다.

설탕과 차, 커피의 경제학

동양의 산물로 서양인의 입맛을 유혹한 차와 커피는 서로 대체관계에 있다. 하지만 이 두 음료에 곁들여 마시면 그 풍미가 더해지는 설탕은 이들의 보완재다. 지금은 일상적으로 접하는 재화라서 그런지 대체재와 보완재에 대한 설명으로 아주 적합하다. 하지만 몇 세기 전만 해도 이것들은 극소수의 상류층만 누릴 수 있었던 사치재였다. 차와 커피, 설탕이 세계 정치·경제·문화에 미친 엄청난 영향력을 추적해보자.

악마의 창조물이라는 설탕만큼이나 절대왕권의 이행이나 숙성에 관여한 재화도 없을 것이다. 14세기 약재로 등장한 후 15세기에는 식욕을 돋우기 위해 꽃이나 동물 모양으로 고급스런 식탁에 장식되었던 설탕이 16세기 프랑스로 시집온 메디치가의 카트린(Catherine de Medici) 왕비에 의해 유행되면서 상류층 식탁에 없어서는 안 될 부의 상징으로 자리 잡았다. 1662년 포르투갈의 캐서린 공주(Catherine of Braganza)가 영국의 찰스 2세에게 혼숫감으로 은 대신 일곱 척의 배에 설탕을 가득 채워 보냈다는 일화는 오늘날 흔히 식탁에 오르내리는 설탕의 화려한 과거를 말해준다.

이 포르투갈 공주가 가지고 온 차와 설탕, 그리고 동방 교역의 중심지 인도 봄베이는 유럽과 동양의 정치·경제적 흐름을 바꾸어놓기에 충분했다. 동인도회사를 중심으로 향신료 교역에서 경쟁관계에 있던 네덜란드를 견제하기 위해 영국은 포르투갈과 혼인맹약을 맺었다. 이로써 뒤늦게 동방 교역에 동참한 영국은 봄베이를 중심으로 꿈에도 그리던 차와 향신료를 얻고, 결국 인도와 중국을 지배하게 되었다.

신·구대륙의 정치·경제적 변혁을 주도한 식민지 상품 설탕은 네덜란드에서 영국으로의 경제 패권 이동에 단초를 제공한 항해조례(1651)와 연관이 있다. 항해조례는 왕당파와 의회파의 다툼이 한창일 때 자메이카 바베이도스 섬의 왕당파 지지 세력인 사탕수수 농장주들이 네덜란드 선박을 이용해 설탕을 운송한 것을 응징하여 승리한 크롬웰이 내린 조처였다. 결국 항해조례가 빌미가 되어 일어난 영란전쟁에서 영국이 승리하면서 영국으로 경제의 중심이 이동했다.

뉴잉글랜드 지방의 럼주 생산을 줄이고자 수입 당밀이나 설탕에 높은 관세를 부과한 영국의 설탕법(1764)은 미국 독립전쟁의 불씨가 되었다. 당시 뉴잉글랜드는 서인도제도에서 들어온 당밀로 생산한 럼주를 아프리카의 노예와 교환하여 서인도제도로 보내는 삼각무역으로 재미를 보고 있었다. 이것은 영국을 비롯한 프랑스와 네덜란드가 화주나 장신구, 직물 등으로 아프리카의 노예를 얻어 서인도제도로 보내고, 그곳에서 다시 식민지 상품인 설탕과 커피, 담배 등을 유럽으로 들여오는 또 다른 유형의 삼각무역과 충돌했다. 이렇듯 교역의 중심에 있던 설탕은 "사치로부터 자본주의가 탄생했다"고 한 좀바르트의 생각에 힘을 실어주었다.

호사가의 입맛을 위해 설탕, 커피와 같은 식민지 상품 생산에 투입된 노예노동의 비참함은 유감스럽게도 3세기 동안 1,500만 명의 아프리카 노예를 신대륙으로 실어 나른 삼각무역의 중심지 낭트와 리버풀, 암스테르담의 번영에 가려져 있었다. 노예의 피가 배어 있지 않은 설탕과 커피는 없다고 하지 않던가.

17세기 중반까지 사치와 부의 상징이었던 설탕은 19세기 중반 빈민층 노동자들의 식탁까지 점령했다. 이들은 칼로리 보충과 원기 회복을 위해 차에다 설탕을 듬뿍 넣어 마셨다. 이것 역시 인도와 신대륙에 차와 설탕 산지를 식민지로 둔 영국인이 누린 호사였다. 14세기 말 수소 열 마리를 주고도 얻기 힘들었던 설탕 1kg이 지금은 단돈 2,000원이면 어디서든 구입할 수 있다. 그리고 보면 설탕의 가치만큼이나 권력과 부의 상징이 무상함을 말해주는 것도 없는 것 같다. 약재로 각광받으며 귀한 몸값을 자랑하던 설탕이 이제는 백해무익한 칼로리 덩어리로 전락하게 될 줄 그 누가 예측이나 했을까?

이제 설탕만큼이나 큰 비중을 차지하며 동서양의 정치·경제적 변화를 불러온 차를 살펴보자. 차는 중국 문화에 매료된 유럽인, 특히 영국인의 미각을 유혹한 요물이자 문명을 가장

한 제국주의의 산물이었다.

설탕이나 향신료에 밀려 이들보다 훨씬 뒤늦은 17세기 초, 네덜란드 상인이 동방의 신비로운 약이라며 들여온 차는 중국 문화와 상류층 삶에 대한 동경에 힘입어 곧 전 유럽을 사로잡 았다. 차 교역에 앞서 있던 네덜란드 동인도회사는 식민지 바 타비아에서 차의 생산영역을 장악하는 제국주의적 면모를 보 였다. 네덜란드는 직접 생산한 차를 유럽에 보급하여 영국보 다 한발 먼저 경제 패권에 다가갔다.

그 결과 영국은 네덜란드를 견제하기 위해 1669년 네덜란 드에서 차를 수입하지 못하게 하고 마카오의 상관을 통해 직 접 중국에서 차를 들여왔다. 포르투갈 공주가 영국 왕실에 가 져간 차는 비싼 사치품이었음에도 불구하고 이미 18세기에는 생활필수품이 되었다.

늘어난 차 수입으로 커진 중국과의 교역 적자를 메우기 위 해 영국이 식민지 인도에서 청나라로 밀매한 아편은 결국 1842년 아편전쟁의 도화선이 되었다. 영국의 국가재정을 흔들 정도로 엄청났던 차 수요가 청나라를 위기로 몰아넣은 것이 다. 차는 이렇듯 서양의 정치·경제에 큰 영향을 미쳤다. 더 나 아가 먼 동양에서 더 신선한 차를 운송해오기 위한 경쟁은 해 상운송의 발달을 촉진하는 결과를 가져오기도 했다.

식민지인 인도와 실론에서 직접 재배하여 차가 싸게 공급되 던 19세기 후반, 홍차는 최하층의 노동자계급까지 즐기는 영국의 대표 음료가 되었다.

17세기 중반 홍차보다 먼저 런던의 커피하우스에서 신사들을 매료시켰던 커피가 홍차에게 국민 음료의 자리를 내준 이유가 궁금해진다. 우중충한 날씨와 더불어 영국의 식민지에는 커피 산지가 없었다는 그럴듯한 이유 말고도 커피하우스에 남편을 빼앗긴 여성들이 우아한 티타임 문화를 정착

● **영국에 차 문화를 들여온 캐서린 왕비**
그녀가 설탕, 차와 함께 지참금으로 가져온 봄베이는 영국에 인도 교역의 교두보 역할을 했다.

시켜 가정으로 남편을 불러들였기 때문일까?

프랑스에서는 계속되는 좋은 날씨와 커피 재배지를 식민지로 둔 덕에 여성의 출입이 자유로운 커피하우스와 노천 카페를 중심으로 커피가 확산되면서 커피는 국민 음료로 자리 잡았다. 독립전쟁 시 영국과의 단절을 선언하며 차 대신 커피를 선택한 미국도 자연스럽게 커피의 나라, 스타벅스의 나라가 되었다.

미국 독립전쟁이나 중국 아편전쟁에 불씨를 당긴 차를 대체한 커피는 프랑스대혁명과 같은 혁명과 계몽사상을 잉태시킨 자유의 음료라는 명성에 어울리지 않게 처음에는 자유롭게 마실 수 없던 금기의 음료였다. 『코란』의 가르침에서 벗어나 졸

음을 쫓는 마술적인 힘을 지닌 각성제로 여겼기 때문이다. 그러나 오히려 이슬람 세계와 기독교권에는 열정적인 커피 숭배자로 넘쳐났다. 사람들이 커피를 마시고 적어도 네 배 이상 현명해졌다고 생각하며 카페 문을 나선다고 한 샤를 루이 몽테스키외(Charles Louis Montesquieu) 역시 커피 숭배자들 중 하나였다. 오죽하면 교황이 이슬람 와인이라는 커피에 세례를 주어 기독교 음료로 만들었을까.

커피는 에티오피아에서 염소를 치던 소년에 의해 우연히 발견된 이래 카이로의 커피 무역상을 통해 레반트 교역품으로 세계인의 입맛을 사로잡았다. 하지만 차와 마찬가지로 네덜란드에 의해 자바와 수마트라의 커피 농장에서 재배되어 세계시장의 가격을 좌우한 식민지의 산물이 되었다. 그 중심에는 네덜란드 동인도회사가 있었다.

1723년 우여곡절 끝에 프랑스령 엔틸레스 제도로 커피 묘목이 반출되어 신대륙에서도 커피가 재배되었다. 커피를 신대륙으로 가져간 '영웅'의 죽음 앞에서 "폭풍을 뚫고 두려움 없이 배를 몰아, 신세계에 그 빛나는 식물을 전달했으니 우리 피에 새 힘을 주고 조국을 부유하게 했지요…"라고 쓴 시구를 통해서도 커피가 프랑스에서 어떤 대접을 받았는지 알 수 있다. 이로써 철저한 보안 속에 커피를 재배하던 프랑스령 기아나와 네덜란드령 기아나에 이어 신대륙에 또 다른 경쟁자가 등장했다. 이 두 국가 간의 분쟁을 중재하러 간 브라질의 관리가 잘

익은 커피 열매를 비밀리에 들여오면서 브라질이 커피 생산대
국이 된 것이다. 문익점의 후예는 어느 곳에나 있기 마련인가
보다.

최신 정보와 공론의 장으로, 커피 한잔을 놓고 보험에서 주
식거래, 해상운송에 이르는 온갖 업무를 보았던 17세기 중반
의 런던과 파리에서처럼 오늘날 사무실이 아닌 커피 전문점에
서 업무를 처리하는 현대인을 본다.

유럽 식민지 경영의 산물인 차와 설탕, 커피는 본질보다 이
미지로 승부하는 현대에 썩 잘 어울리는 재화다. 전쟁과 같이
긴급 자금이 필요할 때마다 이런 기호품에 특별 세금이나 관
세가 부과되었다. 대륙봉쇄령으로 인해 발생한 설탕과 커피의
부족이 독일로 하여금 1813년 반나폴레옹 전선을 구축하게
했다는 마르크스의 말을 인용하지 않더라도 설탕과 커피, 차
가 세계경제사에 미친 영향은 대단하기만 하다.

• 이때 우리는

1650년 옥스퍼드에 최초로 커피하우스를 개점한 지 3년 후인 1653년, 조선(효종4년)에서는 네덜란
드 동인도회사 소속인 하멜 일행이 제주 부근에 표류했다.

튤립으로 시작된
금융 투기의 역사

자본주의 발달과 더불어 시작되었다고 해도 과언이 아닌 투기는 시장경제에서 신뢰와
정보가 얼마나 중요한지를 잘 말해준다. 그렇다면 투기와 투자에는 어떤 차이가 있을
까? 흔히 하는 말로 내가 하면 투자, 남이 하면 투기라는 그 본질을 들여다보자.

　　자본주의 시장경제에서 최초의 투기로 종종 언급되는 사건
은 바로 튤립 투기 열풍이다. 16세기 중반 이스탄불에서 안트
베르펜으로 이동하던 짐 꾸러미 속에 선물로 들어 있던 튤립
뿌리는 기독교권, 특히 네덜란드에서 인기가 높았다. 청교도적
검소함이 몸에 배어 있던 네덜란드 사람들에게 술탄의 정원에
서 피는 아름다운 튤립이 부와 고급 취향의 상징으로 부상했
기 때문이다.

　　투자 대상이 필요했던 17세기, 가장 부유했던 네덜란드 사
람들에게 투기의 대상이 된 튤립 뿌리는 어떤 꽃이 필지도 모
르는 가운데 정기시에서 거래됐는데, 이는 1630년대에 극히

낯선 개념인 선물 시장을 탄생시켰다. 튤립 시장의 열풍은 구매 능력도 없고 교역에도 관심이 없던 노동자들까지 가세하며 1634년 말부터 빠른 속도로 가격을 상승시켰다. 튤립 뿌리한 개와 양조장, 제분소 등이 교환되고 전 재산을 팔아서 튤립에 투자하는 광기가 속출했다. 그 자체의 아름다움이 아닌 돈을 벌 수 있는 대상으로 전락한 튤립은 결국 1636년 12월에서 1637년 1월까지 '광란의 두 달' 동안 인간 탐욕의 끝없음과 덧없음을 보여주었다.

같은 무게의 금보다 수백 배 더 비싸게 거래되며 시장은 호황을 이뤘다. 거품이 꺼지기 전까지 잠시 동안은 모두 행복했다. 비쌀 만한 이유 없이 500길더에서 1만 길더로 치솟은 가격에 대한 불안감은 곧 현실이 되어 가격을 폭락시켰다. 시장경제에서 안정성과 예측성이 결여될 때 가격메커니즘은 작동하지 않으며 시장은 신뢰를 잃는다는 것을 보여주는 사건이었다.

일확천금을 기대하며 뒤늦게 투기에 가담했던 가난한 서민이 주된 투기의 희생자였기 때문에 네덜란드 경제에는 큰 영향을 주지 않았다는 사실 또한 충격적이다. 아마추어들은 관세나 주식거래소의 규제 없이 선술집과 여인숙 등 사람이 모이는 곳이면 어디에서나 거래를 했는데 이들이 거래한 총매상고는 4년 동안 4,000만 길더였다고 한다. 1636년과 1637년 사이 동인도회사의 투자액이 650만 길더였다는 것과 비교해보면 튤립 투기 열기가 어느 정도였는지 짐작이 간다.

네덜란드의 뒤를 이은 경제대국 영국에서는 어떤 투기 광풍이 몰아쳤을까? 1,000만 파운드에 달하는 엄청난 정부 부채를 주식으로 전환하며 1711년 설립된 사우스시 컴퍼니(South Sea Company: 남해회사)의 거품은 전환 비율을 정하지 않고 1720년 네 차례에 걸쳐 실시한 주식청약에서 비롯되었다. 특히 1719년 12월 프랑스를 달군 존 로의 미시시피 컴퍼니(Mississippi Company) 열기에 전염이라도 된 듯 현 시세보다 250파운드나 높은 1,000파운드라는 가격에도 불구하고 순식간에 끝나버린 3차 주식청약(1720년 6월 15일)이 열풍을 주도하며 붕괴의 싹을 키웠다.

도버 해협 저편 프랑스에서 이미 1720년 5월에 미시시피의 버블이 물방울로 사라지는 것을 보았던 영국인이 집단적 광기에 휩쓸린 것이 신기하기만 하다. "금융투기는 합리적인 개인들의 행동이 불합리한 결과를 초래한 일종의 군중 현상이다"라고 진단한 킨들버거가 생각나는 대목이다.

정확한 정보를 알 수 없던 시절, 정부의 빚을 떠안는 대가로 얻은 남아메리카 스페인 식민지와의 무역독점권이 수익을 내지 못했음에도 불구하고, 스톡옵션을 받은 정부 인사들까지 가세한 사우스시 컴퍼니 주식은 주가상승을 부추기며 벼락부자를 양산했다. 올라야 할 이유 없이 그저 오를 것이라는 헛소문이 주가를 끌어올렸다. 사우스시 마차, 사우스시 주택이라는 말이 나돌 정도로 주식에서 번 돈은 신분의 벽을 넘어 투기 열풍을 조장했다.

1720년 8월 22일, 4차 주식청약 역시 1,000파운드의 주식 1만 주를 순식간에 팔아치우며 많은 이에게 일확천금의 꿈을 꾸게 했다. 투기 열풍으로 무너진 도덕성에 대한 우려가 곳곳에서 터져나왔음에도 불구하고 조지 1세(George I)에서부터 인생 역전을 꿈꾸며 마부, 농부까지 가세한 사우스시 주식 투기는 광풍을 동반한 부메랑이 되어 돌아왔다. 1720년 9월 이후 갑작스런 파국을 맞이한 것이다. 혹자는 이것을 인간의 탐욕과 어리석음에 대한 신의 분노라고 했다. 그래서인지 "천체의 운행은 예측할 수 있지만 인간의 광기는 알 수가 없다"고 한 뉴턴의 회한 섞인 고백이 남의 일만은 아닌 듯하다.

하지만 한때 영국인의 종교였으며, 정치였고 산업이었던 사우스시 주식은 거품이 꺼지면서 엄청난 손실과 신용의 실추를 불러왔다. 그러나 네덜란드와 마찬가지로 영국 경제는 곧 회복되었다. 네덜란드의 튤립 투기에서처럼 노련한 은행가들이나 거상들은 이유 없이 올라가는 가격에 의구심을 품었고 시장이 보내는 경고 신호를 외면하지 않았다. 이들은 4차 주식청약에 빠지면서 화를 면했다.

이 투기 열풍 이후 제정된 반버블법과 버나드법(불법적인 공매도와 선물, 옵션 거래를 금지하는 규정)은 영국의 금융자본주의 발달을 저지시키며 영국 경제에 장기적인 영향을 끼쳤다고 평가된다. 이제 투자와 투기의 차이점이 어떤 것인지 어느 정도 윤곽이 잡힐 것이다. 안전하고 확실하게 장기적으로 수익을 올리려고 하는 것이 투자라면, 한순간에 승부를 거는 것은 투기가 분명하다.

영국에서 미국으로 경제 패권이 이동한 20세기는 기술혁신의 세기였다. 이에 걸맞게 금융 투기 양상도 월스트리트를 중심으로 다양하게 발전해갔다. 1980년대 후반 컴퓨터의 대중화로 인해 인터넷 거래가 활성화되면서 주식시장은 확률을 이용한 투자 전략까지 동원하며 변신을 꾀했다.

아이디어에서 시작된 인터넷과 IT 산업이 실리콘밸리를 중심으로 호황을 맞으면서 닷컴 주식이 1990년대 새로운 황금알을 낳는 거위가 되었다. 확산되는 디지털 경제와 e-비지니스는 인터넷 관련 첨단 기술에 대한 맹신 속에 탐욕을 부추기며 1999년 주가를 끌어올렸다. 하지만 역사가 증명하듯 끝없이 지속될 것처럼 보이던 닷컴 열풍 역시 2000년대 초반 파국을 맞았다. 인터넷이 세상을 변화시킨 것처럼 닷컴 주식으로 인생 역전을 꿈꾸었던 많은 이가 거품이 붕괴되면서 큰 손실을 입는 시장의 변덕을 경험했다.

2010년대에도 웹 기술의 진화와 더불어 페이스북을 비롯한 SNS 기업에 투자가 급증했다. 이를 두고 10년 전 발생한 닷컴 거품이 재현될 수 있다는 2011년 3월 27일자 「뉴욕타임스」의 기사를 접하며 "혼돈은 다시 온다"는 셰익스피어의 말을 떠올려본다.

이 투기 열풍을 금융혁신의 한 과정으로 본 슘페터나 주가가 더 오를 것으로 기대하고 주식을 사는 사람을 합리적인 투자자로 보는 현대 경제학 이론이 고수익에 마비되어 욕망이 빚어낸 투기 현상에 면죄부를 주는 것은 아닐는지 반문해본다.

• 이때 우리는

튤립 투기가 절정에 달한 1636년 12월, 조선(인조 14년)에서는 병자호란이 일어났다.

점토판에서
전자종이까지

미국의 한 언론사에서 조사한 지난 천 년을 움직인 인물 중 당당히 1위에 오른 인물은 만유인력의 법칙을 발견한 뉴턴도, '신' 중심의 중세에 종지부를 찍고 새 시대를 열게 한 루터도 아닌 금 세공업자이며 인쇄공이었던 요하네스 구텐베르크(Johannes Gutenberg)였다. 그는 우리의 『직지심체요절』보다 시기적으로는 비록 늦었지만 훨씬 큰 영향력을 행사한 금속활자를 15세기 중반 발명하여 정보의 독점을 종식시키고 새로운 시대를 여는 데 기여했다. 다양한 문자 및 기록 매체의 세계를 들여다보자.

인간이 글로 자신이 살아온 발자취를 남기기 시작한 것은 그리 오래된 일이 아니다. 오늘날 원시 동굴의 벽화나 고대 유적지에서 발굴된 유물에서 추출한 DNA로 선사시대의 생활상을 어느 정도 유추하기는 하지만 빙산의 일각인 경우가 허다하다.

삶의 자취를 역사로 기록하여 선사시대와 구분되는 역사시대를 열어간 점토판에서부터 전자종이에 이르기까지 수천 년에 걸쳐 진화한 기록 매체가 정치·경제·사회적 변화에 끼친 영향을 추적해보는 것도 흥미로운 일이다. 메소포타미아문명을 꽃피운 수메르인은 티그리스 강과 유프라테스 강변의 진흙

에다 쐐기문자로 계약, 채무관계, 소유권 등의 상업적 거래 내역은 물론 지형지물을 보여주는 지도까지 기록으로 남겼다. 태양에 말리거나 불에 구워 만든 점토판은 그들의 생활상 일부를 후세에 전해주었다. 의미 없이 그어놓은 듯한 쐐기문자가 해독되면서 당시 메소포타미아의 외교관계와 상거래, 시장 가격의 변화 그리고 이에 대한 상인들의 반응이 비교적 상세하게 알려졌다.

피라미드와 파라오로 대표되는 이집트문명에서는 기원전 3000여 년경 나일 삼각주에서 자라는 파피루스의 껍질로 만든 파피루스 문서에 상형문자로 기록을 남겼다. 나폴레옹의 이집트정벌 중 로제타에서 발견된 로제타석이 난해한 그림 암호로 그려진 상형문자를 해독하는 데 열쇠를 제공했다. 로제타석이 발견된 1801년 당시 열한 살이던 장 프랑수아 샹폴리옹(Jean F. Champollion)은 이 난해한 암호를 풀기 위해 고대 언어를 공부했고, 마침내 1822년 클레오파트라라는 파라오의 이름을 해독하면서 상형문자 해독의 실마리를 찾아냈다. 엄청난 이집트문명의 비밀이 밝혀지면서 파피루스에 담겨진 이집트인들의 독특한 사후 세계관이나 일상이 고스란히 우리에게 전달되었다.

하(下)이집트의 상징물로 이집트에서만 독점 생산되던 파피루스는 페니키아와 지중해 상인들이 탐내던 고가의 수출품이었다. 페니키아의 비블로스 항에서 그리스로 수출되던 파피루스를 비블로스라고 했는데 여기서 성서(Bible)와 책(book)이라는 단어가 생겨났다. 파피루스를 손에 넣을 수 없는 지역은 상대적으로 문화·경제적 열세에 놓였다.

독점 생산으로 가격이 비쌌던 파피루스의 대체물로 기원전 2000년경 고안된 양피지는 종이가 유럽으로 전래되는 12세기까지 고대 문명과 중세 문명을 담는 그릇 역할을 했다. 이 둘을 비교해보면 최후 승자가 누가 될지 어느 정도 가름된다. 비싸면서 찢어지기 쉬운 파피루스보다 비싸지만 내구력이 있어 장기보존이 가능했던 양피지는 양, 염소 등의 가죽 가공 기술의 발전과 더불어 화려한 색채와 광택을 뽐내며 성서를 필사하는 매체로 전성기를 구가했다. 하지만 100쪽짜리 책을 위해 양 열 마리가 필요했다는 사실은 여전히 단점으로 작용했다.

주변에서 쉽게 구할 수 있는 재료를 활용한 고대인의 지혜에도 불구하고 기록 매체가 워낙 귀했기 때문에 문자를 다룬다는 것은 권력과 결부된 특권층에게만 가능했다. 고대사회일수록 기록을 담당한 사서의 중요성이 부각되었던 것은 정보의 독점이 권력의 핵심임을 의미하기 때문이리라. 그렇다면 특권 지식층만이 누렸던 양피지에 담긴 지식은 어떻게 일반 대중에게 전달되었을까? 해답은 의외로 간단하다. 종이가 유럽에 전래되면서부터다.

중국의 환관 채윤(蔡倫)이 105년에 발명한 종이는 비싸지도 무겁지도 않으며 다루기도 편하다는 장점을 가졌다. 중국

과 교류가 잦았던 우리는 이미 3, 4세기경 부터 종이를 사용했지만 유럽은 아주 늦은 12세기에 들어서야 이슬람권을 통해서 종이와 접하게 되었다. 중국(당나라)과 이슬람제국 사이에 벌어진 탈라스전투(751)에서 포로가 된 당나라 장수 고선지(高仙芝)의 부하가 사마르칸트에 제지술을 전수하여 8세기 중반에 이슬람권도 종이를 사용하게 된 것이다.

유럽에서는 이슬람권과 밀접한 관계에 있던 스페인(1151)이 제일 먼저 종이를 받아들였고, 십자군원정 때 포로가 제지술을 익혀온 프랑스(1189)가 그 뒤를 이었다. 세계 문명을 바꾼 종이가 외교·상업적 교류가 아닌 군사적 충돌을 통해서 유럽에 소개되었다는 역사의 아이러니가 흥미롭다.

이후 지속적으로 전래되는 종이의 행보는 경제가 이동하

는 흐름과 일맥상통한다. 이탈리아(1270)와 독일(1312)에 이어 15세기에는 네덜란드와 영국에까지, 러시아와 스칸디나비아는 더 늦은 16~17세기에 종이가 유입되었다. 유럽 도시들은 넝마로 종이를 만들었기 때문에 하천오염이 심했지만 급증하는 수요로 인해 생산을 중단할 수 없어 도시 외곽으로 제지공장을 옮겼다고 한다. 특히 금속활자의 등장은 종이의 수요를 급증시켰다.

이렇게 전래된 종이가 유럽 사회에 미친 영향은 생각보다 엄청나다. 필사에서 활자 인쇄로 이행하면서 책과 지식의 대중화가 시작되었기 때문이다. 책이 담고 있는 새로운 사고가 급물살을 타고 퍼지면서 르네상스가 꽃피었고 성서가 출판되면서 종교개혁에 불씨를 당기는 사회적 변혁을 이끌어냈다. 중세를 종식시키고 새로운 사상을 담은 새 시대, 근대를 열어간 종이와 인쇄술의 만남은 '이보다 더 좋을 수는 없다'로 함축되지 않을는지!

이쯤되니 시대의 변화를 주도한 종이와 책의 미래가 궁금해진다. 클릭 한 번에 모든 정보를 다 접할 수 있는 인터넷시대에 전자책(e-book)과 전자신문으로 다가온 전자종이는 종이와 종이책의 입지를 위태롭게 하고 있다. 244년 역사를 자랑하던 브리태니커 백과사전은 2012년을 끝으로 인쇄본 출판을 중단했고 수많은 대형 서점이 문을 닫는 등 종이책의 위기는 도처에서 목격된다.

종이책을 위기로 몰아넣은 전자책의 장점이 무엇일까? 2007년 미국 온라인 서점 아마존이 전자책 단말기인 킨들을 선보인 이후 전자책은 경쟁력 있는 가격과 휴대성, 편리성, 멀티미디어 기능까지 갖추고 새로운 독서 문화를 선도하기 시작했다. 종이책보다 30% 정도 저렴한 가격과 200g에 불과한 무게의 전자책 단말기에 수백 권의 책을 담아서 언제 어디서나 클릭 한 번으로 꺼내 읽을 수 있다는 점 또한 매력적이다. 트위터나 페이스북과 같은 SNS와 연계되어 읽은 내용을 즉시 다른 사람들과 공유할 수 있는 멀티미디어 기능 역시 스마트한 세대에게 친숙하게 다가온다.

적은 비용으로 누구나 비교적 쉽게 전자책을 생산하는 1인 출판시대가 열리고 종이 생산으로 유발되는 환경오염도 줄일 수 있어 환경보호 측면에서도 환영할 만하다. 모양과 질감이 종이와 같아 둘둘 말아서 두루마리로 들고 다닐 수 있다는 전자종이와 손 안에 들어오는 전자책을 두고 무거운 책과 신문을 들고 다니는 사람이 미래에도 있을까?

전자책 단말기 기능을 가진 태블릿 PC와 스마트폰의 보급이 늘어나면서 2011년 2월, 미국에서는 전자책이 드디어 종이책의 매출액을 넘어서며 전자책시대의 시작을 알렸다. 이와 때를 같이하여 2011년 12월 13일 BBC는 다큐멘터리 「책-최후의 장?(Book-The Last Chapter?)」에서 종이책의 90%가 5년 안에 사라지고, 애호가의 소장용으로 극히 적은 양의 종이책이 아주 비싼 가격으로 출판될 것이라고 종이책의 비극적 미래를 단언했다.

이와는 다른 세계적 석학 움베르토 에코(Umberto Eco)의 2012년 7월 2일 인터뷰가 흥미롭다. 그는 루브르 박물관 장서 각 2층 난간에서 전자책 킨들과 자신의 책 『장미의 이름』을 바닥으로 던진 후 박살이 난 킨들과는 달리 약간 구겨진 종이책을 집으며 전자책의 취약성과 종이책의 우월함을 상징적으로 보여주었다. 그는 전자책이 개인의 자유가 아니라 정부의 통제하에 결정될 수 있기 때문에 지적(知的) 부자들에게 큰 영향력을 부여하지만 정보의 진위나 가치를 분별할 수 없는 지적 빈자들에게는 큰 해악이라고 했다. 더구나 여과 장치가 없는 자가출판은 위험하기까지 하다고 보았다.

그렇다면 종이신문의 미래는 어떨까? 미국의 양대 신문이라고 할 「뉴욕타임스」와 「워싱턴포스트」가 광고 수입 감소와 구독자 감소라는 운명을 맞이했다는 점이 더 이상 설자리가 없는 종이신문의 어두운 현실을 말해준다. 「뉴욕타임스」는 2018년 종이신문 발행을 종료할 계획이고, 136년 전통을 자랑하는 「워싱턴포스트」는 2013년 8월, 온라인 서점 아마존에 매각되었다. 2010년 단돈 1달러에 매각되었던 미국의 시사주간지 「뉴스위크」 역시 경영난으로 다시금 온라인 매체에 인수되었다. 막 배달된 종이신문을 펼칠 때 코끝을 자극하던 휘발성 냄새가 그리워질 순간이 머지않은 듯하다.

서로 다른 장점을 지닌 두 기록 매체가 대체재가 아닌 보완재로서 서로 다른 독서 방식을 가진 독자들에게 다가가 정보의 불균형을 해소하길, 그것이 21세기 지식 기반 사회의 새로운 성장 동력으로 자리매김하길 기대해본다.

● 이때 우리는

유럽 최초로 스페인에 종이공장이 세워진 1151년, 고려(의종 5년)에서는 『삼국사기』의 저자 김부식이 사망했고, 우리나라에서 최초로 태양의 흑점을 발견했다.

42

팍스 브리태니카와
스털링 파운드의 금본위제

18세기 중반 이후 막강한 경제력과 해군력을 지닌 섬나라 영국의 힘에 의해 유지된 평화기, 팍스 브리태니카 시대가 도래했다. 세계 인구의 2%에 불과한 영국이 200여 년에 걸쳐 전 세계의 1/4을 지배한 힘과 그 흥망성쇠의 열쇠를 찾아보자.

로마가 하루아침에 만들어진 것이 아니듯 팍스 브리태니카 역시 오랜 시간의 준비기를 거쳐 달성되었다. 영국은 전쟁과 혁명, 질병에서 격리된 섬나라라는 지정학적 특성에 기인한 사회·정치적 안정 속에 튜더 왕조의 절대왕권 강화기를 거치며 제해권과 무역권을 장악했다. 그러고는 18세기 후반 산업혁명기를 맞아 비약적인 성장을 꾀했다.

제일 먼저 산업혁명을 완수한 공업국답게 세계 각지로 자본과 공산품을 수출하여 영국적 세계 자본주의의 성립을 도모했다. 해외시장이 필요했던 영국은 리카도의 비교우위론에 의거한 자유무역으로 선회하여 1860년대 이후 독일이 보호무역으로 돌아선 1879년까지 자유무역에 의한 전성기를 맞았다. 이와 함께 금의 무게와 연동하여 안전성과 신뢰성을 보장하는 스털링 파운드가 국제 지불수단으로의 위상을 얻으며 자본시장으로서 런던이 중요해졌다.

언제나 금으로 바꿀 수 있을 뿐만 아니라 자유롭게 금화나 금괴를 수출할 수 있는 금본위제야말로 팍스 브리태니카의 근간이었다. 최대의 교역국이자 자본수출국인 영국과의 거래를 원활히 하기 위해 20세기까지 은본위를 고수한 중국과 멕시코를 제외한 대부분의 국가들이 1870년대 금본위제로 전환하면서 스털링 파운드 중심의 금본위제가 본격화되었다. 당시 금보다 더 신용이 높았던 스털링 파운드의 결제율이 90%를 넘었다고 하니 가히 그 위상을 가늠할 수 있다.

이런 맥락에서 "팍스 브리태니카는 1914년 8월 제1차 세계대전의 시작과 더불어 종말을 고했다"는 역사가 제임스 모리스(James Morris)의 말처럼 제1차 세계대전의 시작과 더불어 금의 유출을 막고자 시행된 금 태환의 중지는 금본위제에 의거한 국제 통화제도와 팍스 브리태니카 붕괴의 신호탄이 되었다.

옛 영화를 되찾으려는 듯 영국은 1925년 은행가와 채권자의 이해관계에 따라 금융 중심지로서 런던의 지위를 고수하기 위해 파운드의 평가절상 전략으로 금본위제를 부활시켰다. 산업과 국내 이익은 철저히 무시되었다. 금융의 지도적 입장과 제국 유지를 위한 고평가정책은 수출 부진과 고실업, 성장 둔화로 이어지며 대영제국의 운명을 이미 되돌릴 수 없는 궤도로 진입시키는 결과를 낳았다.

금본위제에 이어 팍스 브리태니카를 유지할 수 있었던 또 하나의 요인으로 '대영제국에서는 해가 지지 않는다'는 말에 걸맞게 다양한 종교와 민족으로 구성된 제국을 들 수 있다. 문화·종교·민족적 차이에서 지속적인 불화를 겪던 아일랜드와는 달리 인도는 대영제국의 값진 보화였다. "인도를 지배하는 한, 우리는 언제나 세계 최대의 강국일 수 있다. 만일 인도를 잃는다면, 영국은 즉시 삼류 소국으로 전락할 것이다. 그리고 일단 인도를 잃으면 나머지 식민지는 아무런 가치도 없어진다"라고 한 외무장관 조지 커즌(George N. Curzon)의 말에서 동인도회사를 주축으로 하는 인도의 경제적 가치와 더불어 대영제국에서 차지하는 인도의 상징적인 가치를 감지할 수 있다. 결국 제국을 살리기 위해 인도로 가는 길, 즉 중동 지역을 확보하기 위해 아랍(맥마흔협정)[25]과 유대인(벨푸어선언)을 상대로 폈던 영국의 이중적 외교에서 발생한 팔레스타인 갈등은 오늘날까지 지속되고 있다.

이제 영국의 힘이 소진한 이유를 살펴보자. 우선 산업 경쟁력 약화와 구조적인 요인을 들 수 있다. 세계시장의 흐름과 무관하게 산업혁명의 주역이었던 경공업 부문에 자본을 집중한 나머지 영국은 화학과 전기, 자동차 등의 새로운 산업으로 원활하게 이행하지 못했다. 영국의 쇠퇴를 부정하는 일부의 시

25 제1차 세계대전 중 영국의 이집트 총독인 헨리 맥마흔(Henry Macmahon)은 오스만제국 내 아랍인 반란을 지원하며, 아랍인들이 참전하면 전쟁이 끝난 후 아랍 지역의 독립(팔레스타인 지역의 아랍 국가 건설 포함)을 보장한다고 약속했다.

각에도 불구하고 해외시장에 의존하는 바람에 수입대체와 경쟁력을 강화한 미국과 프랑스, 독일 등과의 경쟁에서 시장을 잠식당했다. 시장의 기회나 신상품의 가능성 등을 감지하는 기업가의 식견 부족이나 제도의 경직성 등도 문제였다.

또한 여타 유럽 국가와 미국이 19세기 말 보호주의적 신중상주의 정책으로 선회하여 자유무역을 고수하는 영국에 불리하게 작용한 것도 무시할 수 없다. 자유무역으로 인해 해운과 대외투자가 호조였지만 지속적으로 무역적자가 커졌기 때문이다. 또 국내투자보다는 수익률이 더 높은 해외투자의 증가가 국내 산업의 성장을 저해했다.

금본위제와 마찬가지로 한때 활력을 제공하던 영연방이 이제는 대영제국의 발목을 잡는 상황이 되었다. 유럽의 최강자로 부상한 독일과의 경쟁을 피해 영국은 시대적 도전을 외면하고, 안전한 투자선이자 시장인 영연방에 안주하면서 신기술 개발과 산업 기술 교육을 통한 경쟁력 강화를 등한시했다. 경제·군사적 세력의 균형이 깨지면 강대국은 쇠퇴의 길에 들어선다는 폴 케네디(Paul Kennedy)의 말처럼 넓은 영연방을 방어할 방위비는 지속적으로 증가하는데 영연방에서 들어오는 경제적 이익은 오히려 계속 줄어들었다. 이렇듯 한때 대영제국에 힘의 원천으로 여겨지던 요인이 되레 힘의 소진을 불러온 주범이 됐다는 점이 흥미롭다.

산업 기술 교육에 치중하여 산학협력을 꾀하던 독일과는 달

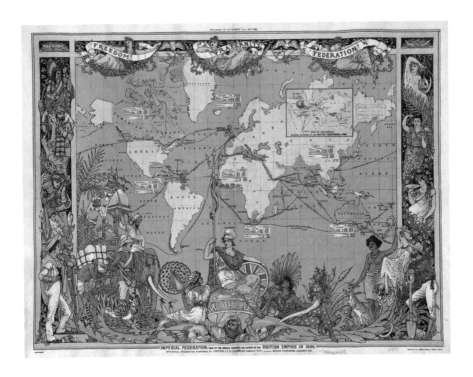

리 산업 전문 인력을 위한 혁신 기술이나 응용 기술보다는 여
전히 교양, 인문 교육을 중시했던 고등 기술 교육의 낙후성도
눈여겨볼 일이다. 영국은 곧바로 현실 경제에 도움이 되는 것
은 학문이 아닐 뿐더러 학문의 격을 떨어뜨린다고 생각했는데
최근까지 케임브리지 대학교에 공학부가 없었다는 점이 이를
뒷받침하고 있다. 하지만 1970년대 말 이미 21세기의 시대적
흐름을 앞서 내다본 마거릿 대처(Margaret Thatcher) 수상은 디
자인에서 차세대 성장 동력을 발견했다.[26] 창조적 영국을 표방
한 토니 블레어(Anthony Blair) 역시 1997년 학교 교육에서 디

26 대처 수상이 1979년
취임한 후 첫 각료회의에
서 경제적 어려움에서 벗
어나기 위한 방안으로 "디
자인을 하든지 아니면 사
퇴해라(Design or Resign)"
며 디자인을 차세대 성장
동력으로 제시했다.

자인과 기술(Design & Technology) 과목을 의무화하여 창의적인 산업을 육성함으로써 오늘날 영국은 모두가 인정하는 디자인 강국이 되었다. 격세지감이 아닐 수 없다.

영국의 세기라는 19세기를 훌쩍 뛰어넘어 20세기 후반의 영국을 돌아볼 때, 과도한 복지 비용과 산업구조의 미진한 재편, 강한 노조 세력에 밀려 지연된 신기술 도입 등이 악화시킨 '영국병'을 떠올리게 된다. 1970년대에 경쟁력 하락과 성장률 저하의 징후를 보였던 영국병은 안정된 민주주의에서 오는 제도의 경직성, 높은 정부 지출로 인한 시장 기능의 약화와 맞물려 한때 세계 공장이었던 영국 제조업의 명성을 무색케 했다. 산업이 아닌 상업 및 금융, 서비스업으로 구조 변화를 한 것이지 결코 심각한 수준의 병이 아니라는 반론에도 불구하고 효율성을 높이기 위해 민영화를 추진하고 노조와 강력히 맞선 보수당 대처 수상의 처방은 유효했다.

이후 경제적 효율과 사회적 형평을 지향하며 제3의 길을 표방한 영국은 1997년부터 창조적 영국이라는 비전 제시와 혁신으로 장기적 경제 호황을 누렸지만, 2007년도 3/4분기 이후 늘어나는 공공부채와 과도한 정부 지출 등으로 경제적 어려움을 겪고 있다.

EU에 속하면서도 유럽이기를 거부하는 듯 유로존에 속하지 않고 전통적인 파운드화를 쓰고 있는 영국은 EU가 투기성 외환 거래에 부과하려는 금융거래세 도입에도 회의적이다. 금융 산업이 발달한 영국의 입장에서는 불리할 수도 있지만 한때 세계경제를 리드했던 영국답게, 자국의 경제적 실익을 떠나 건전한 금융 거래 정착과 유럽의 재정 위기 타개에 힘을 보태길 기대해본다.

그럼에도 한국보다 20년 앞서 국제통화기금(IMF)의 구제금융을 받은 바 있는 나라가 새로운 도약을 다지고 있다는 점에서 영국을 '피 한 방울 흘리지 않고 혁명을 완수한 역사의 모범생'이라고 칭찬한 말이 실감 난다. 대영 박물관에는 오늘날에도 이집트를 비롯하여 세계 각지의 식민지에서 가져온 인류의 문화유산들이 빛바랜 대영제국의 향수를 달래고 있다.

• 이때 우리는

팍스 브리태니카의 근간을 이룬 금본위제가 채택된 1816년, 조선(순조 16년)에서는 최초로 한문 성경이 영국 군함에 의해 전해졌다.

팍스 아메리카나의 달러 체제와
그 이후

미국은 '미국의 세기'라는 20세기에 이어 21세기에도 여전히 경제력, 정치력, 군사력 등에서 패권 국가로의 면모를 보이며 팍스 아메리카나를 구가하고 있다. 미국의 주도로 힘에 의해 유지되는 평화기, 팍스 아메리카나의 실체를 통해 자본주의의 미래를 예측해보자.

"세계의 금융과 권력의 중심이 유프라테스 강에서 템스 강으로 이동하는 데에는 수천 년의 세월이 걸렸지만, 지금 허드슨 강으로 이동하는 데에는 하루로 족하다"라고 한 미국의 국무장관 존 헤이(John M. Hay)의 말(1902)을 증명이라도 하듯 미국이 패권 국가로 부상한 기간은 미국의 역사만큼이나 짧다. 남북전쟁을 통해 경제통합을 이룬 미국은 1870년대 이후 근대 대기업을 중심으로 영국을 능가하는 생산력을 보이면서 급성장했다.

유럽 각지에서 몰려온 이민자와 해외 자본에 힘입어 지속적으로 성장한 미국은 유럽이 제1차 세계대전으로 생산력을 소진할 때, 전쟁 특수를 누리며 채무국에서 채권국으로 변모했다. 따라서 전쟁 부채를 둘러싼 양국의 이해관계는 영국과 미국의 주도권 경쟁을 부추겼다.

4차에 걸친 영란전쟁을 치르면서 네덜란드에서 영국으로 제해권과 무역권이 넘어왔듯 두 차례에 걸친 세계대전으로 미국에 그 기회가 찾아왔다. 하지만 미국은 이런 선도적인 역할을 처음부터 반기지는 않았다. 이미 1870년대 영국의 경제력을 추월했음에도 불구하고 미국은 제1차 세계대전 이후 세계 경제에 전면으로 나서길 거부했기 때문이다.

하지만 경제 리더국의 부재가 세계대공황으로 이어졌던 과거의 일을 교훈 삼아 미국은 전쟁 중이던 1944년 영국과 소련의 정상들과 브레턴우즈(Bretton Woods)에서 만나 세계 교역과 통화를 관장할 새로운 경제질서, 즉 브레턴우즈체제를 도출해냈다. 이로써 미국은 파운드시대에 이어 달러시대를 여는 브레턴우즈체제와 함께 새로운 경제질서의 중심으로 팍스 아메리카나를 열었다.

금 1온스를 35달러로 고정한 후, 금과 연동된 달러와 각국 통화가 다시 연동되어 외환의 가치를 정하는 금환본위제는 고정환율제로 운용되었다. 세계 금 보유고의 2/3 이상이 전쟁 중에 미국으로 옮겨옴으로써 달러화는 금환본위제의 기축통화로서 면모를 갖출 수 있었다.

이 시스템을 관장하는 IMF는 관세무역일반협정(GATT)과

함께 전후 세계경제의 안정화뿐 아니라 팍스 아메리카나의 확산에도 기여했다. 달러 중심으로 재편된 세계경제는 냉전체제 하에서 미국의 국제수지 적자에 힘입어 성장 일변도를 달렸다. 하지만 1960년대에 이르러 누적된 미국의 국제수지 적자와 베트남전쟁으로 인한 재정 악화, 금의 수급 문제 등으로 달러화의 가치가 급락했다. 이런 와중에 달러의 태환 요구가 급증하자 리처드 닉슨(Richard Nixon) 대통령은 1971년 금과 달러의 태환을 정지시키고 달러화의 평가절하를 단행했다. 이로써 강한 달러에 기초한 브레턴우즈체제가 종식되고 달러의 위력은 약화되었다.

달러의 약세와 제조업의 쇠퇴로 세계경제에서 절대적 우위를 상실한 미국은 IT와 금융, 서비스, 농업 부문 등 자국의 비교 우위 산업을 중심으로 한 새로운 무역질서의 구축을 서둘렀다. 그 결과 다자간 무역협상인 우르과이라운드(1986~1994)를 타결하고 WTO체제(1995)를 출범시켜 세계 경제질서의 재편을 주도했다. 실리콘밸리에서 IT 산업을 중심으로 1990년대에 맞이한 장기호황도 이를 뒷받침했다. 정보통신 기술의 변화로 인한 21세기적 유연한 지식의 시대가 미국에서 열린 것이다.

이렇게 IT와 신소재, 생명공학, 우주항공 기술 등 21세기를 주도할 혁신적 기술을 선도하며 구조조정과 기술혁신에 따라 높아진 기업의 생산성에서도 부동의 1위인 국가 브랜드 가치를 앞세워 미국은 팍스 아메리카나의 건재함을 과시했다. 세계를 움직이는 혁신적인 기업의 선두에 애플과 구글, 마이크로소프트, IBM과 같은 미국 기업이 차지하고 세계를 움직이는 영향력 있는 인물에도 빌 게이츠(Bill Gates)나 버락 오바마(Barack Obama)와 같은 미국인이 대거 포진하고 있음이 그 좋은 예다. 과거와는 달리 제해권과 무역권에 더하여 제공권과 인터넷이라는 가상공간을 확보한 미국이 패권 국가로의 입지를 공고히 하고 있다.

이런 움직임과는 달리 금본위제의 종식이 팍스 브리태니카의 쇠퇴기로 인식되었듯 금환본위제가 종식된 1970년대 초반부터 이미 팍스 아메리카나의 퇴조가 시작되었다고 보는 시각도 있다. 자유의 여신상이 상징하는 미국의 가치인 자유와 개방성, 관용도 점차적으로 줄어들고 있다. 고대 페르시아 아케메네스제국에서부터 대영제국에 이르기까지 초강대국의 역사는 관용에서 시작하여 예외 없이 불관용으로 끝이 났음을 볼 때, 미국은 더 이상 기회의 땅이 아니며 변화와 혁신에 개방적이지도 않다는 점이 이를 입증해준다. 하지만 신경제의 산실인 실리콘밸리에 30%가 넘는 외국의 인재들이 모여 미국의 기술·경제적 우위를 지키고 있다는 사실은 여전히 중국이나 유럽보다 미국이 더 관용적임을 말해주고 있다.

하지만 좋은 상황이라고 단언하기는 어렵다. 일방적인 자국 중심의 외교와 2001년 9.11테러 이후 강화된 제한적 이주정책, 반이슬람 정서는 반미주의를 확산시켰다. 세계화와 함께 인터넷을 달구는 인터넷 언어로 영어가 세계인의 언어로 부각되는 가운데 역설적으로 미국 내에서는 여러 국가에서 온 이민자로 인해 언어의 혼재가 성서 속의 바벨탑 이야기처럼 분열을 조장하며 미국의 힘을 약화시키고 있다. 심지어 마이애미에서는 라틴계 인구가 증가하여 스페인어가 영어와 백인을 몰아내고 있다고 한다.

이 모든 부정적인 요인과 함께 2007년 10월 서브프라임 모기지 사태에서 시작된 미국의 금융 위기는 월스트리트 투자은행의 파산과 더불어 신자유주의로 대변되는 글로벌 경제 패러다임의 변화를 초래하며 팍스 아메리카나의 위상을 뒤흔들었다. 더 나아가 2013년 10월 미국은 또 한 번 세계인의 주목을 받았다. 새 예산안이 처리되지 않아 17년 만에 연방정부가 셧다운되는 사태를 빚었기 때문이다. 의회가 연방정부의 채무한도를 올려주지 않으면, 채무불이행을 맞이할지도 모르는 위기에 봉착하면서 세계경제에 불안감을 조성시켰다. 의회와 극적인 타협안을 찾아 최악의 상황은 모면했지만, 팍스 아메리카나의 치명적 손상은 비켜갈 수 없었다.

WTO 가입 후 놀랍게 성장하고 있는 중국이 2030년경 세계 제1의 경제대국으로 팍스 시니카(Pax Sinika) 시대를 열 것이라는 예측을 비웃기라도 하듯, 여전히 미국 가치관 중심의 시장과 자본논리가 지배하는 세계는 미국의 정치와 사회, 경제, 기술, 문화에 점점 더 종속되고 있다.

엄청난 부채를 안고 있는 미국이 팍스 아메리카나를 언제까지 이어갈지 궁금하다. 이미 중국과 함께하는 G2, 차이메리카(Chimerica)시대가 열려 양극화된 세계 질서가 가시화되고 있지 않은가! 여기에 유럽합중국으로 결속된 유럽의 힘이 표출되면 다극화체제도 가능하다고 한다. 결국 패권은 영원히 지속되지 않는다는 자명한 진리만 다시 확인하게 된다.

● 이때 우리는

미국을 새로운 경제질서의 중심으로 자리 잡게 한 브레턴우즈체제가 출범한 1944년, 일제강점기 우리 땅에서는 한국인 학병들의 강제 징병이 시작되었다.

팍스 시니카, 중국의 부상

인공위성에서도 보인다는 6,000km의 만리장성과 실물처럼 흙으로 구워낸 7,000개의 병마용에서 중국의 광활한 영토만큼이나 대국적인 중국인의 면모를 엿볼 수 있다. 고비 사막에서 날아온 황토가 퇴적되어 비옥한 황하 유역에서 꽃핀 고대 문명의 발상지답게 문명사회의 중심임을 외치며 새로운 도약을 준비하는 13억 인구의 땅, 중국으로 가보자.

13세기 중반 이후 원나라는 100여 년간 세계의 중심으로 경제적 안정기를 맞았다. 종교적 관용과 개방적 사고로 교역로를 통해 활발히 교류한 결과였다. 하지만 유교적 가치관과 중화사상을 지닌 명나라에 이르러 동서양의 통상로는 폐쇄되었다.

자족적 농촌공동체를 꿈꾸며 상업을 억제하고, 은의 유통을 금지한 명나라의 홍무제(洪武帝: 주원장의 제호)와 그의 아들 영락제(永樂帝)는 엇갈린 행보를 보였다. 영락제는 은의 유통을 활성화하는 것은 물론 1405년에서 1433년 사이 7차에 걸쳐 동남아와 인도양을 지나 아프리카의 마다가스카르 섬에 이르는 먼 지역까지 원정대를 보내 대내외적으로 중화 질서를 세우고자 했다. 하지만 바스쿠 다 가마보다 80~90년 앞선 시기에 중국과 인도를 지나 믈라카 해협으로 이어지는 바다 실크로드를 개척한 정화의 원정대는 세계경제사에 그다지 큰 발자취를 남기지 못했다. 동남아 화교의 기원이 된 이 원정대는 경제적 목적을 달성하기 위한 식민지 확보나 교역의 확대보다 중국의 힘을 대외적으로 과시하는 외교적 활동에 치중했기 때문이다.

원정대는 조공 형태의 교역에도 불구하고 중국의 비단과 징더전에서 구워낸 코발트 빛 자기를 전해주고 아프리카의 기린과 같은 진귀한 동물이나 보석 등을 들여오며 무역상의 실리를 추구했다. 하지만 1433년을 기점으로 정화의 원정은 끝났다. 그 이유가 궁금해진다.

해답은 대내외적 정치 상황과 명대의 유교주의, 그리고 중화사상에서 찾을 수 있다. 수도를 베이징으로 옮겨 북방 유목민의 침략에 대응하는 한편, 황제의 권력을 유지하기 위한 정적 제거 과정에서 환관이던 정화가 희생되면서 원정은 지속될 수 없었다. 게다가 막대한 선박 건조 비용을 감당할 수 없어 1500년경에는 원양 항해 선박 건조를 금지하며 쇄국정책을 강화시켰다. 득세한 반상업주의 가치관을 지닌 유교적 관료들 역시 해양으로의 관심을 끊고자 선박을 불태워버렸다. 이들은 대외무역을 통한 외부와의 접촉을 반대하며 중화주의를 표방했다.

그 결과 시기나 규모면에서 유럽의 신대륙 발견보다 앞선 정화의 원정에도 불구하고 중국은 15세기 중반까지 지속된 쇄국정책으로 경쟁력을 상실하고 뒤늦게 대항해시대를 연 유럽에 추월당했다. 대항해시대를 연 인물로 정화가 아닌 콜럼버스나 바스쿠 다 가마를 떠올리게 된다. 이들이 남긴 발자취가 역사의 흐름에 엄청난 변화를 불러왔지만 정화의 원정은 중국과 동남아시아에 국한된 역사적 사건으로 머물러 있기 때문이다. 사건의 파장을 지속시키지 못하고 정지시킨 중국이 해양 강국의 면모를 잃고 시대적 흐름을 놓친 셈이다. 그렇게 중국은 대항해시대와 멀어져갔다.

중국의 전성기는 자기 폐쇄적이던 명 왕조를 무너뜨린 만주족이 청 왕조를 세운 뒤 17~18세기 강희제(康熙帝), 건륭제(乾隆帝) 때 다시금 찾아왔다. 정치·사회적 안정 속에 풍부한 노동력을 바탕으로 자본주의의 발아기를 맞은 강건성세[27] 때에 이르러서는 6,000만 명에 불과하던 인구가 3억 명으로 증가했고, 생산력이 증대되는 등 경제가 활성화되었다. 하지만 안정적인 시장 수요와 풍부한 노동력으로 인해 기술 발전을 등한시한 중국은 근대로의 이행에 실패했다. 그 후 중국은 아편전쟁(1840~1842)에 패함으로써 홍콩을 영국에 넘겨주는 등 타의적으로 세계 자본주의 질서에 편입하며 세상의 중심에서 밀려났다.

중국을 파국으로 밀어넣은 아편전쟁의 불씨는 중국 문화를 동경하던 유럽인의 입맛을 사로잡은 홍차에서 비롯되었다. 늘

27 강희, 옹정, 건륭 3대 134년에 걸친 최전성기를 의미한다.

어난 차의 수요에 맞추기 위해 차 생산에 집중한 중국은 면화를 인도에서 수입했다. 이때 중국과의 무역적자를 해결하기 위해서 영국은 면화와 아편을 중국에 밀매하여 중국인을 아편의 늪에 빠지게 했다. 이로 인해 중국과 영국은 급기야 전쟁으로 치닫게 되었다.

아편전쟁이 끝난 후 중국은 더 이상 예전의 중국이 아니었다. 유학을 받아들인 한나라 때부터 면면히 이어져 내려오던 중화사상을 더 이상 고수할 수 없었기 때문이다. 외국인을 오랑캐라 여기며 중국을 '세상의 중심'으로 자부하던 이 사상은 중국을 자기 체제에 안주하게 함으로써 시대적 흐름을 외면하게 했다. 중화주의는 중국인에게 정체성을 부여하는 팍스 시니카의 근원인 동시에 도전 정신을 둔화시켜 오히려 팍스 시니카의 걸림돌이 되기도 하는 이율배반적 요소인 셈이다.

일본과 유럽 열강들의 이권 쟁탈장이었던 중국은 20세기 중반 사회주의적 계획경제를 표방하는 중화인민공화국(1949)으로 변신을 꾀했다. 그 후 세상의 중심에서 밀려났던 중국이 오랜 잠에서 깨어나 1979년 덩샤오핑(鄧小平)의 흑묘백묘이론으로 중국식 사회주의 시장경제를 실시하여 새로운 도약의 가능성을 제시했다. 개혁과 개방을 통해 놀라운 경제 성과를 얻어낸 중국은 13억 명 인구의 노동력과 잠재 소비력을 바탕으로 민영화와 탈규제, 금융 자유화 등을 내세운 워싱턴 컨센서스를 반박하며 공산당 주도의 권위적 경제 발전 모델인 베이징 공식(共識)을 정착시켰다.

기술혁신과 외국 기업 인
수를 통해 기술력과 브랜드
가치를 높인 중국은 제해권
상실이 불러왔던 뼈아픈 과
거를 교훈 삼아 2003년 아시
아에서 처음으로 유인 우주

● 중국 최초의 달 탐사차
'옥토끼(Jade Rabbit)'가
보내온 창어 3호의 모습
제공권 확보를 둘러싼 우
주 강국 간의 경쟁이 치
열해지고 있다.

선 선저우(神舟) 5호를, 2007년 일본에 이어 아시아에서 두 번
째로 달 탐사선 창어(嫦娥) 1호를 쏘아 올렸다. 이로써 제공권
경쟁에 돌입한 중국은 미국의 독주를 견제하고 있다. 2013년
12월 14일 창어 3호가 미국과 러시아에 이어 세 번째로 달에
착륙하여 본격적인 달 탐사 시대를 알렸다.

미국은 미국대로 자국 화폐 달러를 가장 많이 보유한 중국
에 1985년 일본에게 했듯이 위안화 절상의 압력을 가하며 패
권을 방어하고 있다. 그래서인지 문명의 서진화에 따라 영국,
미국에 이어 중국이 새로운 힘의 강자로 부상하리라는 예측이
나오고 있다.

문제는 그 시점이다. 『제국의 미래』의 저자인 에이미 추아
(Amy Chua)는 92%의 한족과 55개 소수민족(영토의 60% 차지)
으로 구성된 중국이 패권 국가로 가기 위해서는 세계 일류 인
재를 끌어들이는 전략적 관용으로 미국을 압도해야 한다고 했
다. 더욱이 도시화와 산업화, 세계화에 따른 환경오염의 가속

화와 지방 격차, 소수민족 문제, 배금주의적 가치관, 민주주의의 부재 등 풀어야 할 많은 과제가 관건이다.

세계시장에 등장한 중국과 화교, 중화 경제권이 불러올 세계 외환 시장과 원자재 시장의 지각변동으로 변화될 세계의 경제지형이 궁금하기만 하다. '만만디'를 외치는 중국인답게 100년을 예상하고 '빛이 새나가지 않도록 은밀하게 힘을 기르며(韜光養晦: 도광양회)' 사회주의 발전의 토대를 구축하고 있는 중국에서 사회주의적 시장경제의 끝나지 않은 실험은 계속되고 있다.

세계의 은을 끌어당긴 과거의 명성에 걸맞게 이제는 아프리카를 비롯한 전 세계의 자원과 에너지를 빨아들이며 경제성장을 계속하고 있는 중국은 브릭스를 거쳐 미국과 함께 새로운 경제 강자로서 차이메리카, G2시대를 열었다. 게다가 중국과 타이완의 경제적 협력관계는 차이완시대를 열며 주변국을 긴장시키고 있다.

● 이때 우리는

중국의 힘을 대외적으로 과시하기 위한 정화의 제1차 원정이 시작된 1405년, 조선(태종 5년)은 개경에서 한양으로 수도를 다시 옮겼다.

인구와 경제의
상관성

예수 탄생 당시 2억 5,000명 정도였던 인구가 5억 명으로 배가 되는 데 1,600년이 걸렸다. 그리고 5억 명에서 10억 명이 되는 데는 200여 년이 필요했지만 산업혁명 이후 가속도가 붙어 이제는 인구가 배가 되는 데 수십 년이 채 안 걸린다. 1999년 10월 12일에 유엔이 인정한 60억 번째 여아가 세르비아에서 탄생한 이래 세계 인구는 이미 73억 명을 넘어섰다. 중요한 경제지표로 자리매김한 인구의 어제와 오늘, 미래를 조망해보자.

농경사회에서 산업사회로 이행하던 18세기 중반부터는 토지의 생산성에 의한 인구 조절 자동메커니즘이 작동하지 않으면서 세계는 엄청난 인구 증가를 경험했다. 변화가 거의 없던 1인당 실질 GDP나 생산성에도 이 시점에서부터 서서히 변화가 감지되었다. 이에 비해 전투방식은 율리우스 카이사르(Julius Caesar)에서 나폴레옹에 이르기까지 비슷하다는 사실이 놀라울 뿐이다.

지대와 임금, 물가의 변화를 주도하며 곡물과 소금 교역 등 경제활동에 영향을 주는 인구는 19세기 중반 이후 교통·통신의 발달과 함께 증가한 이민을 통해 국민경제를 넘어 세계경제까지 변모시켰다. 가장 먼저 해외 식민지를 개척한 유럽이 1850년에서 1920년까지 자연적으로 증가한 인구의 40%에 해당하는 4,000만 명 정도를 해외로 이주시키면서 그 변화의 중심에 섰다.

살기 좋은 곳을 찾아 이동하던 이제까지의 모습과는 달리 문명화된 유럽과 멀리 떨어진, 삶의 기반이 열악한 아메리카 대륙과 오세아니아, 시베리아로의 이민이 주거 문화와 경제적 힘의 균형을 구세계에서 신세계로 이동시키는 계기가 되었다.

이를 통해 유럽의 자본과 기술·지식·문화적 전통 등이 다른 곳으로 전수되었고 유럽 중심의 세계경제권이 한층 강화되었다. 유럽인들이 이주하여 세운 새 도시가 유럽과 상호 유기적인 관계를 맺으면서 경제적으로 협력하며 대체되기에 이르렀기 때문이다.

특히 해외 식민지 건설과 관련된 자본수출은, 전 세계의 25% 이상을 제국으로 거느린 영국이 가장 앞섰다. 영국은 식민지의 철도 부설 및 광산 등에 투자하여 1914년 당시 GNP의 10%에 달하는 자본이득을 챙겼다. 프랑스와 독일 역시 해외투자로 각각 GNP의 5%와 2%의 수익을 올렸다. 이렇듯 해외투자 역시 인구 이동과 더불어 세계경제에 활력을 주며 신세계 도시의 인프라 구축에 크게 기여했다.

주로 경제적으로 활동 가능한 젊은이들이 이주했기 때문에 성장 동력을 잃은 유럽과 달리, 미국은 유럽에서 양질의 노동력과 자본이 유입되어 큰 경제적 혜택을 입었다. 이로써 인구의 증가가 부의 잠재력을 높인다고 했던 애덤 스미스의 예상을 입증하듯 채무국에서 경제대국으로 성장할 기틀을 마련했다.

그러나 러시아의 박해를 피해 이주해온 유대인과 넘쳐나는 이주민들로 사회적 문제가 대두되자 이를 해결하기 위해 나라별로 이주민을 제한하는 할당이민법(1921년 제정)을 1924년 개정하면서 경제적 어려움을 겪기도 했다. 절반 정도로 줄어든 해외 이주민이 주택과 같은 내구재 수요를 감소시켜 1929년 대공황에 빠지게 했기 때문이다.

더 나아가 이민과 직접적 관련이 없는 법이나 혁명 등이 당시 이민의 판도를 바꾸어놓았다. 대표적인 예가 인도적 차원이라기보다는 노동시장의 정상화를 위해 1833년 영국 의회에서 통과시킨 노예노동금지법(노예해방령)이다. 이 법으로 영국 식민지에서 기존의 노예를 대신하여 열대 작물 농장과 광산에서 저렴한 계약 노동자로 일하기 위해 중국인과 인도인들이 이민 대열에 동참하게 되었다. 또한 혁명의 해라 불리는 1848년에는 혁명 세력들이 실패한 혁명에 회의를 느껴 유럽을 떠났다. 같은 해 1848년 발견된 캘리포니아의 금광 역시 아메리칸 드림을 찾아 나선 이민자들을 불러모으기에 충분했다.

이렇듯 과거에는 이민에 의한 인구 이동으로 경제적 힘의 변동을 경험했다면, 21세기 현재는 인구 구성의 변화로 인해 경제적 위상의 변화가 나타나고 있다. 장수하고자 하는 인간의 꿈을 실현시킨 고령화가 저출산과 함께 오히려 새로운 사회적 문제로 떠오르고 있는 것이다.

고령사회에 진입한 일본과 빠른 속도로 진입하고 있는 한국, 심지어는 인구 대국으로 여겨지는 중국에서조차 고령화로 경제성장에 적신호가 켜졌다. 1979년 시행한 한 자녀 정책으로 젊은 경제활동 인구가 줄어들기 시작했기 때문이다. 더욱이 현재와 같은 속도로 중국의 경제활동 인구가 감소한다면, 2025년에는 인도가 중국을 제치고 인구가 가장 많은 나라가 되며 아시아는 물론 세계경제의 판도에 큰 변화가 예상된다고 한다.

우연한 결과라기보다는 지난 반세기 동안 인류가 이룩한 가장 위대한 업적에 해당하는 장수로 기인한 고령화는 사회의 성장 동력을 떨어뜨리는 요인으로 미래의 열쇠를 쥐고 있는 셈이다. 그래서 새로운 경제 중심지로 부상하고 있는, 일할 수 있는 젊은이로 넘쳐나는 젊은 인도가 경제 강국이 될 날도 머지않은 듯하다.

고령화와 저출산으로 벌어진 인구 변화의 지역적 편차 때문에 다시금 이주가 시작되었다. 생산 인구가 줄어드는 선진국에서는 고급 인력의 유입이 경제성장의 원동력이며 동시에 높은 임금 수준을 떨어뜨려 그 사회가 안고 있는 소득 양극화 문제를 완화시킬 수 있다고 환영한다. 그러면서도 교육을 받지 못한 값싼 노동력의 이주는 현대판 노예 거래를 재현하며 목숨을 건 불법 이민을 유발한다는 이유로 달가워하지 않는다. 그러지 않아도 낮은 임금 수준을 더 떨어지게 해서 소득 격차를 더 벌려놓는다고 여기기 때문이다.

오늘날 최대의 이민국, 미국에 이민자들이 유입되지 않는다면 어떻게 될까? 잘사는 나라들이 고학력자들의 이민 규제를 완화함으로서, 저개발국의 엘리트 두뇌들이 더 높은 임금과 좋은 생활환경을 찾아 나서는 두뇌 유출 역시 저개발국에서는 심각한 문제다.

2012년 6월 대한민국의 인구가 5,000만 명을 돌파하면서 대한민국이 20-50클럽(조선일보가 만들어낸 신조어)에 일곱 번째로 안착했다. 인구 5,000만 명 이상인 국가에서 1인당 국민소득 2만 달러를 넘는 것이 얼마나 어려운지를 단적으로 보여준다. 인구와 경제가 서로 시너지로 작용할 때에야 가능한 일이다. 당시 클럽에 가입한 국가들이 모두 30-50클럽에 진입했다는 사실 앞에서 대한민국의 경제적 행보가 기대된다.

● 이때 우리는

캘리포니아에서 금광이 발견돼 골드러시가 일어난 1848년, 조선(헌종 14년)에서는 외국의 배들이 빈번하게 출몰하여 통상과 문호개방을 요구했다.

46

세계화의
빛과 그림자

"자본주의는 출발부터 세계경제체제였기 때문에 20세기에만 세계적이 된 것이 아니다"
라는 이매뉴얼 월러스틴(Immanuel Wallerstein)의 말을 빌리지 않더라도 모두가 문빗
장을 열어놓고 자유무역을 통해 부를 키우자는 세계화 물결이 그리 새삼스러울 것은 없
다. 과연 교역 장벽을 낮추어 세계가 하나의 교역권이 되는 세계화가 진행된다면, 이제
까지 해결하지 못한 지구촌의 빈곤이 경감될까? 세계화의 명암을 진단해보자.

1989년 11월 9일 베를린 장벽이 무너지면서 도미노 현상처
럼 일어난 동구권 붕괴는 동시에 미국 중심의 자본주의 시장
경제를 가속화시켰다. 냉전체제의 종식으로 이데올로기가 아
닌 경제를 중심으로 한 무한 경쟁의 시대에 돌입한 것이다.

GATT체제에서 법적 구속력이 있는 초국가적 조직인 WTO
로 이행하면서 1995년 재편된 새로운 경제질서는 기존의 공
산품에서 농산물과 서비스, 지적재산권 분야로 자유무역을 확
대시켰다. 신자유주의의 논리하에 국가 간의 각종 규제가 철
폐되고 자본의 자유로운 이동이 세계화를 촉진시켰다.

국가 간의 국경도 허물어져 말 그대로 지구촌이 하나 되는

세계화 현상과 병행하여 공동의 문화적 특성을 살린 블록화(지역화)도 일어났다. 이로써 자유무역 지대나 관세동맹, 공동시장 등의 상호 의존적인 경제통합이 추진되어 지역 간의 통상마찰이 불가피해졌다.

경제블록화의 대표적 사례는 1967년 유럽공동체(EC)로 출범하여 1993년 이후 새 체제를 갖춘 EU다. 프랑스와 독일의 해묵은 감정에도 불구하고 유럽을 지탱하는 그리스·로마문명과 기독교의 문화유산이 경제적 통합을 성사시켰다고 볼 수 있다. 국제 경쟁력을 강화하여 유럽의 경제적 입지를 높이기 위해 회원국들은 공산품의 자유무역은 물론이고 2002년 1월부터 단일통화 유로화[28]를 사용하고 있다. 더 나아가 2009년 12월 27개 회원국의 5억 인구를 아우르는 유럽합중국을 선언하며 미국과 중국의 2강 체제에 도전장을 내는 등 통합된 유럽 경제의 힘을 과시하고 있다.

통합된 유럽에 질세라 1992년 자본과 기술력을 지닌 미국과 자원국 캐나다, 노동력이 풍부한 멕시코가 인구 3억 6,000명으로 구성된 북미자유무역협정(NAFTA)를 결성하여 GDP상 전 세계의 30%에 해당하는 최대의 단일 경제권을 형성했다. 아직은 협상 중에 있지만 북미와 중남미의 시장을 통합하는 인구 8억의 범미주자유무역지대(FTAA)가 결성된다면 팍스 아메리카나에 힘을 실어줄지 초미의 관심사다.

이렇다 할 성과를 보여준 경제블록이 없는 아시아에서도 세

28 유로화는 1999년 1월 공식 출범 이후 금융기관 및 기업 간 거래에서 먼저 사용되었다.

계경제의 블록화에 효율적으로 대처하고자 1993년 1월 싱가포르와 말레이시아 등 동남아국가연합(ASEAN) 6개국이 아세안자유무역협정(AFTA)을 공식적으로 출범시켰다. 하지만 아시아를 하나의 경제통합권으로 묶는 경제블록이 아니라는 아쉬움이 남는다. 대부분 유교나 불교문화권임에도 불구하고 단일 민족에 의한 단일 사회의 전통이 걸림돌로 작용했기 때문이 아닐까 싶다.

아시아태평양경제협력체(APEC) 회원국 간의 FTA를 도모하고자 출발한 환태평양경제동반자협정(TPP)[29]은 세계경제의 성장 엔진인 아시아 지역에 미국이 참여하는, 아시아를 넘어 거대 경제권이 참여하는 광역 경제블록이다. 가입 여부가 아니라 가입 시기를 저울질하는 중국이 참여할 경우 세계 3대 경제대국 미국과 일본, 중국이 모두 참가하는 것이기에 TPP가 글로벌 통상질서에 지각변동을 불러올 것으로 예견된다.

이렇듯 블록화는 세계경제의 중요한 특징으로 세계화로 가는 한 과정인 동시에 세계화에 대한 방어수단으로써 지역적 협력을 구축한다는 이중적 의미를 갖는다. 하지만 역내권 사이에서의 자유로운 이동과는 달리 역외권 국가에는 오히려 커다란 진입 장벽으로 작용하여 역외 차별이 우려되는 실정이다.

이제 반세계화의 움직임과 세계화의 성과를 살펴보자. 빈부의 격차를 벌여 소득과 교육, 건강, 환경 등 사회·경제적 불평등을 증가시키며 고유한 전통문화를 파괴시킨다는 비난 속에

29 미국의 동아시아 신개입전략으로 일컬어지는 TPP에는 2013년 12월 12개국이 참여하고 있다. 세계경제의 성장 동력으로 자리매김한 동아시아에서 중국을 견제하며 영향력을 넓히려는 미국이 협상을 주도하고 있다. 뉴질랜드, 호주, 캐나다 등의 농산물시장 개방에 따른 농업계의 타격 및 중국과의 관계를 고려하여 한국도 TPP에 가입 여부 및 가입 시기를 저울질하고 있다.

반세계화의 움직임이 고조되었다. 작은 정부와 시장의 자유화를 골자로 한 워싱턴 컨센서스에 의해 경제개혁과 세계화를 추진한 남미 국가들이 이전보다 더 불평등해졌고 이에 세계화의 성과에 대한 의문을 제시하면서 반세계화에 힘을 실어주었다.

이렇듯 지구촌 어느 곳에서나 통제·규제에서 자유로운 세계화로 인해 고삐 풀린 자유시장경제는 세계경제의 가변성을 높이며 세계화의 반작용을 여실히 보여주고 있다. 자본시장의 자유화로 야기된 1997년 동아시아의 금융 위기나 미국의 서브프라임 모기지 사태로 빚어진 2008년 9월의 글로벌 신용 경색은 안정적인 경제성장을 방해하며 대규모의 실업과 빈곤을 키웠다. 따라서 건전한 경제를 위해 금융거래세(일명 토빈세)와 같은 규제안을 마련하고 적절하게 부를 분배하여 불균형하게 누적된 효과를 차단하는 강한 정부에 대한 요구가 커졌다.

그럼에도 세계화로 확산된 현대 기술과 광범위한 교역에서 오는 경제적 이점이 세계 도처에서 번영의 기회를 제공했음을 부정할 수 없다. 동양에서 서양으로 과학과 기술, 수학이 전래되어 유럽의 과학혁명을 이끌었던 과거의 세계화 물결과는 달리 이제 세계화의 출발점이 서양이라는 점 역시 부인할 수 없는 사실이다.

그 결과 패스트푸드나 음악, 영화, 게임 등 선진부국의 일상적 취향이나 소비 패턴을 전 세계로 전파한 맥도날드의 세계화는 고유한 전통적 가치와 제도를 유지하는 삶의 방식

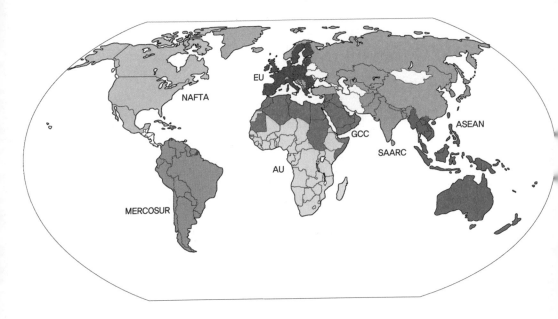

EU(유럽연합)
1993년 창립, 크로아티아 합류로 2015년 기준 28개국이 회원국으로 있다.

NAFTA(북미자유무역협정)
1994년 미국, 캐나다, 멕시코 3개국이 조인했다.

ASEAN(동남아시아국가연합)
1967년 창립, 2014년 기준 10개국이 회원국으로 있다.

AU(아프리카연합)
2002년 창립, 2011년 기준 53개국이 회원국으로 있다.

SAARC(남아시아지역협력연합)
1985년 창립, 7개국이 회원국으로 있다.

과 그들의 정체성을 위협하기에 이르렀다. 놈 촘스키(Noam Chomsky)가 세계화를 미국화라고 했을 정도다. 경제·문화의 동질화를 초래한 글로벌 모델 대신에 지역에 적합한 기술이나 경제제도를 고심할 때다. 이를 의식하여 요즘에는 '글로벌하게 생각하고 지역적으로 행동하라'는 글로컬(glocal)이 힘을 얻고 있다.

결국 세계화는 국가 간, 혹은 국가 내 불평등을 증가시켰다는 원성을 얻은 반면에 세계화 없이는 세계시장으로 진입조차 할 수 없던 빈국에게 경제성장의 기회를 주었다. 세계화로 얻은 경제적 혜택을 어떻게 활용하느냐에 따라 덫이 될 수도, 기회가 될 수도 있는 야누스적 모습을 한 세계화는 우리가 원하든 원하지 않든 이미 우리의 삶을 좌우하고 있다는 점에 주목할 필요가 있다. 사회적 안전망을 강화하여 기본 생존권을 보장해주는 경제적 평등이 가능한 세계화, 최대다수의 최대행복을 추구하는 세계화를 기대해본다.

좀바르트가 자본주의를 민족적 삶의 전통양식을 해체하며 문화적 삶을 규격화하고 가치 있을 법한 모든 문화를 쇠퇴시키는 주범으로 본 것처럼 세계화 역시 다양한 전통과 문화를 하나의 문명공동체로 대체하는 것은 아닐지 문득 불안해진다.

GCC(걸프협력회의)
1981년 창립, 6개 아랍 산유국이 회원국으로 있다.

MERCOSUR(남미공동시장)
1991년 창립, 2012년 기준 5개국이 회원국으로 있다.

경제블록은 앞으로 계속 늘어날 것으로 예상된다.

• 이때 우리는

베를린 장벽이 붕괴되면서 냉전체제가 종식되고 새로운 경제질서가 성립된 1989년, 대한민국에서는 문익환 목사가 통일을 논의하기 위해 방북했다.

47

기술혁명은
21세기에도 진행형?

컴퓨터의 보급으로 시작된 정보혁명은 20세기 후반 인류의 삶을 재편했다. 2007년 애플 아이폰이 출시된 이래 손안의 컴퓨터, 스마트폰은 상상을 현실로 바꾸어놓으며 우리의 삶을 한층 업그레이드시키고 있다. 이런 상황에서 기술의 융합은 네트워크로 연결된 세계를 하나로 통합하는 글로벌화에 힘입어 경제 패러다임의 변화를 주도하고 있다. 그 발자취를 따라가보자.

20세기 후반 기술혁명을 주도한 IT 산업의 역사는 19세기 새뮤얼 모스(Samuel Morse)의 전신기 발명(1837년 특허)으로 거슬러 올라간다. 모스부호에서 시작되어 해저전신과 전화, 무선전신기로 이어진 정보 전달방식의 혁신은 제2차 산업혁명으로 일컬어지며 알렉산더 벨(Alexander G. Bell)과 토머스 에디슨(Thomas Edison)이 가세한 미국이 주도했다. 하지만 식민지 통치를 원활히 하고 세계시장의 거리를 좁힌 영국이 당시 통신 기술혁신의 최대 수혜자였다.

1990년대에 들어서도 IT 산업의 기술혁신을 통해 생산성 향상을 도모한 미국이 신경제를 이끌며 독주체제를 이어갔다.

어디서나 인터넷 접속이 가능한 모바일 혁명을 불러온 IT 산업은 21세기를 유연한 지식의 시대로 이끌었다. 초고속 정보통신망으로 연결된 인터넷에 기반을 둔 디지털 경제는 시간과 공간, 국적을 초월하여 새로운 경제환경과 개인의 경제영역에 놀라운 변화를 가져왔다. 사이버 기업의 출현에서부터 전자상거래와 인터넷뱅킹 등의 금융거래, 재택근무, 에어비엔비(Airbnb)와 같은 공유경제에 이르기까지 그 변화는 실로 다양하다. 그럼에도 "인터넷보다 세탁기가 세상을 더 많이 바꾸었다"라며 장하준 교수는 인터넷의 과대평가를 우려했다.

기록 매체가 희소하여 일부에게만 정보가 독점되던 시대처럼 21세기 정보화 사회에서도 정보와 지식은 부와 힘의 원천이다. 물론 예전과는 달리 정보의 질과 정보 처리 속도가 매우 중요하다. 그 결과 정보 격차는 IT 빈민으로 직결되어 새로운 불평등 요인으로 사회적 문제가 될 소지를 안고 있다. 이와 함께 정보유출과 해킹, 바이러스 유포 등의 사이버테러에 대한 경각심도 커지고 있다.

21세기 정보통신의 진화는 인터넷과 페이스북, 트위터 등 소셜네트워크를 형성하며 지구촌 인구를 하나로 묶어놓았다.

생명공학(BT, Biological Technology)은 생명윤리와 대립·갈등하며 기술진보의 한계를 여실히 보여주고 있다. 1997년 탄생한 복제 양 돌리를 시작으로 줄기세포와 인간복제와 같은 연구는 신의 영역에 도전하는 양상을 보이며 사회적 이슈가 되었다.

한 개의 난자에서 수십, 수백 개의 수정란을 배아시켜 사용 목적에 따라 호르몬이나 영양을 투입하는 시험관 인간을 그린 올더스 헉슬리(Aldous L. Huxley)의 소설 『멋진 신세계』나 우수한 유전자를 뽑아 맞춤형 인간 시대를 영화화한 「가타카」, 장기이식을 위해 500만 달러의 보험상품으로 진짜 인간을 복제한 영화 「아일랜드」는 생명공학, 유전공학의 발전 가능성과 그 문제점을 단적으로 보여주었다.

이렇듯 실현 불가능할 것으로 여겨지던 소설이나 영화 속 공상과학이 유전공학의 테두리 안에서 점점 현실로 다가오고 있다. 신의 창조 역사를 거부하며 인간을 지배할 테크놀로지라는 점에서 두려움을 주기도 하지만, 신약과 새로운 치료법 개발을 통해 건강하게 장수하고 싶은 인간의 바람을 채워주는 새로운 성장 동력으로서 인류 역사의 미래를 밝혀줄 가능성 또한 크다. 안정성 논란에도 불구하고 인류에게 식량 문제를 해결해줄 유전자 변형(GMO) 농산물과 화석연료를 대체할 바이오디젤 등의 BT 기술이 식량, 에너지, 환경 등 인류의 생존과 직결된 문제 해결에 답을 줄 수 있다.

만약 로봇이 인공지능을 가지고 자기 복제를 해서 지구 상에 넘쳐난다면 어떨까? 특히 산업 부문뿐만 아니라 로봇이 이제 전 생활 영역으로 확대되어 인간의 노동을 대체한다면 미학적 유토피아를 외친 마르크스의 주장처럼 인간을 노동에서

해방시켜줄 것인지 혹은 노동에서 소외시킬 것인지 지켜볼 일이다.

2040년대가 되면 로봇공학(RT)으로 사람처럼 말하고 행동하는 로봇을 만들 수 있고, 이들이 인간의 능력을 추월해서 지구의 주인이 될 것이라고도 한다. 인간의 노동력을 대신하는 로봇이 노동시장에 던지는 영향력도 문제지만 영화 「터미네이터」나 「아이, 로봇」에서처럼 인간의 통제를 벗어날 경우 불러올 파장이 믿어지지 않지만 두렵다.

• NASA와 GIM이 공동개발한 로보노트 2(R2)
유인 우주선 50년 역사상 처음으로 우주에 파견되는 로봇 우주인이다.

비교적 늦은 2000년부터 주목받고 있는 나노공학(NT, Nano Technology) 역시 미래를 바꿀 혁신적 기술이다. '미국 의회도서관에 소장된 모든 정보를 각설탕 한 개 크기 장치에 집어넣을 수 있는 기술'이라는 나노 기술이 특히 제조업과 의학 분야에 미칠 변화는 상상 그 이상이다. 10억 분의 1m에 해당되는 1nm(나노미터)가 만들어낼 구조물이 기대된다.

이렇듯 가속화되는 기술혁명으로 경제·기술 패러다임이 더욱 중요해지면서 장기적인 비전 제시는 물론 인프라를 구축하고 법적 제도를 정비하는 선별적인 성장 전략이 탄력을 받고 있다. 또한 지적재산권 분쟁이 커지면서 발생하는 국가 간의 경쟁이 신중상주의를 방불케 한다. 이 시점에서 빈국과 부국의 벌어져가는 기술적 격차를 줄일 수 있는 묘책이 무엇보다 절실하다.

21세기 들어서 IT와 BT, RT, NT 등 기술진보의 영역은 상호 간의 기술 융합을 통해 무한대로 확장 중이다. 슘페터가 말한 창조적 파괴를 거듭하며 진보한 세계에서 현실로 다가온 나노 기술과 바이오 기술을 융합한 나노바이오 기술은 질병의 조기 발견과 치료에 획기적인 변화를 예고하고 있다. 혈관 속의 암세포를 찾아서 파괴하는 나노봇이나 인공 적혈구 로봇 등도 아직은 출발 단계지만 곧 실용화될 가능성이 높다고 한다. 인간 게놈 프로젝트를 통해 유전자 정보를 해독한 생물정보학도 IT와 BT가 융합한 산물이다. 새로운 기회를 제공할 지식의 통합, 기술의 융합이 빚어낼 기술진보의 미래가 자못 궁금해진다.

"IT가 시속 100km로 달리는 자동차처럼 발전하며 변화할 때, 기업과 정부의 변화, 통제는 시속 25km로 달리는 자동차와 같다"라는 앨빈 토플러(Alvin Toffler)의 말이 실감 난다. 그나마 시민단체(NGO)가 시속 90km로 달린다니 NGO에 기대를 걸어야 하지 않을까?

• 이때 우리는

영국에서 복제 양 돌리가 탄생한 1997년, 대한민국에서는 IMF의 관리를 받으며 환율이 처음으로 1달러당 2,000원선을 넘었다.

사라져가는 봄을
노래하라

46억 년 지구의 역사를 100년으로 축약해보면 1년 전에 공룡이 등장하고, 바로 2주전에 인간이 출현했다고 한다. 이 인간이 5분 전에 시작한 산업혁명을 기점으로 지구 환경이 오염되어 멸망까지는 단 1초의 시간이 남아 있다. 21세기 들어서 계속 9시 이후를 가리키고 있는 세계 환경 위기 시계는 극도의 위기감을 전해준다. 이 시곗바늘을 멈추고 뒤로 돌릴 묘책을 찾아보자.

    1962년 레이철 카슨(Rachel Carson)은 『침묵의 봄』에서 무분별한 살충제 DDT의 사용으로 생태계와 인체 건강에 미칠 해악을 고발하면서 자연환경 보호의 필요성을 알렸다.[30] 오염된 자연으로 인해 봄이 와도 새들이 부화하지 못해 새들의 지저귐이 사라진다는 섬뜩한 경고였다. 이후 1972년 로마클럽 보고서인 「성장의 한계」 역시 자원 고갈과 환경 파괴, 인구 과잉으로 인해 위기에 직면한 지구가 금세기 말이 되면 제로성장에 처할 것이라고 경고했다.

    이런 환경 변화에 대한 경각심은 다행스럽게도 전 지구적 환경보호로 이어졌다. 그 결과 1987년 몬트리올 의정서에

30 반면 DDT 사용이 금지되면서 전 세계적으로 연간 수백만 명이 말라리아로 죽어간다면서 카슨의 경고를 녹색테러라고 비판하는 사람들도 있다. http://rachelwaswrong.org

서 제시한 지구 환경보전 전략인 지속 가능한 개발(Sustainable Development)은 모든 영역에 걸쳐 가장 중요한 화두가 되었다. 1980년대 들어서 환경보전 없이는 경제 발전도 이룩할 수 없다는 인식이 커진 결과, 빈곤 타파를 위한 경제개발과 환경보호의 조화로운 정책이 요구되었다.

지구온난화 방지를 위한 기후변화방지협약 등의 성명이 채택된 리우선언 이후 이산화탄소 등의 온실가스 규제 방안으로 탄소배출권 거래와 같은 제도를 운영하고 있다. 그러나 여전히 호의적이지 않은 선진국에 법적 구속력을 행사할 수 없어 별 성과를 거두지 못하는 실정이다. 지구의 온도가 5℃ 올라가면 히말라야 대빙하가 녹아 뉴욕과 런던, 일본이 물에 잠긴다고 한다. 이것이 바로 1990년대 후반부터 지구온난화로 인해 빙하가 녹으면서 생겨난 새로운 북서항로가 미국과 유럽, 아시아의 거리를 단축시켜준다고 마냥 좋아할 수 없는 이유다.

또한 이런 기후 변화는 질병이 확산되기 좋은 환경을 만든다. 기온이 0.5℃ 상승하면 모기군집이 두 배 이상 많아져 말라리아가 기승을 부리고 증가한 이산화탄소는 천식을 유발시킨다. 그뿐만이 아니다. 이상고온은 농수산물의 감소로 이어져 농가 소득에 영향을 준다. 효과적인 온실가스 규제에 지구는 물론이고 우리 인간의 운명이 달려 있다.

그래서 국제환경협약은 환경보전을 위한 다자간 국제협상, 그린라운드를 발족시켰다. 이것은 환경규제 기준을 위반할 경우 무역제재를 받도록 환경과 무역을 연계하여 국제 무역질서에 영향을 미치고 있다. 특히 선진국의 엄격한 환경규제 기준이 개발도상국에 경제 발전을 제한하는 '사다리 걷어차기'와 같이 작용하여 이 둘의 입장차만큼이나 벌어질 경쟁력 차이가 걱정스럽기만 하다.

이제 구체적으로 우리 주변에서 발생하는 환경오염과 그 피해 현황을 알아보자. 경제 개발의 진행과 더불어 화석연료의 사용이 증가한 결과 유해가스를 대량으로 방출하면서 발생한 환경오염은 오존층 파괴와 지구온난화, 생물 다양성 감소와 같은 현상으로 나타났다. 그중 생물 다양성 감소는 다시금 생태계 붕괴를 예고하며 쾌적한 환경과 삶의 터전을 위협한다. 다양한 생물종이 존재할 때 생물 상호 간의 긴밀한 먹이사슬로 인해 생태계는 안정을 유지할 수 있기 때문이다. 그래서 습지, 초지와 같은 생물의 서식지를 보호하는 생태계 복원 사업이 필요하다.

오존층 파괴도 오늘날 심각한 문제다. 지구의 보호막인 오존층이 냉방기와 냉장고 등의 냉매나 스프레이에 사용되는 프레온가스 등에 의해 파괴되어 자외선을 차단시키지 못하면서 식물의 성장을 저하시키고 피부암이나 백내장과 같은 질병을 증가시키고 있다.

이산화탄소의 농도가 상승하여 기온이 올라가는 지구온난화는 온실효과를 극대화시켜 게릴라성 집중호우나 대홍수, 폭염과 가뭄, 폭설 등의 기상이변을 불러와 생태계를 위협하고 있다. 작황에 영향을 미치는 이런 기상이변은 대체에너지 개발과 함께 곡물과 농산물의 가격을 급등시켜 애그플레이션을 심화시키는 요인이 되고 있는 상황이다.

지구의 허파인 브라질 아마존 열대우림의 개발, 남획에 따른 생태계 파괴 역시 지구온난화를 부추기고 있다. 자원 개발과 도시화로 숲이 줄어들어 이산화탄소의 흡수 기능이 저하되고 있다.

온실가스 감축과 배출거래권 제도, 탄소세 도입을 비롯하여 화석연료를 줄이는 대체에너지의 개발과 에너지 절약 기술 개발 등 환경보전이 시급한 이유는 또 있다. 지구온난화로 인해 시베리아의 영구동토층이 녹으면서 대재앙의 시작을 예고하고 있기 때문이다. 수만 년 전 고대 토양층에 얼어붙어 있던 매머드를 비롯한 미생물 등이 부식하면서 발산하는 온실가스의 양은 지구가 1년에 배출하는 메탄가스 양(70억 톤)의 약 70배인 5,000억 톤에 달한다고 한다.

이런 예는 부지기수다. 연간 소 한 마리가 되새김질하며 내뿜는 메탄가스 양 47kg을 이산화탄소로 환산하면 1,109kg에 육박한다. 즉 4.2마리의 소가 자동차 한 대와 맞먹는 온실가스를 배출한다는 사실 앞에서 육식도 부담스러워진다.

지구온난화로 인해 남극의 주인 펭귄은 물론 지구 상의 생태계가 위기를 맞고 있다. 알래스카와 극지방의 빙하가 급속도로 녹아내리면서 이로 인해 높아진 기온이 다시금 이 지역의 빙하를 녹이는 악순환을 거듭하고 있는 상황이다.

위기에 처한 생명과 생태계는 바다나 강이라고 예외일 수 없다. 1978년 발효된 해양오염방지협약에도 불구하고 세계 무역의 75% 이상을 차지하는 해상무역이 공장폐수나 생활하수와 함께 바다를 오염시키는 주된 요인이 되고 있다. 바다는 '만민의 공해'라는 휘호 흐로티위스(Hugo Grotius)의 주장에 따라 누구의 소유도 아니기 때문에 결국 아무도 책임지지 않는다는 '공유지의 비극'을 적나라하게 보여주는 예다.

환경오염을 감시하는 그린피스 등의 NGO 활동이나 정부의 환경정책에 앞서 한정된 자원을 아끼고 절약하는 패러다임의 전환이 전 지구인에게 요구된다. 댐이나 발전소를 건설하여 물이나 전기를 공급하기보다는 효율화와 절약을 중시하는 네가와트(Negawatt: 쓰지 않아 남는 전력, negative와 watt의 합성어)혁명으로 생태계 파괴를 막아낼 수 있다.

과학 기술 발전이 만들어낸 문명의 이기가 환경오염의 주범으로 지구의 종말을 앞당기고 있는 것은 분명하다. 지구의 환경 위기를 구할 혁신적 그린 기술을 기대해볼 수밖에 없는 상황이다. 신은 질병이 있는 곳에 약재도 함께 준다지 않는가! 신성장 동력으로 등장한 녹색 산업과 태양열을 이용한 태양전지, 바이오에너지 등의 연구가 지구온난화로 인한 기후 변화, 오존층 파괴라는 연쇄반응의 고리를 차단시킬 수 있지 않을까?

일부에서는 생태계 파괴로 인한 지구온난화를 너무 두려워
할 필요가 없다고 주장한다. 1,500년 주기의 자연적 기후 변동
현상이기 때문에 지구온난화가 결코 위협적인 것은 아니라는
주장이다. 신의 존재를 둘러싼 '파스칼의 내기[31]'에서처럼 근
거 없는 녹색종교로 일축하여 절제하지 않고 지구를 혹사하는
것보다, 지구온난화에 대한 경고를 믿고 온실가스를 감축하여
환경 위기의 시계를 되돌리는 것이 더 바람직하다. 물론 환경
역습에 매몰되어 위기를 조장하는 것보다는 과거를 통해 미래
를 읽고 공공의 영역인 환경을 함께 책임지고 돌봐야 함을 역
설하는 메시지로 받아들이는 지혜도 필요한 시점이다.

어떤 요인에 의해 지구온난화가 진행되고 이슈화되었든 기후
변화는 엄연한 현실이다. 환경 위기 시계를 거꾸로 돌리기 위해
서 정부와 NGO에게는 책임 있는 올바른 방향 제시와 결정이,
우리에게는 자연환경을 아끼고 보호하는 자세가 요구된다.

● **이때 우리는**

지구온난화로 인해 지구 곳곳에서 기상 이변이 속출하는 21세기 초, 대한민국에서는 엄청난 강수량
을 기록하며 아열대 기후로 접어든 징후가 나타났다.

신라의 장보고에게
해상무역을 배우다

남극의 과학 기지를 장보고 기지로 명명한다는 기사를 접하며, 열린 사고와 포용력으로 한때 황해와 동중국해, 대한해협을 주름잡던 해상왕 장보고가 생각났다. 신라와 당나라, 일본, 삼국을 잇는 해상 교역의 절정기를 구가한 장보고의 활약상을 더듬어보자.

9세기 초 동북아 일대에서는 중앙집권적 권력이 느슨해지면서 공무역이 힘을 잃고 사무역으로 옮겨 가기 시작했다. 약해진 왕권과는 달리 힘을 얻은 귀족층이 사치품의 수요자로 나서며 사무역을 부추겼기 때문이다. 하지만 활발해진 해상교역은 빈번한 해적의 출몰을 불러와 해상 질서를 교란시키는 부작용을 낳았다. 이런 시대적 상황은 완도 어디쯤에서 태어난 비천한 출신의 장보고를 신분제의 벽을 넘어 해상왕으로 만드는 계기가 되었다.

언제 어디서 태어났는지, 부모가 누군지도 알려지지 않은 장보고는 이름이 네 개나 된다. 평민이라 성 없이 궁복(弓福)이나 궁파(弓巴)로 불리던 장보고가 어떻게 장(張)씨 성을 얻었는지는 당시 기회의 땅으로 여겨지던 당나라에서의 행적과 밀접하다. 골품제로 경직된 통일신라를 떠나 당나라에서 용병으로 민란을 진압했던 장보고가 무관으로 이름을 떨치며 장씨 성을 얻은 것으로 여겨지기 때문이다.

무인의 길을 접고 820년에 치외법권적 특권 및 자치권을 지닌 신라소의 제1대 대사가 된 장보고는 내당 신라인을 결속하여 국제무역의 기반을 조성했다. 신라방과 신라소는 통역관과 짐꾼, 전용 선박도 갖춘 명실공히 육로와 해로를 아우르는 신라 상인들의 조직체로, 중국 내 교역은 물론 대외 교역도 수행했다.

당나라에서 이미 동아시아 일대의 해상무역가로 이름을 떨치던 장보고는 해적에게 잡혀 노예로 팔리는 신라인들을 보며 해적을 소탕하기 위해 828년(흥덕왕 3년) 귀국했다. 그는 병사 1만 명으로 이루어진 군진, 청해진을 구축하여 해적들이 출몰하는 동북아 해상을 평정하고 일본과 당나라를 이어주는 국제 해상무역을 활성화시켰다. 국력과 제해권의 연관성을 인지한 흥덕왕은 귀족들의 반발을 피하기 위해 장보고에게 별정직인 대사라는 직분을 주어, 청해진을 중앙정부의 간섭을 벗어난 자치적인 군진으로 운영토록 했다.

청해진이 위치한 완도는 중국과 일본을 연결하는 천혜의 요충지로서 동아시아의 물류 중심지로 손색이 없었다. 따라서 그는 당나라 상품과 양주 등지에서 구매한 아랍과 페르시아, 인도산 진귀한 남해 박래품을 신라와 일본에 유통시켰다. 특히 도자기 교역이 증가함에 따라 해남, 강진과 같은 지역에 중국 도자기 기술을 이전시켜 도자기 생산 단지를 조성했다. 이로서 완도는 교역품인 도자기 생산 설비를 갖춘 복합적 전진 기지로서의 이점을 누리며 국제 해상무역의 중심지가 되었다. 이후 이곳은 고려 시대 고려청자 생산지로의 초석이 되기도 했다. 항해사적·지정학적으로 중요한 완도와 도자기를 연계시킨 장보고의 혜안이 돋보인다.

이런 전략상의 우위와 더불어 신라의 앞선 조선술과 항해술도 청해진이 동북아 일대의 해상을 장악하는 데 도움이 되었다. 삼국통일 이전부터 신라는 바다 개척의 필요성을 인식하여 조선술과 항해술의 발달을 꾀했다. 수군의 우위로 삼국을 통일하고 연합 세력인 당나라를 제압한 문무왕이 바다에 수장된 것을 보더라도 신라인이 바다를 얼마나 중요시했는지 알 수 있다. 바다 개척에 대한 열망과 노력으로 당시 신라의 조선술과 항해술은 동북아 일대에서 최고였다.

이런 이점을 살려 장보고 선단은 나·당·일의 뱃길을 잘 아는 재당, 재일 신라인을 영입하여 남중국으로 직접 가는 남방 해로와 같은 신항로를 개척함으로써 나·당·일 삼국뿐만 아니라 페르시아와 인도, 태국 등 동남아시아와 중국 동남부를 연결시켰다. 그 결과 당나라의 광저우, 항저우, 일본의 하카다 등을 잇는 교두보로서 청해진은 당나라와 일본에서 활동하던 신라인들과 연계하여 중개무역을 했다.

세계 각지로 흩어진 유대인의 네트워크를 활용한 유대인 무역상처럼 장보고 역시 당나라와 일본 등지에 살고 있는 신라인을 규합한 네트워크를 활용하여 해상무역 왕국을 건설했다. 세계 각지의 문물이 모여들던 당나라에서 활동하며 해상을 통한 자유무역의 시대가 도래하리라는 것을 예견하고 실행에 옮긴 것이다. 장보고는 규슈의 하카다를 위시한 3국의 상업·교통 요충지에 지점을 두어 국제 정세와 경제의 흐름을 파악하는 데도 주력했다.

장보고 선단이 광범위한 영역으로 교역을 확대할 수 있었던 또 하나의 요인을 문화적으로도 찾을 수 있다. 기독교권의 서양과 이슬람권의 아랍이 종교를 통해 정치, 경제, 문화의 단일권을 형성했듯 장보고는 당나라와 일본을 비롯한 동남아 지역에서 불교라는 공통의 문화적 가치를 내세워 하나의 통합된 경제 지역을 만들 수 있었다. 장보고가 세운 중국의 적산 법화원과 완도의 법화사가 그 역할을 수행했다.

이들이 바다를 가로질러 거래한 품목은 다양했다. 당나라와는 금과 은, 금은 세공품, 인삼, 공예품과 비단, 동경, 자기, 앵무새는 물론 페르시아의 향료, 상아, 보석, 유리 제품도 거래했다. 신라의 범종도 중요한 수출품이었다.

당시 청해진을 중심으로 행해진 활발한 교역은 신라와 일본에서 수입 사치품의 범람과 그로 인한 신분 질서의 붕괴를 우려할 정도였다. 그래서 834년 신라는 남해 박래품의 사용을 금지하는 일종의 사치법을 발동하기도 했다. "풍속이 점점 각박해지고 백성들이 다투어 사치와 호화를 일삼아 외래품의 진귀한 것만을 숭상하고…"라는 신라의 교서나 "…다만 백성들로 하여금 물건을 구매하는 값을 어기고 앞다투어 가산을 기울이지 않도록 하라"라는 『속일본후기』를 통해 장보고 상단의 인기를 실감할 수 있다. 이렇듯 활발한 동북아 지역의 해상무역은 같은 시기 바이킹과 이슬람의 침략을 피해 자급자족적 봉건제가 성립되면서 대외 교역이 주춤하던 유럽의 모습과는 대조적이었다.

중앙 정계에 진출하여 신분의 벽을 넘으려던 장보고는 『삼국사기』와 중국의 『신당서』, 『일본후기』 등 3국의 정사에서 다루어질 정도로 해상 질서 정립에 두드러진 활약상을 보여주었음에도 불구하고, 진골들의 견제와 반발에 841년, 어이없이 암살당했다. 이후 그에 대한 가치가 평가절하되었음을 부인할 수 없다.

15세기 포르투갈의 해양왕 엔히크의 바다를 향한 열망이 인도로 가는 신항로 개척의 초석이 되었듯 9세기 초 동북아의 새로운 해상무역 질서를 형성하는 데 통일신라의 장보고가 있었다. 하지만 청해진을 중심으로 그가 구축해놓은 해상 네트워크는 후대에 별다른 영향력을 행사하지 못했다는 아쉬움이 있다. 그의 죽음과 함께 장보고의 해상 왕국은 붕괴하고 한반도가 동북아 해상무역의 허브가 될 수 있었던 기회도 사라져 버렸다.

장보고가 죽고 5년 후에 청해진이 해체되면서 신라인의 상권은 송나라 상인과 아랍 상인에게로 넘어갔다. 제해권이 경제·정치적 패권으로 이어지던 근현대를 지나며 바다를 소홀히 했던 한반도는 청해진의 전성기를 회복하지 못한 채 20세기 초 식민지 국가로 전락하고 말았다.

대대적인 지원을 받으며 큰 규모의 선단으로 동남아의 바닷길을 개척했던 명나라 정화와 비교해도 손색이 없는 해상무역의 일인자, 해신(海神) 장보고에게서 국제 정세와 시대적 흐름을 선도하기 위해 동분서주하는 글로벌 CEO를 떠올린다. 세계 최강의 조선업과 해운업을 자랑하며 대외무역의 비중이 날로 커져가는 이 시점에서 1,200여 년 전 제해권과 무역권을 손에 넣고 동북아의 해상 상권을 지배했던 장보고의 혜안을 되새겨본다.

● 이때 우리는

웨섹스의 에그버트(Ecgberht) 왕이 7왕국을 통일하여 잉글랜드왕국을 세웠던 828년, 신라(흥덕왕 3년)에서는 장보고가 청해진 대사가 되어 해적을 소탕하고 나·당·일 삼국을 잇는 해상무역에 매진했다.

시장의 지배자,
고려의 개성상인

거상 임상옥을 비롯해서 개성상인을 다룬 드라마와 소설 등으로 개성상인은 우리에게 친숙하다. 더욱이 1983년 크리스티 경매장에서 경매된 루벤스의 그림 「한복을 입은 남자」가 최고가에 낙찰되면서 다시 개성상인에 대한 궁금증을 증폭시켰다. 고려의 수도였던 개경, 개성을 중심으로 포목과 갓의 일부인 양태(얼굴을 가리는 차양), 인삼 등을 거래하며 중국과 일본 등지에까지 이름을 알린 개성상인의 실체를 밝혀보자.

고려의 수도로 13세기에 인구 50만 명을 자랑하던 개성은 예성강과 벽란도를 거점으로 한 해상 교역로를 활용하여 공무역과 사무역이 활성화되었던 국제 무역도시였다. 이곳의 상업적 전통을 계승한 개성상인이 태동한 시점은 조선 건국 이후 개성에 시전 개시를 허용한 1409년경이라고 한다. 왕조의 교체기에 이루어진 강제이주정책에 불응하고 개성에 남은 사대부와 지식인들은 주나라에 패한 중국의 상(은)나라 사람들처럼 과전 혜택을 받지 못했다. 바로 이들이 전국적으로 행상을 하며 생계를 유지하면서 개성상인이라 알려진 것이다. 이렇듯 개성상인은 전답을 몰수당한 상나라 사람들이 떠돌며 장사를 한다는 뜻인 상인(商人)이 장사꾼을 일컫는 말로 자리 잡았다는 고사를 떠올리게 한다.

상업에 투신한 지식인들은 합리적 경영과 상술을 개발하여 송도사개치부법(松都四介治簿法)이란 독특한 복식부기를 서양보다 2세기 앞서 사용했다. 사개치부법은 주는 사람과 받는 사람, 들어온 것과 나간 것을 기록하여 나중에 갚을 의무와 받을 권리를 명시한 치부법으로 사개가 맞고 물려 속이지 못한다는 뜻이다. 이것만으로도 자본의 흐름을 정확히 파악할 수 있었다.

조선 중기 이후, 개성상단은 전국의 대도시에 도매나 위탁 판매, 금융업, 여관업을 관장하는 객주와 여각 등을 설치하여 전국적인 행상 조직망을 갖춘 송방(松房)을 운영했다. 송방을 거점으로 하여 이들은 시전 영업보다는 행상 면허증 노인(路引)을 얻어 전국을 무대로 소와 말을 이용한 행상에 치중했다. 이들의 상거래가 활발했다는 사실은 개성에서 상평통보보다 앞서 동이나 청동 같은 금속화폐가 최초로 유통되었다는 사실이 입증해준다.

부의 획득을 통해 자치권을 행사하며 중세 봉건사회의 변화를 촉진한 중세 유럽의 도시 상인과 조선 시대 개성상인의 사회적 입지는 확연한 차이를 보였다. 골품제에 의한 신분상의 차별이 존재했음에도 사농공상에 대한 차별이 없었던 신라와는 달리 상업을 천사(賤事)로 여긴 고려 시대처럼 성리학과 농업을 중시 여긴 조선에서도 상인을 천시했다. 고려 시대에 상인의 자제는 과거에도 응시할 수 없었다고 한다. 이런 상황에서도 고려 상인들은 13세기 몽골에 의한 세계화 바람을 타고 원나라에 진출하여 고려장(高麗莊)이라는 거점을 마련하는 등 상업적 역동성을 보였다.

하지만 조선 시대에 들어서면서 다시 국경이 폐쇄되었고 사농공상의 사민법에 의해 상업을 억제했다. 상인이 신분제를 위협하고 지배체제에 도전할 가능성이 있는 세력으로 간주되었기 때문이다. 이렇듯 상인에게 불리한 사회적 환경에

● 페테르 파울 루벤스, 「한복 입은 남자(Man in Korean Costume)」, 1617년, 폴 게티 미술관 소장

도 불구하고 개성상인은 철저한 신용 관리와 근면함, 조직력으로 인삼과 포목, 농기구 등을 전국적으로 유통시키면서 조선 후기에 거대 자본가로 성장했다.

17세기 중반부터 18세기 전반까지 중국과 일본의 직교역이 단절되었기 때문에, 1681년(숙종 7년) 이후 개성상인은 그 틈새 상권을 개척하여 조직력과 자본력을 바탕으로 대외 교역을 독점했다. 의주 만상과 동래의 래상 사이를 오가는 중개 역할로 면포 및 인삼과 홍삼을 제조·유통시켜 부를 축적했다. 인삼을 일본으로 수출하고 그곳에서 은을 구입하여 중국으로 수출하는 등, 은 생산지 일본과 은 소비지 중국 사이에서 중개무역으

로 막대한 시세 차익을 얻기도 했다.

이들은 개성부로부터 인삼 유통 허가권을 얻어 공식적으로 거래하면서도 인삼의 밀매에도 가담했다. 그 외에도 피혁과 지물을 매점하여 중국에 수출하고 중국에서는 비단과 바늘, 서책, 말총, 채련(당나귀 가죽), 백삼승(흰무명), 궤자(가마테) 등을 수입했다.

17세기 중반 이후 커져가는 국제적인 인삼 수요에 따라 행상에 주력하던 개성상인은 수익성 있는 인삼 재배로 선회하여 농업 자본가로 변신했다. 자본력이 뒷받침되어야 하는 이 일에는 시변제라는 개성상인만의 독특한 금융 관행이 큰 역할을 했다. 그렇다면 시변제란 어떤 것일까? 약정 기간이 길수록 이자율이 하락하는 시변제는 환중개인을 통해서 물적 담보 없이 얻는 신용거래를 일컫는다. 물론 이자는 시세에 따라 달라지지만 0.75~1.5%에 달했다.

신용을 목숨보다 귀하게 여긴 개성상인답게 이들은 환과 어음 등의 신용화폐를 최초로 유통시켰다. 18세기 후반 송환은 물론 인천환, 해주환 등을 전국적으로 통용시켰다. 19세기 들어서는 한양과 평양, 개성 등 대도시에서 한번에 수만 냥까지 거래될 정도로 개성상인들의 신용은 높았다.

서양 길드와 비교되는 개성상인의 동업조합인 전계(傳啓)를 통해 조선 초의 부상과 차인으로 이루어진 상인조직을 엿볼 수 있다. 이 조직은 후기로 가면서 차인과 서사, 수사환, 사환

등으로 세분화되었다. 상업 견습생인 사환이 독립하여 행상이 되기까지는 기나긴 시간이 걸렸다. 사환이 수사환이 된 후에도 보수 없이 이익배당으로 만족하며 7~8년 이상 신용을 쌓아야 했기 때문이다. 사개치부 작성 등 회계 업무는 서사의 일이었다. 월급을 받고 손익계산에 의하여 이익을 분배 받는 차인은 송방에 거주하는 지방 행상이나 금융 종사자로 지방 생산품을 수집하고 매매하는 일을 전담했다.

대상인은 보통 30명 이상, 소상인은 2~3명의 차인을 두었다고 하니 상인들 간에도 빈부의 격차가 컸음을 알 수 있다. 유럽의 동업조합에서처럼 전계 역시 상부상조의 순기능도 있었지만 외래 상인에게는 배타적이었다. 특히 전안(廛案)에 등록되지 않은 상인에 대한 배타성은 금난전권(禁難廛權)으로 합법화되면서 상업 발전에 저해 요소로 작용했다.

봉건적 상업 질서의 변화를 보여주듯 난전(亂廛)이 활성화되는 17세기 초에 등장한 금난전권은 1791년(정조 15)에 폐지되기 전까지 전안에 등록되지 않은 상인들이 허가 없이 장사를 하는 난전을 금지시켜 특권 상인에게 독점권을 행사하도록 했다. 왕실과 국가에서 필요로 하는 물품을 조달하는 한양의 육의전 상인처럼 사상(私商)인 개성상인들도 세금을 내고 금난전권을 취득했다. 하지만 시전 영업보다는 행상에 주력한 개성상인의 독점은 금난전권으로 등장한 특권 상인들의 독점과는 달랐다. 다른 상인들과의 경쟁이 배제된 특권적 독점이 아니라 다른 상인들과의 경쟁에서 탁월한 조직력과 자본력을 바탕으로 획득한 독점이었다.

국내에서 이들이 취급한 물품은 종이에서부터 수산물에 이르기까지 다양했다. 생산업자에게 선금을 주고 제품을 독점하는 선대제적 방식이나 원료의 매점·매석으로 육의전 상권을 침해하며 도고 상업(매점, 독점 상업)으로 자본을 축적했다. 예나 지금이나 비합법적이거나 찬탈적 방법으로 자본을 모으는 본원적 자본 축적이 성행했음을 알 수 있다.

개성상인의 퇴조는 1876년 조선 개항과 더불어 시작되었다. 외국인들의 내륙 행상을 허용하는 불평등조약으로 개성상인의 입지가 더욱 약화되었기 때문이다. 최대의 토착 민간 자본을 형성했던 송방이 개항 후 일본에게 인삼 수출권을 빼앗기면서 상권 붕괴가 가속화되었다. 한자 상인의 주 교역품이었던 청어가 북해로 이동하면서 북해상권을 네덜란드 상인들에게 넘겨주었던 역사적 선례에서처럼 인삼과 홍삼을 주로 거래하던 개성상인들도 일제에 의해 개성 인삼의 자유 판매가 금지되면서 타격을 받았다.

그로 인해 반조선 성향으로 출발한 개성상인은 다시 반일 감정으로 무장하며 민족 자본의 축적에 앞장섰다. 그러나 이미 그 이전 행상과 무역으로 모은 상업 자본을 광산이나 인삼 재배업 등과 같은 생산 부문에 투자한 전례가 있음에도 개화기에 근대 기업가로 변신하는 경우는 많지 않았다.

지금은 분단으로 개성의 상업과 상인의 역동성을 볼 수 없
지만 무차입 경영과 신뢰 경영, 한 우물 경영의 경영 철학은 오
늘날에도 여전히 개성 출신 기업가들이 세운 기업 속에 녹아
있다고 한다. 조선의 부보다 두 배 이상의 재산을 모았다는 개
성상인 임상옥의 상술과 더불어 그가 보여준 사회적 사명감
역시 우리가 배우고 계승해야 할 자산이다.

● 이때 우리는

프랑스 루이 14세가 위그노들의 피난처인 스트라스부르를 합병한 1681년, 조선(숙종 7년)에서는 개
성상인들이 의주 만상과 동래의 래상 사이를 오가며 중국, 일본과의 대외 교역에 힘썼다.

참고문헌

김종래, 『CEO 칭기즈칸』, 삼성경제연구소, 2002.

따찌야나 미하일로브나찌오쉬나, 이재영 옮김, 『러시아경제사』, 한길사, 2006.

로이드 E. 이스트만, 이승휘 옮김, 『중국 사회의 지속과 변화: 1550-1949』, 돌베개, 2006.

마이크 대시, 정주연 옮김, 『튤립, 그 아름다움과 투기의 역사』, 지호, 2002.

문명대, 『서역 실크로드 탐사기』, 한국언론자료간행회, 1994.

문점식, 『역사 속 세금이야기』, 세경사, 2007.

시드니 민츠, 김문호 옮김, 『설탕과 권력』, 지호, 1998.

박지향, 『제국주의』, 서울대학교출판부, 2000.

박한제·김호동·최갑수·한정수, 『유라시아 천년을 가다』, 사계절, 2002.

발터 M. 바이스, 임진수 옮김, 『이슬람교』, 예경, 2007.

서정렬·김현아, 『도시는 브랜드다: 랜드마크에서 퓨처마크로』, 삼성경제연구소, 2009.

수요역사연구회 엮음, 『곁에 두는 세계사』, 석필, 2001.

앙리 피렌느, 강일휴 옮김, 『중세 유럽의 도시』, 신서원, 1997.

양동휴, 『대공황 시대』, 살림, 2009.

에이미 추아, 이순희 옮김, 『제국의 미래』, 비아북, 2008.

우스이 류이치로, 김수경 옮김, 『커피가 돌고 세계史가 돌고』, 북북서, 2008.

이사이 간지, 이병천·김윤자 옮김, 『일본경제사』, 동녘, 1984.

이원복, 『새 먼나라 이웃나라, 일본』, 김영사, 2000.

이인식, 『지식의 대융합』, 고즈윈, 2008.

자와할랄 네루, 곽복희·남궁원 옮김, 『세계사 편력』, 일빛, 1998.

장 크리스토프 빅토르, 김희균 옮김, 『아틀라스 세계는 지금』, 책과 함께, 2007.

정토웅, 『세계전쟁사 다이제스트100』, 가람기획, 2010.

지오프리 파커 엮음, 김성환 옮김, 『아틀라스 세계사』, 사계절, 2004.

니혼게이자이신문사, 강신규 옮김, 『인구가 세계를 바꾼다』, 가나북스, 2008.

다니엘 리비에르, 최갑수 옮김, 『그림으로 보는 프랑스의 역사』, 까치, 1995.

대니얼 앨트먼, 고영태 옮김, 『10년 후 미래』, 청림출판, 2013.

데이비드 매클릴런, 정영목 옮김, 『마르크스』, 시공사, 1998.

미야자키 마사카츠, 노은주 옮김, 『지도로 보는 세계사』, 이다미디어, 2005.

오가와 히데오 감수, 고선윤 옮김, 『3일 만에 읽는 고대문명』, 서울문화사, 2002.

윌리엄 맥닐, 신미원 옮김, 『전쟁의 세계사』, 이산, 2005.

윌리엄 번스타인, 김현구 옮김, 『부의 탄생』, 시아, 2008.

앨프리드 W. 크로스비, 김기윤 옮김, 『콜럼버스가 바꾼 세계』, 지식의 숲, 2006.

에드워드 기번, 한은미 옮김, 『로마제국 쇠망사』, 북프렌즈, 2005.

에드워드 챈들러, 강남규 옮김, 『금융투기의 역사』, 국일증권경제연구소, 2005.

조르주 뒤비, 로베르 망드루, 김현일 옮김, 『프랑스 문명사 上』, 까치, 1995.

존 줄리어스 노리치, 이순호 옮김, 『지중해 5000년의 문명사 上』, 뿌리와 이파리,
2009.

정상수, 『제국주의』, 책세상, 2009.

찰스 P. 킨들버거, 주경철 옮김, 『경제 강대국 흥망사: 1500~1990』, 까치, 2005.

최영순, 『경제사 오디세이』, 부키, 2002.

최영순, 『성서 이후의 유대인』, 매일경제신문사, 2005.

하인리히 E. 야콥, 박은영 옮김, 『커피의 역사』, 우물이 있는 집, 2002.

카를로스 푸엔테스, 서성철 옮김, 『라틴 아메리카의 역사』, 까치, 2000.

케네스 O. 모건 엮음, 영국사학회 옮김, 『옥스퍼드 영국사』, 한울아카데미, 1997.

키애런 파커·게리 그리핀, 정경호 옮김, 『탐욕의 경제학』, 북플래너, 2007.

프란체스코 다 모스토, 권오열 옮김, 『프란체스코의 베네치아』, 루비박스, 2007.

프랜시스 로빈슨, 손주영 외 옮김, 『사진과 그림으로 보는 케임브리지 이슬람사』,
시공사, 2002.

프레더릭 F. 카트라이트·마이클 비디스, 김훈 옮김, 『질병의 역사』, 가람기획,
2004.

프레데리크 들루슈 편저, 윤승준 옮김, 『새 유럽의 역사』, 까치, 2009.

프레드 싱거·데니스 에이버리, 김민정 옮김, 『지구온난화에 속지마라』, 동아시아,
2009.

필립 D. 커틴, 김병순 옮김, 『경제인류학으로 본 세계무역의 역사』, 모티브북, 2007.

타임라이프북스 편집부, 이종인 옮김, 『바이킹의 역사, AD 800-1100』, 가람기획, 2004.

토머스 L. 프리드먼, 신동욱 옮김, 『렉서스와 올리브나무』, 창해, 2008.

티모시 브룩, 이정·강인황 옮김, 『쾌락의 혼돈: 중국 명대의 상업과 문화』, 이산, 2005.

황상익 편저, 『문명과 질병으로 보는 인간의 역사』, 한울림, 1998.

Frank J. Lechner(ed.)·John Boli(ed.), 『The globalization reader』, Blackwell, 2003.

Hermann Kinder·Werner Hilgemann, 『dtv-Atlas zur Weltgeschichte』, dtv, 1987.

Monika Grübel, 『Judentum』, Dumont Buchverlag, 2002.

세계사에서 경제를 배우다

펴낸날	**초판 1쇄 2015년 9월 7일**

지은이	**최연수**
펴낸이	**심만수**
펴낸곳	**(주)살림출판사**
출판등록	**1989년 11월 1일 제9-210호**

주소	**경기도 파주시 광인사길 30**
전화	**031-955-1350** 　팩스　**031-624-1356**
기획·편집	**031-955-4665**
홈페이지	**http://www.sallimbooks.com**
이메일	**book@sallimbooks.com**

ISBN	**978-89-522-3120-8　　03320**

※ 값은 뒤표지에 있습니다.
※ 잘못 만들어진 책은 구입하신 서점에서 바꾸어 드립니다.

이 도서의 국립중앙도서관 출판예정도서목록(CIP)은 서지정보유통지원시스템 홈페이지
(http://seoji.nl.go.kr)와 국가자료공동목록시스템(http://www.nl.go.kr/kolisnet)에서
이용하실 수 있습니다.(CIP제어번호: CIP2015023871)

책임편집·교정교열 **송두나**